Gyōrgy Dalos

DER VORHANG GEHT AUF

György Dalos

DER VORHANG GEHT AUF

Das Ende
der Diktaturen
in Osteuropa

Deutsche Bearbeitung
von Elsbeth Zylla

Verlag C. H. Beck

Für Hans H. Hücking in Dortmund

2. Auflage 2009

© Verlag C. H. Beck oHG, München 2009
Satz: Fotosatz Amann, Aichstetten
Druck und Bindung: GGP Media GmbH, Pößneck
Gedruckt auf säurefreiem, alterungsbeständigem Papier
(hergestellt aus chlorfrei gebleichtem Zellstoff)
Printed in Germany
ISBN 978 3 406 58245 5

www.beck.de

Inhalt

Staatsbegräbnis und Trauergäste
Ein spätsowjetisches Gruppenbild

Niemals war eine Wachablösung im Kreml so schnell vonstatten gegangen: Konstantin Ustinowitsch Tschernenko, Generalsekretär der KPdSU, schloss für immer seine Augen am 10. März 1985 um 19 Uhr 20. Er war nur ein Jahr lang im Amt gewesen. Noch war die Tinte seiner Unterschrift auf dem letzten offiziellen Brief vom Vortag kaum getrocknet, als am 11. März um 18 Uhr das Politbüro, einstimmig wie immer, die Führung des Riesenreiches dem von Tschernenko auserkorenen Michail Sergejewitsch Gorbatschow anvertraute. Für den Alltag an der Machtspitze bedeutete diese Änderung kaum etwas Neues. Seit Monaten bereits führte der zweiundfünfzigjährige Gorbatschow die Geschäfte und vertrat praktisch bei jeder Entscheidung seinen schwerkranken Vorgesetzten. Er hatte auch den Auftrag erhalten, der nach sowjetischem Gewohnheitsrecht dem Thronfolger zukam: die Organisation des Beerdigungsrituals.

Das Andenken des herausragenden Führers der kommunistischen Partei und des Sowjetstaates, des standhaften Kämpfers für die kommunistischen Ideen und den Frieden wird das Sowjetvolk und die ganze fortschrittliche Menschheit ewig bewahren, hieß es im Nachruf. Die sterblichen Überreste des Verblichenen sollten an der Kremlmauer unmittelbar neben Semjon Budjonnyj, dem Führer der legendären Reiterarmee, beigesetzt werden. Die posthume Nachbarschaft mit dem Marschall ließ dem Parteichef Gerechtigkeit widerfahren, denn er war ebenfalls ein Heros – ein Held der Bürokratie. Während andere Spitzenfunktionäre die Reinheit der Ideologie wiederhergestellt hatten oder für die militärische Aufrüstung zuständig gewesen waren, beherrschte der in Verballhornung durch den Volksmund nach den Anfangsbuchstaben seines Namens *KUTscher* genannte Tschernenko die Papierberge des

Zentralkomitees, war Spezialist von Tagesordnungen, Resolutionen und Schriftverkehr. Kurz vor seinem Ableben hatte der Vierundsiebzigjährige eine detaillierte Bilanz seiner elfmonatigen Tätigkeit ganz im Stil der triumphalen Fünfjahrplan-Berichte erstellen lassen: *Das Politbüro ist 48-mal zusammengetreten und das Sekretariat 42-mal. Das Politbüro hat 3760 Verordnungen gebilligt, von denen 529 auf den Sitzungen verabschiedet wurden und 3231 durch postalische Stimmabgabe. Das Sekretariat hat 5452 Verordnungen verabschiedet, 980 auf Sitzungen und 4472 per Post (...) Das Politbüro hat die Parteiorgane weiter gestärkt, indem es 28 neue Sekretäre regionaler Parteikomitees und Parteikomitees in den Republiken sowie 12 neue Unionsminister ernannte. Das Zentralkomitee hat 255 000 Zusendungen offizieller Korrespondenz und mehr als 600 000 Briefe erhalten. Der Generalsekretär und seine Kollegen haben an die 9000 Briefe erhalten.*

Zu den Verpflichtungen des neuen Kremlchefs gehörte das Gespräch mit den Ranghöchsten unter den Kondolierenden. So fand ein kurzer Gedankenaustausch am Rande der Trauerzeremonie zwischen Michail Gorbatschow und Helmut Kohl einerseits, François Mitterand sowie dem damaligen US-Außenminister George Bush (sen.) andererseits statt. Natürlich nutzten manche Ostblockführer das traurige Ereignis dazu, persönlich auf Tuchfühlung miteinander zu gehen, und einer von ihnen, der SED-Chef und DDR-Staatsratsvorsitzende Erich Honecker, nahm sogar Kontakt mit Bundeskanzler Helmut Kohl auf. Dieses Treffen und das darüber veröffentlichte, nicht besonders vielsagende Gemeinsame Kommuniqué bot Nahrung für die internationalen Medien, die ansonsten ihre Aufmerksamkeit fast ausschließlich der Person des neuen Generalsekretärs widmeten.

Die Präsenz der Bruderländer auf höchster Ebene gehörte zum protokollarischen Minimum von solchen Beerdigungen. Das Fernbleiben einer der maßgeblichen Personen konnte als Zeichen der Abkühlung der Beziehungen mit den sowjetischen Führern, wenn nicht als direkter Affront gewertet werden. Dabei war es nicht selbstverständlich, davon auszugehen, dass die Staats- und Parteichefs des 1955 geschlossenen Warschauer Vertrags den Strapazen einer Pilgerfahrt an die Kremlmauer noch gewachsen waren. Fast ausnahmslos waren sie über siebzig, gesundheitlich alles andere als symptomfrei, und sie waren durch vielfältige, teilweise alarmierende Sorgen an den Alltag in ihrer Heimat gebunden.

Dem Moskauer Gastgeber war dieser Zustand durchaus bewusst und schmerzhaft verständlich, denn Konstantin Tschernenko war bereits der dritte Sowjetführer, der innerhalb von zweieinhalb Jahren feierlich bestattet wurde. Im November 1982 verstarb Leonid Iljitsch Breschnew, im Februar 1984 verabschiedete sich der Parteichef Jurij Wladimirowitsch Andropow, Gorbatschows politischer Gönner und Ziehvater, aus dem Leben. Alle drei waren – abgesehen von sonstigen Einschätzungen ihrer politischen Tugenden, Mängel, Fähigkeiten oder Leistungen – in der Endphase ihrer Amtsausübung außerstande gewesen, ihren Aufgaben nachzukommen. Für die UdSSR, ein Land, in dem die Führungsposition immer mit persönlicher Verantwortung für alle Entscheidungen – vom Schicksalhaften bis zur Bagatelle – verbunden war, bedeutete dies, dass die Staatsgeschäfte nach außen und innen mindestens seit Ende der Siebzigerjahre stagnierten und dass die Moskauer Weltmacht nur mehr mit ein paar abgedroschenen Propagandafloskeln auf die Dynamik der Außenwelt reagieren konnte.

Außerdem löste die durch die modernen Medien spektakulär gewordene häufige Sterblichkeit der vergreisten hohen Kader – auf die Verlustliste gehörten auch der langjährige Regierungschef Alexej Kossygin (1980), der ewige Chefideologe Michail Suslow (1982) und der greise Verteidigungsminister Dmitrij Ustinow (1984) – in der Sowjetunion eine moralische Abnutzung der immer wieder dramatisch verkündeten Trauernachrichten aus. Hatten die Leute 1953 noch mit tumultartigen, hysterischen Ausbrüchen auf Stalins Tod reagiert, so erlebten sie die sichtbare körperliche Schwäche ihrer Führer und die monoton gewordene pathetische Zeremonie ihres letzten Geleits auf dem Bildschirm eher als etwas Groteskes, Unseriöses, was dem Ruf ihres Landes schadete. Einer der zahlreichen bitterbösen Witze zu diesem Thema: *Eines Tages verkündet der Fernsehmoderator der Nachrichtensendung «Wremja»: «Liebe Zuschauer, Sie werden lachen – ich habe Ihnen wieder eine traurige Nachricht mitzuteilen.»*

Selbstverständlich musste sich das hohe Durchschnittsalter der herrschenden Riege nicht zwangsläufig lähmend auf die Entscheidungsprozesse auswirken – schließlich initiierte zur selben Zeit im benachbarten China der ebenfalls hochbetagte Parteichef Deng Hsiaoping eine radikale Wirtschaftsreform, die zugleich den Ausweg aus dem Chaos der «Kulturrevolution» zeigte. Freilich orientierten sich, bei aller weltrevolutionären Phraseologie, Chinas Reformprojekte vorwiegend an den inneren Problemen – angesichts der Größe des Landes und der Sorgen ein gigantisches Vorhaben. Das kommunistische Reich der Mitte war kein Imperium mit Satellitenstaaten, in denen jeder taktische Schritt der Zentrale furchtsam nachvollzogen wurde, und Peking blieb auch der Ehrgeiz fremd, bitterarme Länder auf weit entfernten Kontinenten nur deshalb dauerhaft zu finanzieren, weil sie dem Pekinger Sozialismusmodell nacheiferten. Obwohl Maos Reich bereits seit Herbst 1964 zum Atomclub gehörte, zeigte es wenig Affinität zu dem hysterischen Rüstungswettbewerb der Supermächte. Vielmehr beobachtete die Volksrepublik seit der Versöhnung mit den USA und der Aufnahme in die UNO die internationale Konfrontation, ganz im Sinne eines chinesischen Sprichworts, wie den Kampf der Tiger von der Spitze des Berges aus.

Das eigentliche Problem des Phänomens der Gerontokratie bestand darin, dass es die für Diktaturen einzig mögliche Form der personellen Veränderung, den Generationswechsel, extrem erschwerte und damit die ohnehin enge Erfahrungswelt der Herrschenden weiter einengte. Über siebzig Jahre alt und in der höchsten Machtsphäre tätig zu sein bedeutete für den Betreffenden, dass er während der Kollektivierung, der Industrialisierung, der Fünfjahrpläne, des Großen Terrors, des Krieges oder der frühen Nachkriegszeit seine politische Karriere begonnen hatte und über die Fähigkeit verfügte, seine Laufbahn der ideologischen Orthodoxie anzupassen und sich dem jeweiligen Kurs bedingungslos zu unterwerfen. Kritische Äußerungen hätten ihn leicht in den Ruf eines Abweichlers oder gar Verräters bringen können und wären somit in bestimmten Phasen des historischen Prozesses lebensgefährlich gewesen. Diese in ihrer Jugendzeit fanatisierten oder eingeschüchterten Befehlsempfänger verwandelten sich in den Sechziger- und Siebzigerjahren allmählich in diejenigen, die Befehle erteilten. Alle gemeinsam stellten eine geschlossene privilegierte Schicht dar – Milovan Djilas nannte sie *Neue Klasse* –, die über keine direkten sozialen Informationen verfügte, sondern bestenfalls aus geschönten Geheimberichten die realen Zustände in ihrem Kompetenzbereich kennenlernte.

Michail Gorbatschow gehörte zu dieser Elite, amtssowjetisch «Nomenklatura», war jedoch als Bauernkind in der bitteren Not der Kriegs- und Nachkriegsjahre aufgewachsen. Als er 1950, aus dem südrussischen Stawropol kommend, sein Jurastudium in Moskau aufnahm und bald darauf der Partei beitrat, glaubte er zwar an das Bild von deren heroischer Vergangenheit und lichter Zukunft, keinen Augenblick jedoch war er bereit, die schnöde Gegenwart durch die rosarote Brille des offiziellen Optimismus zu betrachten. Mit dem Diplom in der Tasche kehrte er im Auftrag der Partei zu seinem Geburtsort zurück, wo er zuerst als Komsomol-, später als Parteifunktionär arbeitete. In den Sechzigerjahren verwaltete er die Landwirtschaft der gesamten Region, die 66 000 Quadratkilometer umfasste. Alle, die mit den Agrarverhältnissen der UdSSR vertraut waren oder diese gar zu verwalten hatten, mussten auf ihren wenig lukrativen Posten bei der Beurteilung von Erfolgen und Misserfolgen Nüchternheit bewahren.

Nüchternheit war auch im ganz konkreten Sinne geboten. Der Stawropolskij Kraj zu Füßen des Kaukasus gehörte zu den bevorzugten Urlaubsgebieten des Spitzenapparats, und der jeweilige Regionalparteichef – diesen Posten hatte Gorbatschow schließlich 1970 erklommen – hatte unter anderem die Pflicht, die in Stawropol landenden Sonderflugzeuge aus Moskau zu empfangen und den hohen Gästen, während sie sich erholten, ab und zu Gesellschaft zu leisten. Die auf diesem Wege zustande kommenden informellen Kontakte waren für die weitere Karriere überaus nützlich – so entwickelte sich zum Beispiel Gorbatschows Nexus zu dem damaligen KGB-Chef Andropow. Gleichzeitig konnte der Regionalparteichef nicht umhin, gelegentlich an den stürmischen Saufgelagen seiner Oberen teilzunehmen.

Trunksucht gehörte zu dem wenigen, was die sowjetischen Magnaten mit vielen ihrer Untertanen gemeinsam hatten – dabei diente Wodka, wie bei anderen Menschen auch, als Treibstoff der Kommunikation. Er löste die Zungen der führenden Genossen, weichte die hierarchischen Grenzen auf und gewährte dem Unbeteiligten, falls er zwangsweise mitmachte und sich dabei zumindest trinkfest zeigte, einen diskreten Einblick hinter die Kulissen der wirklichen Herrschaft. Das aufschlussreichste Geheimwissen, das man gewinnen konnte, bestand in der Erkenntnis, wer von den Anwesenden über greifbare politische oder intellektuelle Macht verfügte und wer lediglich die Maske derselben trug.

Außerdem konnte der erfahrene Blick leicht unter den Saufkumpanen denjenigen ausfindig machen, der seinem Sekretär den Befehl gab – dem Vorbild Nikita Chruschtschows folgend –, ihm heimlich lieber Wasser einzuschenken. Um dies wahrzunehmen, brauchte man eine normale, unbefangene, eben nüchterne Beobachtungsgabe.

Diese Eigenschaft paarte sich bei Gorbatschow mit der in seinen Kreisen seltenen Fähigkeit, seinem Gegenüber aufmerksam zuzuhören, neue Informationen begierig aufzunehmen und redselig zu sein, ohne besonders mitteilsam zu werden. Sein bewegliches Gesicht mit dem langen, medienwirksamen Muttermal auf der linken Stirnseite wirkte nach den von Alkohol und Cortison erstarrten, farblosen Mienen seiner unmittelbaren Vorgänger wie eine Offenbarung: So also sah ein Sowjetführer mit Mimik aus! Ein Kommunist mit menschlichem Antlitz – bei seinem ersten größeren Westbesuch 1984 gelang es ihm, sogar die konservative britische Regierungschefin Margaret Thatcher, die Eiserne Lady, zu erweichen.

Der besondere Charme, der von ihm ausging, beeindruckte am wenigsten seine Kollegen aus dem Ostblock. Obwohl die Mitgliedstaaten des Warschauer Vertrags in der offiziellen Sprachregelung als Verbündete galten und das «sozialistische Lager» der frühen Fünfzigerjahre inzwischen, um den schlechten Beigeschmack des Wortes «Lager» loszuwerden, «sozialistische Gemeinschaft» hieß, litten die meisten Machthaber der Satellitenstaaten, selbst wenn sie in ihrem eigenen Land den Lokalfürsten mimten, unter ihrer elementaren Abhängigkeit von Moskaus Interessen und Willkür. Angesichts der historischen Erfahrung dieser Oberschicht war die Frage, ob der jeweilige Kremlherr alt oder jung, dick oder dünn, kahlköpfig oder dicht behaart war, von nachgeordneter Bedeutung. Für sie war der Generalsekretär der KPdSU in jedem Fall derjenige, der die Politik bestimmte, auch wenn er in Einzelfragen innerhalb der von ihm selbst definierten Grenzen einen eigenen Spielraum seiner osteuropäischen Partner tolerierte. Alles in allem: Der Generalsekretär war für seine kleineren Kollegen ein von oben aufgezwungenes Über-Ich, eine lieber nicht anzuzweifelnde höchste Instanz.

Die Formen der Lehnsherrschaft unterlagen allerdings mit der Zeit einem gewissen Wandel. Statt der direkten, in Extremfällen auch militärischen Einmischung setzte man zunehmend auf ökonomischen Einfluss. Der 1949 gegründete Rat der Gegenseitigen Wirtschaftshilfe (RGW) erfüllte zu keiner Zeit die Rolle eines mit wirklichem Geld operierenden, auf Länderbedingungen spezialisierten Integrationsorgans.

Vielmehr war er bürokratischer Rahmen für Import und Export aufgrund zwischenstaatlicher Abkommen, in der Regel zwischen zwei Partnerländern. Die Sowjetunion als industrielle Rohstoffmacht mit scheinbar unerschöpflichen Kapazitäten diktierte die Bedingungen des Handels. Gleichzeitig bemühte sie sich aus Gründen der Ideologie und der Staatsraison um eine minimale wirtschaftliche Stabilität ihrer Partner. Für die später beigetretenen Mitgliedsländer des RGW, Kuba, Vietnam und die Mongolei, bedeutete dies eine finanzielle Garantie für den Fortbestand des sozialistischen Modells in ihren von Europa weit entfernten Regionen.

Der Eiserne Vorhang und die westliche Embargopolitik ließen den RGW sogar erfolgreich erscheinen: Rubel, DDR-Mark, Zloty, Forint, Krone, Leu und Lewa flossen in die Kassen eines riesengroßen Selbstbedienungsladens, in dem eine bescheidene Kaufkraft immer wieder auf dasselbe klägliche Sortiment stieß. Für den anfangs vorsichtigen Handel mit dem «nichtsozialistischen Wirtschaftsbereich» zahlte man mit edler Währung aus den Safes der Nationalbank, mit hochwertigen Exportwaren oder – wie 1963 nach einer katastrophalen sowjetischen Ernte – sogar mit Gold für Getreide. Sobald die kommerziellen Ost-West-Beziehungen in den frühen Siebzigerjahren zugenommen hatten und die ersten Handels- und später Investitionskredite – mit stillschweigender Duldung Moskaus – aufgenommen worden waren, zeigten sich alle Nachteile des doppelten Standards. Zudem traf die erste Welle der Entspannung zeitlich mit dem Nahostkrieg 1973 und der darauffolgenden Explosion der Rohstoffpreise zusammen, die bei der Verschuldung der osteuropäischen Volksrepubliken Pate stand. Der Export finanzierte in immer größerem Umfang die Rückzahlung der Kredite, später nur noch die Zinsen. Die für die Bruderländer bestimmten Produkte waren fast grundsätzlich von schlechterer Qualität, Verträge und Liefertermine wurden von allen Seiten nur sporadisch eingehalten. Sogar die UdSSR schielte auf die westlichen Märkte: Das Land des Kommunismus war vor allem aus Verteidigungsgründen auf die Modernisierung seiner Wirtschaft angewiesen.

Dieser in der Fachliteratur ausführlich dargestellte Prozess war weder geplant noch vorhersehbar. Im Gegenteil: Die sowjetische Führung ging zu Beginn der Sechzigerjahre davon aus, dass es ihr gelingen würde, den historischen Rückstand gegenüber den entwickelten kapitalistischen Ländern binnen kurzer Zeit zu überwinden. Diese waghalsige Wachstumsprognose hatte die KPdSU auf dem XXII. Parteitag im Oktober 1961 offiziell als ihr Programm verkündet. In seiner Rede beschwor Parteichef Nikita Chruschtschow unter anderem Folgendes:

Die KPdSU setzt sich zum Ziel, während der nächsten zwanzig Jahre ein Lebensniveau des Volkes zu erreichen, das höher sein wird als in jedem kapitalistischen Land. Zum ersten Mal in der Geschichte hört der Zustand auf, dass die Menschen Mangel leiden müssen. Die öffentliche Ernährung gewinnt ein entschiedenes Gewicht gegenüber den häuslich verfertigten Speisen. Eine besondere Bedeutung messen die kommunistische Partei und der Sowjetstaat der vollständigen Lösung der Wohnungsfrage bei. Diese Frage konnte bisher kein Gesellschaftssystem lösen. In den nächsten zehn Jahren müssen wir den Wohnungsmangel liquidieren. Am Ende des zweiten Jahrzehnts wird jede Familie eine eigene Wohnung mit Vollkomfort besitzen. (…) Im ersten Jahrzehnt führen wir für die Mehrheit der Werktätigen den sechsstündigen Arbeitstag bzw. die fünfunddreißigstündige Arbeitswoche ein. Gleichzeitig wird der bezahlte Urlaub der Arbeiter und Angestellten auf drei Wochen und später auf einen Monat erhöht werden. (…) In Bezug auf die nächsten zwanzig Jahre setzten wir uns als Ziel (…) den Übergang zum kostenlosen Unterricht und medizinischer Versorgung, die kostenlose Benutzung der Wohnungen, der öffentlichen Dienste und des städtischen Verkehrs. (…) Im zweiten Jahrzehnt beginnen wir mit der Verwirklichung der anderen großen sozialen Maßnahme: Die Werktätigen der Unternehmen und Institutionen sowie die Kolchosbauern erhalten eine kostenlose Versorgung (Mittagessen). (…) In den kommenden zehn Jahren (…) überholen wir die Vereinigten Staaten im Ausmaß der industriellen Pro-Kopf-Produktion, im zweiten Jahrzehnt – bis 1980 – wird unsere Heimat in bezug auf die Pro-Kopf-Agrarproduktion die Vereinigten Staaten überholen.

Ob die Autoren des Parteiprogramms an diese atemberaubenden Verheißungen selbst geglaubt haben, sei dahingestellt. Tatsache bleibt, dass es Chruschtschow damals gelang, in der Öffentlichkeit bestimmte Hoffnungen auf eine allmähliche Besserung der Lage zu wecken. Dies hing nicht zuletzt damit zusammen, dass es auf diesem Parteitag durch die erneute Verurteilung des Stalin'schen Terrors – sogar der Leichnam des Diktators wurde vom Platz neben Lenin im Mausoleum entfernt –, durch Liberalisierung in der Kultur und eine vage Reformbereitschaft in der Ökonomie neue Impulse gab und neue geistige Kräfte aktiviert wurden. Was den konkreten Zeitplan betraf, so löste dieser scholastische Debatten über die Frage aus, ob sich die wichtigste Zusage des Programms, *Die heutige Generation der Sowjetmenschen wird bereits im Kommunismus leben*, auf die kleinen sozialistischen Länder Osteuropas oder Asiens anwenden ließe. Die DDR, Polen, die ČSSR, Ungarn, Rumänien und Bulgarien verkündeten damals, bei ihnen seien bisher lediglich die Grundlagen des Sozialismus gelegt worden. Der Zeitzonenunterschied zwischen 1917 und 1945, zwischen der russischen Oktoberrevolution und der Geburt der osteuropäischen Systeme sollte gewissermaßen übergangen werden. Sowjetische Ideologen beruhigten die Nachbarvölker, bei allen Teilnehmern der Ostallianz werde «historisch zeitgleich» der Kommunismus an die Tür klopfen. Was danach kommen würde, war bereits bei Lenin festgelegt: Mangels verfeindeter Klassen erfolge das Absterben des Staates, und der allgemeine Wohlstand mache das Geld als Zahlungsmittel überflüssig. Diese Überlegenheit würde dann das Schicksal des Westens besiegeln, denn im «friedlichen Wettbewerb» müsse der Kapitalismus eindeutig den Kürzeren ziehen. Ein konkreter Fahrplan für den Untergang der nichtkommunistischen Welt jedoch wurde von der Moskauer Zukunftsschmiede nicht erarbeitet.

Drei Jahre später wurde der Hauptredner des XXII. Parteitags durch eine Palastrevolte gestürzt und ihm unter anderem «Subjektivismus» und «Proschektorstwo» (= Phantasterei) zum Vorwurf gemacht. Seinen Zeitplan legte man dezent ad acta, und das Gesellschaftssystem der UdSSR charakterisierte man bescheiden als «entwickelten Sozialismus», das der kleineren Ostblockstaaten als «real existierenden», also unvollkommenen Sozialismus. Dies ist heute nur deshalb erwähnenswert, weil das Programm der KPdSU das letzte, wenn auch nur vorgetäuschte Aufflackern jener ursprünglich visionären Weltsicht war, die den Kommunismus mit dem utopischen Denken von 2000 Jahren – mit dem Urchristentum, mit der Ketzerei, mit Thomas Morus, Campanella, Saint-Simon, Owen und Fourier, aber auch mit Lassalles und Bebels Traum – verbunden hatte. Das Band war nun unwiderruflich zerrissen, und der Zukunftsstaat landete endgültig im grauen Hier und Jetzt.

Fast ein Vierteljahrhundert danach, im Anschluss an Tschernenkos Bestattung am 13. März 1985, empfing Michail Gorbatschow die Spitzenpolitiker des Warschauer Vertrags. Das Gespräch hatte allgemeinen Charakter und währte nicht lange. In einem Statement erörterte der neue Parteichef die Grundzüge seiner Politik und betonte deren Kontinuität. Neben den gewöhnlichen Slogans – Sicherung der Verteidigungskraft, Verhandlungen mit den USA über Abrüstung, Einheit der sozialistischen Staaten – fiel auch der Ausdruck *Beschleunigung der Entwicklung*, der zwar zu den üblichen rhetorischen Versatzstücken gehörte, aber trotzdem am nächsten Tag auf den ersten Seiten aller ZK-Presseorgane von Ostberlin bis Sofia prangte. Bedeutsamer jedoch war eine unveröffentlicht gebliebene Bemerkung Gorbatschows: *Die Sowjetunion hat nicht wenig wirtschaftliche Sorgen, aber wir wissen, dass auch die Lage der anderen sozialistischen Länder nicht einfach ist. Mit den ökonomischen Problemen der befreundeten Länder beschäftigen wir uns so wie mit den eigenen.*

Formal diskutierten die Versammelten die bevorstehende Verlängerung ihres Bündnisses. Die sowjetische Seite schlug vor, den Warschauer Vertrag auf zwanzig Jahre zu prolongieren, und falls zwanzig Jahre später, das heißt anno 2005, niemand von den Mitgliedstaaten Einwände erheben sollte, die Vertragsdauer automatisch um weitere zehn Jahre auszudehnen. Aus symbolischen Gründen sollte der feierliche Akt am «Tatort» Warschau vollzogen werden. Gegen diese einvernehmliche Lösung gab der rumänische Staats- und Parteichef Nicolae Ceauşescu zu bedenken, zehn Jahre Verlängerung plus fünf Jahre hätten auch gereicht, obwohl er, zumindest anlässlich dieser edlen Versammlung, auf seiner Variante nicht unbedingt bestehen wolle.

Indes ging es bei dem Treffen unausgesprochen um die von Gorbatschow erwähnten Schwierigkeiten sowohl des Lehnsherrn als auch seiner Vasallen: Der Sarg des bereits im Augenblick seines Todes völlig vergessenen Tschernenko war von alten Männern umgeben, die in ihren eigenen Ländern einen Überlebenskampf aufgrund der ökonomischen Krise und der sich daraus ergebenden Gefahr sozialer Unruhen führten. Gemeinsam war allen, dass sie aus der kommunistischen Bewegung der Vorkriegszeit kamen und schwierige Jahre der Illegalität hinter sich hatten. Drei von ihnen, der polnische, der tschechoslowakische und der ungarische Veteran, hatten seinerzeit den Stalinismus am eigenen Leib zu spüren bekommen, was weder ihre kommunistische Überzeugung noch ihre Loyalität gegenüber Moskau ins Wanken gebracht hatte. Die sechs Honoratioren mochten nach Lebenslauf, Mentalität und geistigen Fähigkeiten noch so unterschiedlich sein – gemeinsam vertraten sie mit ihren Staaten Europas Roten Gürtel, eine historische Trophäe der Sowjetmacht, auf welche diese – so schien es wenigstens – niemals verzichten durfte, ohne ihre Identität preiszugeben.

Gorbatschow verfolgte nun die sensationsarmen Wortmeldungen seiner Trauergäste und wusste aus den entsprechenden Akten genau, was die Einzelnen zu schultern hatten.

Der erste Redner, János Kádár, fasste sich besonders kurz, weil er noch am selben Tag nach Budapest zurückfliegen musste, wo seine Partei die letzten Vorbereitungen zu ihrem XIII. Kongress traf. Über diesen wortkargen, bescheidenen Mann hatte Gorbatschow besonders viel Gutes von Jurij Andropow gehört, der in den Fünfzigerjahren als Botschafter in Budapest gewesen war und Kádárs Machtantritt maßgeblich mitgetragen hatte. Die damaligen Verdienste des ungarischen Parteichefs lagen auf der Hand: Er hatte 1956 die Unterdrückung des Volksaufstands durch die Sowjetarmee legitimiert, rücksichtslos harte Maßnahmen gegen die am Aufstand Beteiligten ergriffen und Macht und Ordnung im Staate wiederhergestellt. Zu Beginn der Sechzigerjahre versuchte er sich an einer Art Versöhnungskurs und schuf eine Atmosphäre der kleinen Freiheiten – so kam das Zehnmillionenland zu seinem Beinamen «lustigste Baracke im Lager».

Allerdings war Ungarn in den letzten Jahren zu einem zunehmend unsicheren Kantonisten geworden: Trotz aller Lippenbekenntnisse zu Moskau und den anderen Bruderländern liebäugelte die Budapester Regierung fast offen mit Westeuropa und den USA. Nach innen betrieb sie einen liberalen Kurs, gab den kostspieligen Konsumwünschen der Bürger nach, tolerierte systemfremde Erscheinungen in der Kultur und fasste die Opposition mit Samthandschuhen an. Besorgniserregend war vor allem die abgrundtiefe, fast an Zahlungsunfähigkeit grenzende Außenverschuldung des Staates: 1985 mit 14 Milliarden US-Dollar die höchste im Ostblock, pro Kopf der Einwohner gerechnet. Um dieses Defizit auszugleichen, hatte Kádár wenige Jahre zuvor um die Aufnahme seines sozialistischen Staates in den Weltwährungsfonds gebeten.

Anders als Ungarn befand sich die DDR in keiner akuten Krise. Mit seinem beachtlichen Schuldenberg von 26 Milliarden US-Dollar konnte der «Arbeiter- und Bauernstaat» besser umgehen als seine Nachbarn östlich der Oder. Erstens verfügte die Republik über eine für osteuropäische Verhältnisse relativ leistungsfähige, technisch gut ausgerüstete Wirtschaft, zweitens waren hier die Vorteile der besonderen deutsch-deutschen Beziehungen spürbar, nicht zuletzt des zollfreien Binnenhandels. Mithilfe von westlichen Krediten und sowjetischen Rohstofflieferungen ließ sich eine Doktrin der «Einheit der Wirtschafts- und Sozialpolitik» aufrechterhalten, die den 17 Millionen Bürgern ein im Ostblock einzigartig hohes und vielfach beneidetes Lebensniveau bescherte. Die spät, aber dennoch erfolgte weltweite Anerkennung der DDR steigerte zudem das Selbstbewusstsein der führenden Funktionäre und vor allem des Generalsekretärs und Staatsratsvorsitzenden Erich Honecker, der auf dem Moskauer Treffen 1985 als Zweiter das Wort ergriff.

Der von manchen Gesprächspartnern als hochnäsig empfundene Nationalstolz der Ostdeutschen beunruhigte Moskau ebenso wie die engen Wirtschaftskontakte der DDR zur Bundesrepublik. Der Kreml wollte das Tempo der Annäherung der beiden deutschen Staaten selbst bestimmen. So vereitelte er noch unter Tschernenko im Herbst 1984 die lang geplante Reise Honeckers zu Helmut Kohl, die eine deutliche Aufwertung des Generalsekretärs mit sich gebracht hätte. Die Zuverlässigkeit des westlichsten Vorpostens der UdSSR wurde zudem durch dessen innere Zerrissenheit beeinträchtigt. Auf der einen Seite gab es eine enorme sowjetische Militärpräsenz und die rigide ideologische Haltung eines Kurt Hager, der päpstlicher als der Papst sein wollte, auf der anderen die fortwährend ansteigende Zahl der ausreisewilligen «Antragsteller». Die offene Medienfront und das dichte Netz der Intershopläden zeigten, wie instabil die nach außen unerschütterlich wirkende Lage im Grunde war.

General Wojciech Jaruzelski, der dritte Redner, genoss ähnlich wie János Kádár Moskaus besondere Sympathie. Als er im Dezember 1981 mit einer für sozialistische Länder eher ungewöhnlichen Methode, einem Militärputsch und dem daraus folgenden «Kriegszustand», seine bedrohliche Gegnerin, die Gewerkschaftsbewegung Solidarność, sowie die politischen Oppositionszirkel der Intellektuellen ausschaltete, war ihm ein Kunststück gelungen: Er hatte Moskaus geopolitische Interessen ohne militärisches Eingreifen der Sowjetunion durchgesetzt. Er operierte mit dem kalten Terror der Sondertruppen *Zomo*, mit einem Netz von Internierungslagern und massivem Einsatz der Staatssicherheit. Paradoxerweise war jedoch die schwer errungene soziale Ruhe überwiegend der Vermittlertätigkeit der katholischen Kirche zu verdanken.

Als weniger siegreich erwies sich der Haudegen in seinem Kampf mit der Wirtschaftsmisere des Landes. Obwohl zu dieser Zeit einige minimale Verbesserungen der Lebensmittelversorgung erfolgt waren, konnte sich Polen von der ökonomischen Depression nicht wirklich erholen, geschweige denn vernünftige Reformen einleiten. Neben den horrenden Schulden von dreißig Milliarden US-Dollar wurde das Land von Sanktionen belastet – die Antwort der westlichen Regierungen auf das Kriegsrecht. So sah sich die *Rzeczpospolita Polska* noch mehr als ihre Partner im Ostblock auf sowjetische Hilfe angewiesen. Wenn Jaruzelski jetzt die Beteiligten feierlich im April nach Warschau einlud, um den Militärpakt zu verlängern, so tat er dies soldatisch ehrlich. Auf einen solchen Staatsmann war Verlass – lediglich sein Volk blieb notorisch unzuverlässig.

Der vierte Redner, der 1911 geborene Todor Schiwkow, stand seit 1954 an der Spitze der bulgarischen KP und war seit 1958 Staatschef. Damit war er nicht nur der Älteste im erlauchten Kreise, sondern auch der mit der längsten Herrschaftserfahrung. Seine Kremltreue war sprichwörtlich, sodass man ihm die Absicht angedichtet hatte, die Aufnahme seines Staates als sechzehntes Mitglied der UdSSR betrieben zu haben, ein Ansinnen, das angeblich nur an der Herzlosigkeit der Sowjets gescheitert war. Für diesen Vorgang fehlen die Beweise. Tatsache ist nur, dass die Melodien der bulgarischen und der sowjetischen Hymne gespenstisch ähnlich klangen und dass die Lewascheine der Balkanrepublik auf den ersten Blick wie eine amateurhafte Rubelfälschung wirkten. Selbst die aus den Kämpfen gegen das Osmanische Reich herrührende traditionelle Russlandfreundschaft der ehemals osmanisch beherrschten Bulgaren trug zur außergewöhnlichen Loyalität gegenüber dem großen Bruder bei.

Gleichzeitig hinderte dieser besondere Eifer die Regierung in Sofia keineswegs daran, westliche Kredite in Anspruch zu nehmen, die sich bis 1985 zu einer Verschuldung von ca. vier Milliarden US-Dollar summiert hatten. Unterdessen baute man an der Schwarzmeerküste Hotels für Westtouristen, um an harte Währung zu kommen, und bettelte gleichzeitig bei den Sowjets um Kredite und Rohstofflieferungen. Bulgarien mit seinen achteinhalb Millionen Einwohnern stand zu Beginn der Achtzigerjahre unmittelbar vor einer ökonomischen Katastrophe – ehrgeizige Industrieprojekte versuchte man auf Kosten der früher blühenden, jetzt aber heruntergekommenen Landwirtschaft umzusetzen. Soziale Unruhen wollte das Regime vermeiden, indem es nach altem Muster nationalistische Werte proklamierte. So startete man im Sommer 1984, also kurz vor der Trauerzeremonie in Moskau, eine sogenannte Bulgarisierungskampagne, zu deren Opfern die türkische Minderheit, rund eine Million Menschen, gehörte: Viele wurden zur Änderung, genauer zur Bulgarisierung ihrer Namen gezwungen – ein Fanal, dem später die massenhafte Vertreibung von Türken folgen sollte.

Ähnlich wie in der bulgarischen gab es auch in der tschechoslowakischen Geschichte eine traditionelle Freundschaft mit Russland. Der Panslawismus des 19. Jahrhunderts hatte hoffnungsvoll auf St. Petersburg geblickt, Beneš' Erste Republik pflegte freundschaftliche Beziehungen zu Stalin, und nach dem Zweiten Weltkrieg gehörte die ČSSR in die ersten Reihen der triumphierenden Antihitlerkoalition. Dieses moralische Kapital war selbst mit der Etablierung der kommunistischen Diktatur nicht ganz verbraucht – einen historischen Bruch erlitt die große Freundschaft erst in jenen Augusttagen, als die Reformbewegung unter dem KP-Führer Alexander Dubček mit sowjetischen Panzern gewaltsam unterdrückt wurde. Dubčeks Nachfolger, Gustav Husák, der als Fünfter im Gespräch 1985 zu Wort kam, gelang es trotz anfänglichen Widerstands der Gesellschaft, die von den Sowjets gewünschte «normalizace» zu schaffen.

In einer bedrückenden Atmosphäre versuchte die Partei, die inzwischen die Hälfte, und zwar nicht unbedingt die dümmere Hälfte, der ursprünglich eine Million Mitglieder aus ihren Reihen ausgeschlossen hatte, durch ein groß angelegtes Wohnungsbauprogramm, ein verbessertes Konsumangebot sowie durch massive Verfolgung Andersdenkender vom sowjetischen Modell zu retten, was noch zu retten war. Im Ergebnis war die Gesellschaft mehrheitlich völlig passiv, woran auch die Entstehung der demokratischen Bürgerbewegung Charta 77 und deren mutige Aktionen wenig änderte. Ähnlich wie die DDR verfügte auch die Tschechoslowakei über relativ gut entwickelte Produktionsstrukturen und war weniger als ihre Nachbarn von ausländischen Investitionen abhängig, und die roten

Zahlen waren noch relativ überschaubar – die Summe der Westverschuldung betrug 1985 viereinhalb Milliarden US-Dollar bei einer Gesamtbevölkerung von 13,5 Millionen. Damit hätte das Land fast als idealer Partner für Moskau infrage kommen können – allerdings war diese Beziehung durch die Invasion des Warschauer Vertrags und Zerschlagung des Reformsozialismus von 1968 schwer belastet.

Der einzige Teilnehmer der Trauerzeremonie für Tschernenko, der mit Sicherheit bei seinem Gastgeber negative Emotionen auslöste, war Nicolae Ceauşescu. In einer Tagesnotiz über das Treffen vermerkte der Generalsekretär: *Als ich mich an Ceauşescu wandte, verhielt er sich ausweichend … Er hätte sehr entschieden antworten müssen, dass wir alle in der Frage der Unterzeichnung des Protokolls zur Fortsetzung des Warschauer Vertrags einig seien (…) Ceauşescu schluckte die Worte herunter und sagte nichts.* Diese gereizten Sätze bestimmten den Grundton aller späteren, nicht öffentlichen Äußerungen des Sowjetführers über Ceauşescu.

Ceauşescus frecher Gegenvorschlag, die Vertragsgültigkeit auf zehn plus fünf Jahre zu verringern, den sein Außenminister Dascalescu eine Woche später in Moskau wiederholte, stieß Gorbatschow übel auf und ließ unangenehme Erinnerungen hochkommen. Der Rumäne war in den Augen der jeweiligen Sowjetführer der ewige Störenfried, der bereit war, jede gemeinsame Entscheidung der «sozialistischen Gemeinschaft» zu torpedieren, wenn er damit sein Image im Westen aufpolieren konnte oder sich andere Vorteile erwartete. Sein Kokettieren mit der «Unabhängigkeit» hatte bereits im Januar 1967 begonnen, als Rumänien als erstes Ostblockland, ohne Moskau gefragt zu haben, diplomatische Beziehungen zur Bundesrepublik Deutschland aufnahm und die zu Israel nach dem Ausbruch des Sechstagekriegs nicht wieder abbrach. Seine Weigerung, an der Invasion der ČSSR im August 1968 teilzunehmen, diente ihm gegenüber der rumänischen Bevölkerung als spektakulärer Beweis für seine souveräne Handlungsfähigkeit. Der damalige Triumphzug Ceauşescus durch das ganze Land ebnete den Weg zu einem immer stärker werdenden Personenkult, der Anfang der Achtzigerjahre bereits offen monarchistische Züge trug – er ließ sich nach antikem Muster als «Conducator» feiern und stand dem Hofmaler mit Zepter in der Hand Modell.

Währenddessen rutschte Rumänien ebenso sicher wie die anderen

«Bruderländer» in die Katastrophe. In diesem Fall waren nicht die Auslandsschulden selbst (1985: sieben Milliarden US-Dollar) ausschlag-
gebend, sondern der Versuch, die leichtsinnig aufgenommenen und für
Megaprojekte missbrauchten Kredite innerhalb einer relativ kurzen
Zeitspanne zurückzuzahlen – eine Wahnsinnsidee, welche die Lebens-
grundlagen der rumänischen Bevölkerung ruinierte und die Mehrheit
bereits zu dieser Zeit unterhalb jedes halbwegs akzeptablen Existenzminimums dahinvegetieren ließ. Obwohl hier die sowjetische Führung
ihre Hände in Unschuld waschen konnte, fühlte sie sich nach wie vor
gezwungen, eine Art Verantwortungsgemeinschaft sogar noch mit diesem
«korrespondierenden Mitglied» des Warschauer Vertrags aufrechtzuerhalten. Offensichtlich entstand in den Jahrzehnten des Zusammenlebens
zwischen der UdSSR und den Staaten, denen sie ihr Modell oktroyiert
hatte, auch eine umgekehrte Abhängigkeit.

Eine Anekdote unterstellte dem Parteichef Nikita Chruschtschow, der
gern Auszeichnungen und Orden jeglicher Art vergab, die Absicht, Ni-
kolaj II., den letzten russischen Zaren, posthum zum «Helden der Sowjetunion» deklariert zu haben, und zwar aufgrund seiner Verdienste «um
die Schaffung einer revolutionären Situation im Jahre 1917». Er hatte
also einen Beitrag zum Kollaps der Monarchie und damit indirekt zum
Sieg der bolschewistischen Revolution geleistet. In der Tat zerbrach das
Russische Reich nicht zuletzt an der bürokratischen Ohnmacht und dem
Dilettantismus seiner Führungselite. Es gibt auch sonst mehr als genug
Beispiele dafür, dass Politiker häufig durch ihr Tun das direkte Gegenteil
von dem erreichen, was sie sich einst auf die Fahnen geschrieben hatten.
   Historiker und Zeitzeugen beschäftigt heute die Frage: Wie lange waren die Ereignisse in der SU von deren Führern selbst gesteuert, und wann
verwandelten sich die Protagonisten, ohne sich dieser Tatsache voll bewusst zu sein, in machtlose Instrumente blinder historischer Kräfte?
Gorbatschow selbst prägte für jede erfolgreiche Initiative im Rahmen
seiner Perestrojka die oft wiederholte Floskel: «Prozess poschol» (der
Prozess ist losgegangen). Wann hat der vom Politbüro inszenierte «Prozess» ein nicht mehr kontrollierbares Tempo erhalten? In welchen Phasen verwandelte sich der «Umbau» in Abbau und setzte solch zerstöre-
rische Energien frei, dass am Ende sogar die Erfinder von Glasnost und
Perestrojka hinweggefegt wurden?

Die Zerschlagung der Sowjetunion konnte in keinem Fall das Ziel der 1985 etablierten Kremlführung sein: Die freiwillige Aufgabe von fünf Millionen Quadratkilometer Staatsgebiet und 60 Millionen Einwohnern hätte jeder klar denkende Staatsmann als absurd von sich gewiesen, und auch der Verzicht auf die Supermachtstellung samt Rüstungsparität mit den USA wäre für ihn völlig unannehmbar, gar unvorstellbar gewesen.

Daher dachten die Machthaber, was ihre osteuropäischen Partner betraf, an nichts weiter als an einige Zugeständnisse bei den Westkontakten sowie an eine begrenzte Liberalisierung der Gesellschaft – dies alles natürlich unter dem Vorbehalt der Bündnistreue und bei Wahrung der führenden Rolle der jeweils herrschenden KP. Obwohl auf diplomatischem Parkett häufig über Truppenreduzierung gesprochen wurde, blieben entsprechende Vorschläge im Hinblick auf die Realität der Abrüstungsverhandlungen nichts weiter als ein schöner Traum. In Europa betrieb die UdSSR, ähnlich wie die USA, eine klare Politik des Gleichgewichts, bezogen auf die in Jalta festgelegten und in Helsinki abgesegneten Einflusssphären. Die zeitliche Perspektive, in der sie dachte, reichte mindestens bis zum Jahr 2015.

Die Intention der Perestrojka lässt sich aus heutiger Sicht etwa wie folgt zusammenfassen: Die Sowjetunion verzichtet auf das Rüstungsniveau der Achtzigerjahre, zieht sich aus den militärischen Konfliktzonen zurück, findet mit dem Westen einen Modus Vivendi, um von dort die Technologie zu bekommen, mit der sie ihre stagnierende, marode Wirtschaft wieder ankurbeln kann. Parallel dazu löst das Regime manche politischen Spannungen, indem es den bürokratischen Druck auf Kultur und Öffentlichkeit durch Glasnost mildert und bestimmte Institutionen, vor allem lokale Selbstverwaltungen, demokratisiert. Betriebe und Fachministerien erhalten eine größere Selbstständigkeit, unter anderem auch das Recht, ausländische Partner direkt zu kontaktieren. Privatpersonen dürfen kleine Unternehmen oder Kooperativen gründen.

Diese Pläne gingen viel weiter als die ihrer Vorbilder – Lenins «Neue Ökonomische Politik» in den Zwanzigerjahren und Chruschtschows «Tauwetter»-Politik nach Stalins Tod. Ob die Parteiführung dabei jedoch die spezifische Situation der Verbündeten berücksichtigt hatte, kann bezweifelt werden. Jedenfalls erscheint die Zusage des Generalsekretärs des ZK der KPdSU anlässlich von Tschernenkos Beerdigung, die wirtschaftlichen Probleme der Bruderländer als gleichrangig mit

denen der Sowjetunion zu behandeln, wie ein ungedeckter Wechsel.
Jeder geschulte Ökonom, der den Stand der Dinge in Ostmitteleuropa
halbwegs kannte, wusste bereits damals, dass die Sanierung der Mitgliedstaaten des Warschauer Vertrags mit sowjetischer Hilfe völlig ausgeschlossen war. Dabei war nicht einmal der Schuldenberg der sechs
Volksdemokratien, insgesamt 80 Milliarden Dollar, entscheidend –
allein Mexiko war unvergleichlich höher verschuldet. Nicht zu meistern
war eher die Herausforderung, diese nach Moskauer Modell gestalteten
Ökonomien regelmäßig mit Rohstoffen und von Fall zu Fall mit Krediten zu versorgen, damit sie funktionsfähig blieben und somit der Fortbestand des sozialistischen Systems in den einzelnen Ländern garantiert
werden konnte.

Gleichzeitig war es kaum möglich, die politische Agenda der Perestrojka mit den Nachbarn abzustimmen. Die Stagnation des Großen
Bruders in der Ära Breschnew hatte die Grenzen des Handlungsspiel-
raums der volksdemokratischen Staatsführungen exakt abgesteckt – sie
war eine Epoche der Herrschaftsstabilität. Jede Änderung in der Sowjetunion stellte für die östlichen Oligarchien aufgrund der alten Nach-
ahmungs- bzw. Anpassungszwänge eine Beunruhigung dar. Dies galt
folglich auch für die vom Kreml beabsichtigten Reformen, dazu kam
eine Kette von unvorhersehbaren, teilweise zufälligen Begebenheiten,
die den ursprünglichen Rahmen des Programms schon bald sprengten.

Die Explosion in Block 4 des Kernkraftwerkes in der Nähe von Tschernobyl ereignete sich am 26. April 1986 kurz vor halb zwei Uhr nachts.
Die erste telegrafische Auskunft landete im Energieministerium erst am
Mittag und enthielt bereits Beschwichtigendes: Das Feuer sei gelöscht,
die Kühlung des Reaktors im Gange. Nach Auffassung des Gesundheits-
ministeriums sei die Evakuierung der vierzehntausend Einwohner
Tschernobyls nicht erforderlich. Diese Trostbotschaft ging zuerst an die
Allgemeine Abteilung, eine Art Kanzlei des ZK, von dort aus auf eine
niedrigere Ebene der Hierarchie, nämlich an die Abteilung für Atom-
energie, und erst an vierter Stelle wurde am Spätnachmittag Gorbatschow
informiert. Inzwischen verließen die radioaktiven Wolken die Staatsgrenze der UdSSR in drei Windrichtungen: nach Norden, Westen und
Süden. Bereits am frühen Morgen konnten sie über Schweden gemessen
werden. Auf den Bildschirmen der erschrockenen freien Welt erschienen

die ersten Satellitenaufnahmen von dem nach wie vor brennenden Reaktor.

Wer im Riesenreich die russischsprachigen Sendungen von Free Europe, BBC oder Deutschlandfunk hörte – und das waren viele Millionen Sowjetbürger –, war für eine Weile über das Geschehene besser unterrichtet als die Führer des Landes. Erstaunlich ist, dass diese, nachdem sie bereits über das Ausmaß der Tragödie in Kenntnis gesetzt waren, erst am übernächsten Tag, dem 28. April, das Politbüro zusammentrommelten und einen Krisenstab gründeten. Erst dann wurde der Supergau der Öffentlichkeit mitgeteilt – zunächst verniedlicht als «Havarie». Dass die Führung die bevorstehenden Kundgebungen zum 1. Mai in den verstrahlten Regionen nicht abgesagt hatte, lässt sich mit einem gewissen Wohlwollen ihrem Schockzustand zuschreiben.

Die sowohl auf menschliches Versagen als auch auf Konstruktionsfehler zurückgeführte «Havarie» war nicht zuletzt ein GAU des sowjetischen Kommunikationssystems, das aufgrund jahrzehntelanger Geheimniskrämerei und panischer Angst vor der Wahrheit von unten nach oben kaum durchlässig war. Gorbatschow begriff die Botschaft der Katastrophe: *Wir stehen unter der Kontrolle unseres Volkes, unter der Kontrolle der ganzen Welt. (...). Der ganzen Welt sagen wir ehrlich, was geschehen ist.* Offensichtlich war diese Ehrlichkeit je nach Zuhörern dosiert und politisch manipuliert – so auch in Budapest während der Tagung der Staats- und Parteichefs des Warschauer Vertrags im Juni 1986. *Bei einem Sondertreffen, an dem nur die Generalsekretäre teilnahmen, erzählte ich über Tschernobyl. Sie waren schockiert von dem Verlust: bereits jetzt drei Milliarden Rubel. Und was wäre geschehen, wenn mitten in Europa ein Atomkrieg ausbrechen würde? Dann wäre alles vorbei! Also, Genossen: Es gibt nichts Schlimmes ohne Gutes.* Das «Gute im Schlimmen» sollte in diesem Fall nach Gorbatschow darin bestehen, dass die Katastrophe die Gefahren der freigesetzten Kernenergie weltweit veranschaulichte. Warum aber musste die sowjetische Nr. 1 im engsten Genossenkreis Friedenspropaganda betreiben? Warum sprach er nicht lieber über die Risiken der *friedlichen* Nutzung der Kernenergie? Schließlich verfügten die Verbündeten ausnahmslos über Atomkraftwerke sowjetischer Bauart in Rheinsberg, Paks und Kosloduj, die ČSSR startete soeben das Projekt Temelin, und die DDR war im Begriff, ein neues Prestigeobjekt in der Nähe von Greifswald zu errichten.

Obwohl Gorbatschows Haltung angesichts des ihm bereits bekannten Ausmaßes der Kernkrafttragödie alles anderes als einwandfrei war, versuchte er die ganze Verantwortung für die verspätete Reaktion den Behörden zuzuschieben. Offensichtlich kam er damals auf die Idee, der Trägheit des kommunistischen Apparats mit öffentlichem Druck zu begegnen. Deshalb lockerte er die Zensur. Die im kulturellen Bereich beginnende Glasnost hatte eine ähnlich ungeahnte Rückwirkung in der Sowjetunion wie die Ausweitung der öffentlichen Kritik in Ungarn nach 1953 oder in der Tschechoslowakei 1968 während des Prager Frühlings. Indem die Medien ihre Aufmerksamkeit auf immer neue, bisher tabuisierte Mängel des Systems richteten, erweiterten sie mit jeder Enthüllung ihre eigene Freiheit. Je allgemeiner jedoch diese scharfe, mitunter ätzende Kritik wurde, desto stärker fiel sie auf diejenigen zurück, die sie überhaupt ermöglicht hatten. Die ersten unzensierten Zeitungen erschienen, und autonome Gruppen, offiziell «informelle Organisationen», mit ökologischer, religiöser, liberaler oder sozialdemokratischer Programmatik wurden gegründet. So entstand der von der Elite keineswegs geförderte Pluralismus in der sowjetischen Gesellschaft, und es etablierte sich der offene politische Kampf. Mit den Massenunruhen in Kasachstans Hauptstadt Alma-Ata Ende 1986 erwies sich, wie viel bedrohliches Potenzial in den nationalen Konflikten steckte.

Ein Jahr später wurden mit Boris Jelzins Dissens im März 1987 erste Risse in der Fassade der Einheit sichtbar: Einige Funktionäre, darunter Jelzin, wollten die Entwicklung bewusst vorantreiben, andere, wie Jegor Ligatschow, wollten sie zumindest verlangsamen, und wieder andere, wie die Leningrader Chemikerin Nina Andrejewa, wollten sie rückgängig machen – symptomatisch ihr berühmter Leserbrief an die Zeitung *Sowjetskaja Rossija* im April 1988. Der Text mit dem Titel *Ich kann meine Prinzipien nicht preisgeben* richtete sich gegen alle Versuche, mittels Demokratisierung und Privatisierung die Monopolmacht der Partei und die staatliche Wirtschaftslenkung infrage zu stellen. Inmitten dieses stürmischen Vorgangs stand Generalsekretär Gorbatschow, das Gesicht gen Westen gewandt, wo sein «Neues Denken» nach wie vor emphatisch gefeiert wurde, im Rücken jedoch das Riesenreich, dessen Produktions- und Versorgungsstrukturen von politischer Instabilität, der Sabotage des mittleren Apparats und nicht zuletzt durch die wachsende Unzufriedenheit des Volkes in zwei, drei Jahren völlig zerrüttet sein würden. Unter dem Druck dieser Nöte kam der enge Führungskern allmählich auf die Idee, die Bindungen zu den Ostblockländern zu lockern und diese schließlich ihrer eigenen Entwicklungslogik zu überlassen.

Diese Entlastungspolitik begann zunächst bei der geografisch oder politisch etwas entfernteren Klientel der Sowjetunion. Dazu gehörten außer Dutzenden von kommunistischen Parteien einige Länder der Dritten Welt, die als Fortsetzung ihrer nationalen Revolution für den «nichtkapitalistischen Weg» oder Sozialismus sowjetischer Machart optiert hatten (Algerien, Kuba), oder solche, die in den Siebzigerjahren, meist über einen Militärputsch, eine linksgerichtete Einparteiendiktatur etabliert hatten, also Angola, Südjemen, Simbabwe, Kongo/Brazzaville und Äthiopien. Ein besonders schwieriger Fall dieser Kategorie war das Sorgenkind Afghanistan. Das hier im April 1978 mithilfe des KGB kreierte Regime versuchte einen Sozialismus sowjetischer Machart durchzusetzen und stieß auf erbitterten Widerstand der von archaischem Stammeswesen und islamischer Religion geprägten Gesellschaft. Da die Regierung in Kabul allein unfähig war, den Kampf mit den Mudschaheddin aufzunehmen, hatte sich Moskau Ende 1979 zur Entsendung eines «begrenzten Truppenkontingents» entschlossen. Das waren in zehn Jahren insgesamt fünfhunderttausend Soldaten.

Indessen forderte das Gemetzel zwischen Regierungstruppen und Aufständischen Hunderttausende von Opfern und führte zu Millionen von Flüchtlingen. Kabuls sowjetischen Patron kostete die «internationalistische Hilfeleistung» gegenüber den eigenen Marionetten jährlich drei bis fünf Milliarden Rubel. Wichtiger waren jedoch die mehr als dreizehntausend toten Sowjetsoldaten. Obwohl die Zinksärge der Gefallenen den Familienangehörigen unter strengster Geheimhaltung zugestellt wurden, kannte die sowjetische Gesellschaft allmählich genau den hohen Preis des Engagements am Hindukusch. Nun stand die KPdSU vor der schwierigen Frage, wie man das Blutbad ohne Gesichtsverlust beenden konnte. Weder wollte man den unrühmlichen Rückzug der USA aus Vietnam nachahmen noch in den Verdacht kommen, die eigenen Leute im Stich gelassen zu haben.

Auf den Geheimbeschluss vom September 1985 über den Abzug der sowjetischen Einheiten folgte ein peinliches Katz-und-Maus-Spiel mit der Kabuler Regierung. Den neuen Favoriten, den früheren Geheimdienstchef Mohammed Nadschibullah, ermunterten Moskaus Emissäre, darunter Außenminister Schewardnadse, das «Neue Denken» auf die lokalen Verhältnisse anzuwenden. Eine Perestrojka in Kabul sollte nach allem, was geschehen war, möglichst rasch «nationale Versöhnung» bringen, und sei es in Form einer Koalition mit islamischen Kräften. Sogar die volksdemokratische KP sollte den Beinamen «islamisch» annehmen. Über ihre wahren Absichten informierten die Emissäre den von ihnen als «Genossen Nadschib» verehrten afghanischen Staatschef jedoch erst drei Jahre später.

In Osteuropa hingegen herrschte Frieden, niemand forderte die sowjetische Führung auf, die Einmischung in die inneren Angelegenheiten der dortigen Volksdemokratien zu beenden. Trotzdem geisterte durch die internen Gespräche der Kremlführer relativ früh das Problem der Entfremdung von ihren Anrainerstaaten. Bereits im Sommer 1986 zeigte sich eine gewisse Ungeduld gegenüber einzelnen Ostblockländern. Besondere Unzufriedenheit bei den Sowjets löste die mangelnde Bereitschaft der europäischen Mitglieder des RGW aus, den ärmeren Brüdern unter die Arme zu greifen. *Sie wollen weder Kuba noch die Mongolische Volksrepublik und Vietnam in die Kooperation einbeziehen*, beschwerte sich der Parteichef gegenüber Anatolij Tschernjawew, seinem Assistenten. *Sie wollen die ganze Last der Rückständigsten der UdSSR aufbürden (...) Gleichzeitig*, setzte er in anklagendem Ton fort, *ziehen sie raubtierhaft aus demselben Vietnam und der Mongolei all das heraus, was sie brauchen*, wahrscheinlich eine Anspielung auf die äußerst billige Einfuhr von Textilien bzw. Fleischwaren aus den beiden asiatischen Ländern.

Besonders hart wurde die DDR kritisiert: *Unsere Linie gegenüber Westdeutschland wird auch von der DDR gehemmt. Unter dem Druck ökonomischer Faktoren kann man sich in Berlin leicht in die Umarmung von Westdeutschland werfen* (27. März 1986). Als schließlich Erich Honecker und Günter Mittag in Moskau die Ausweitung der Wirtschaftskooperation mit der Sowjetunion vorschlugen, bemerkte der Generalsekretär sarkastisch: *Sie handeln wie Ostap Bender* (29. September 1986). Der Hinweis auf die berühmte Satire *Zwölf Stühle* von Ilf und Petrow zeugt von einem recht bösen Blick auf die Ostberliner Führung. Der Held des Romans, der Hochstapler und Schatzsucher Ostap Bender, sagte den sprichwörtlich gewordenen Satz: *Ich habe die Idee, Sie liefern das Benzin dazu.*

Währenddessen beschlossen einige bankrotte Regierungen des Ostblocks, sich auf Kosten der Militärausgaben eine Atempause zu verschaffen. Gorbatschow knurrte auf der Sitzung des Politbüros: *Wir halten das Ganze zusammen, aber einige unserer Freunde beginnen nun mit der Kürzung der Verteidigungsausgaben.* Ministerpräsident Ryschkow fügte hinzu: *Ein Flugzeug kostet uns fünf Millionen Rubel. Sie bekommen es fertig und kostenlos. Dabei sind sie verschuldet. Polen. Alle sehen, was dort geschah. Jetzt ist Ungarn an der Grenze. Bulgarien machte genau vor dem Abgrund halt. Wir haben es gerettet. Es zieht sie zum Westen – in die Falle* (23. Oktober 1986).

Merkwürdig an diesem Lamento ist die Tatsache, dass die Verarmung und Verschuldung der Bruderländer seit den späten Siebzigerjahren ein offenes Geheimnis war, ebenso wie die sowjetische Komponente dieses Prozesses, nämlich die stockende Erfüllung der ökonomischen Verpflichtungen gegenüber diesen Ländern. Nun wurden alle unangenehmen Fragen während der Arbeitstreffen und Tagungen des RGW sowie der informellen Beratungen der ZK-Sekretäre thematisiert, wobei die ökonomischen Debatten immer wieder ins Politische übergingen. In den ersten Monaten 1987 registrierten die Sowjets bereits die Reaktion ihrer Partner: eine wachsende Zurückhaltung gegenüber der neuen Generallinie der KPdSU seitens der Funktionäre, die bis dahin kaum offene Kritik gewagt hatten. In einem Bericht vom 29. Januar 1987 lesen wir:

Die Distanzierung von uns merkt man bei Honecker, Kádár und Schiwkow. Mit Honecker haben wir Meinungsverschiedenheiten in Bezug auf den Überbau [gemeint ist die immer freier werdende Presse und Literatur der SU]. *Er ist unzufrieden mit unserem Verfahren gegenüber Sacharow* [gemeint ist die Aufhebung der Verbannung des berühmten Menschenrechtlers im Dezember 1986]. *Kádár und Honecker glauben nicht, dass bei uns der Prozess* [der Perestrojka] *nicht mehr rückgängig zu machen wäre. Husak streut Komplimente, tritt jedoch gegen alles Neue bei sich zu Hause auf. Schiwkow sagt: Euer Chruschtschow löste mit seinen Reformen 1956* [den Volksaufstand] *in Ungarn aus. Und jetzt soll angeblich Gorbatschow die sozialistische Gemeinschaft destabilisieren.* Selbst mit Kádár war der Chef unzufrieden, obwohl er den ungarischen Parteiführer als einen *weisen und flexiblen Politiker* lobte: *Aller-*

dings hat er wenig Vorstellungen darüber, was ihn in seiner Heimat er-
wartet. Ich habe ihm gesagt: Die USA hat doch Ihnen den Vorschlag ge-
macht: Brecht mit der Sowjetunion, und wir retten euch! Darauf spielte
ich an, als ich sagte: Es reicht aus, gleichzeitig auf zwei Stühlen zu sitzen
(10. November 1986).

Die braven Bonzen dachten keineswegs daran, sich gegen die höchste
Instanz aufzulehnen – sie fühlten sich einfach unsicher und fürchteten
Böses. Sie ahnten das Verdikt, das ihr oberster Schutzherr bereits am
3. Juli 1986 unter strengster Vertraulichkeit in den Wänden des ZK-Gebäudes ausgesprochen hatte: *Uns allen ist bewusst, dass unsere Bezie-*
hungen zu den sozialistischen Ländern in eine neue Etappe eingetreten
sind. Wie es war, so kann es nicht weitergehen. Die Methoden, die wir
gegenüber der Tschechoslowakei [1968] *und Ungarn* [1956] *anwende-*
ten, sind unannehmbar (...) Wir können keine administrative Methode
in der Führung der Freunde anwenden (...) Im Grunde brauchen wir
diese Führung über sie gar nicht. Auf diesen äußerst freimütig klingenden
Satz folgt dann ein anderer, von verblüffender Offenheit: *Das bedeutet*
nämlich, dass wir sie uns auf den Hals laden.

Hier kam eine persönliche Komponente ins Spiel: Gorbatschows Eitelkeit. Bei seinen Visiten im In- und Ausland suchte er, umringt von Sicher-
heitsleuten, den «Kontakt mit der Straße», um seine Wirkung zu erhöhen. Diese den erstarrten Protokollmöglichkeiten des Ostblocks
widersprechende Methode wollte er nach Leningrad, Budapest und den
baltischen Hauptstädten auch in Prag ausprobieren. Kurz zuvor hatte
man ihm berichtet, dass in der Moldaustadt illegale Karikaturen an die
Hauswände geklebt worden seien, auf denen Husák und andere Führer
der tschechoslowakischen KP zu sehen waren mit dem Text: *Sie alle*
hätten von Mischa [Gorbatschow] *was verdient,* also eine ordentliche
Tracht Prügel. Mit diesem ihm schmeichelhaft erscheinenden Nimbus
fuhr er am 9. April 1987 in die ČSSR und badete in Popularität: *Eine*
schwindelerregende Verbrüderung kam zustande. Man rief mir zu: Blei-
ben Sie mindestens für ein Jahr bei uns! (...) Es war immer heikel, wenn
ich vor der Öffentlichkeit erschien. Die Menschen skandierten: «Gor-
batschow! Gorbatschow!» Husák steht neben mir, als wäre er ab-
wesend. Ich versuchte ihn nach vorne zu drängen, indem ich die ganze
Zeit wiederholte: «Ich und Genosse Husák...» Aber das wurde von

niemandem angenommen. Dabei musste Gorbatschow klar sein, dass die Leute Husák vor allem als Mann der Invasoren vom August 1968 sahen, während der Repräsentant des Staates, der seinerzeit die Invasion angeordnet hatte, wie ein verspäteter sowjetischer Dubček auf dem Wenzelsplatz spazieren ging. Den soeben gedemütigten Staats- und Parteichef versicherte er mit einem Satz, der gleichzeitig eine Drohung war: *Wir werden unsere Perestrojka nicht auf eure Kosten machen, aber denkt auch ihr nicht daran, auf unsere Kosten zu leben!* Gustav Husák zog noch im selben Jahr die Konsequenz. Am 17. Dezember überließ er *aufgrund von Alters- und Gesundheitsproblemen* die Parteigeschäfte seinem Stellvertreter Miloš Jakeš. Das Amt des Staatspräsidenten blieb ihm aus Gründen der Pietät erhalten.

Anfang Juni des Jahres versuchte Gorbatschow, mit seinem persönlichen Charme auch die Bukarester zu entzücken, und erlebte eine bittere Enttäuschung. *Als Ceauşescu und ich an das Publikum herantraten, reagierten die Leute wie ein aufgezogener Leierkasten: «Ceauşescu–Gorbatschow! Ceauşescu–Frieden!» Ich kam ihnen näher und fragte sie: «Kennt ihr auch irgendwelche anderen Worte?» Später stellte sich heraus, dass diese Schreier in einem Autobus speziell herangefahren worden waren. So etwas hinterlässt einen quälenden Eindruck! Wie kann man das Volk so erniedrigen? (...) Man stellt sich die Frage: War es überhaupt notwendig, diese Reise zu unternehmen?* Das beruhigende Fazit: *Ich glaube, ausgerechnet in dieser Situation war es notwendig.* Ein besonderes sowjetisches Paradoxon bestand darin, dass der Vater des «Neuen Denkens» zu diesem Anlass dem verachteten Conducator den Leninorden überreicht hatte.

Ein direkter Export der Perestrojka oder eine Umsetzung der Glasnost in den kleineren mittel-und osteuropäischen Ländern stand niemals zur Debatte. Der Wandel im Zentrum übte ohnehin eine magische Wirkung auf die Peripherie aus, eine tödliche Parodie auf das Wunschbild der Sowjetunion als Leuchtturm der Hoffnung für alle Unterdrückten und Ausgebeuteten der Welt. Das zuerst konturlose Projekt der Kremlmannschaft, ihr Satellitensystem aufzulösen, fand, wie zu erwarten war, ein breites Echo in allen nach sowjetischem Modell ausgerichteten Gesellschaften. Diese erblickten in den Reformen der UdSSR die einzigartige Chance, die Diktatur im eigenen Land loszuwerden.

Polen: Die Tafelrunde der Erzfeinde

Als die Führer der Volksrepublik Polen im Spätsommer 1988 der renommierten Möbelwerkstatt Henryków den Auftrag erteilten, einen runden Tisch mit den dazugehörigen 58 Stühlen zu fertigen, griffen sie mit diesem Akt nicht nur tief in die Schatzkammer des Staates, sondern auch auf das europäische kulturelle Erbe zurück. Sie folgten dem legendären König Artus, der es nie versäumt hatte, *einen Ritter, über den er Lobenswertes gehört hatte, aufzurufen und an seinen Hof zu bitten … Da nun so zahlreiche edle Herren in seine Halle kamen, die alle miteinander darum wetteiferten, der größte Held zu sein, und von denen keiner der Mindeste geheißen werden wollte, ließ Artus eine große runde Tafel herstellen … So konnte niemand damit prahlen, den anderen vorgezogen zu werden, denn sie saßen alle gleichrangig um die Tafel, und alle durften das Brot mit Artus brechen.* Während jedoch die Ritter, die in Artus' Hof als Gleiche unter Gleichen gastierten, schlimmstenfalls Rivalen waren, war das aus 14 Elementen zusammenzustellende Möbelstück mit einem Durchmesser von neun Metern dazu bestimmt, Erzfeinde miteinander in Verbindung zu bringen – Verhandlungspartner, von denen einige noch unlängst die anderen malträtierten, ins Gefängnis warfen und manche ihrer Gesinnungsgenossen sogar umbringen ließen.

Der Privatfirma Henryków, die bereits bei der Inneneinrichtung des restaurierten Warschauer Königspalastes und bei der Herstellung des Thrones für Papst Johannes Paul II. Beachtliches geleistet hatte, war mit dem runden Tisch, okrągły stół, in jeder Hinsicht ein Unikat gelungen. Denn obwohl die von der polnischen Führung in Angriff genommene Konsultationsreihe mit der Opposition früher oder später in jedem Ostblockland ihre Nachahmer fand, folgte man nirgendwo dem Beispiel, einen Verhandlungstisch in Auftrag zu geben. Man konferierte miteinander an zusammengeschobenen oder ad hoc aufgestellten Bürotischen, die nicht einmal einen Kreis oder ein anständiges Oval ergaben. Die Vorliebe der polnischen Machthaber für ein exklusives Möbelstück verriet ein gewisses Stilgefühl und auch ein Gespür für historische Momente, vor allem aber hatten die Polen, anders als ihre tschechoslowakischen, ostdeutschen oder bulgarischen Kollegen, die spät und kopflos handelten, genug Zeit, sich um Formen und Formalitäten zu kümmern.

Die seit Dezember 1981 regierenden Militärs beendeten im Juli 1983 den von ihnen proklamierten Ausnahmezustand (stan vojenny, die Bürger sprachen einfach von «Krieg») und versuchten mit allen Mitteln den Anschein zu erwecken, dass Polen wieder eine zivil verwaltete, «normale» Volksdemokratie sei. Gleichzeitig litten mehrere hundert Regimegegner in Gefängnissen und Internierungslagern, in Konfliktfällen erschienen sofort die gefürchteten Sondertruppen ZOMO auf der Straße, die Staatssicherheit bespitzelte mithilfe ihrer Agenten Millionen von Polen und schreckte mitunter auch vor politischem Mord nicht zurück. So wurde im Oktober 1984 der oppositionelle Pfarrer Jerzy Popieluszko von hohen Offizieren der Geheimpolizei entführt und bestialisch getötet. Gleichzeitig waren die Generäle nicht imstande, die Erinnerung an die Zeit der Solidarność auszumerzen – die verbotene Opposition agierte in Untergrundstrukturen weiter, und die Zweite Öffentlichkeit sowie die illegal gedruckte Literatur erlebten einen in Osteuropa einzigartigen Aufschwung. Volkspolens Staatsapparat agierte in einer spürbaren Isolation von der Öffentlichkeit und, was das intellektuelle Milieu betrifft, im luftleeren Raum.

Nichts schien vordergründig darauf hinzuweisen, dass die Führung des Landes bereit gewesen wäre, auch nur informell Kontakt mit der verteufelten Gewerkschaft aufzunehmen, deren Mitgliederzahl im Herbst 1981 mit zehn Millionen immerhin fünfmal größer war als die der staatstragenden Polnischen Vereinigten Arbeiterpartei. Vielmehr wiederholte der Erste Sekretär und – seit November 1985 – Staatschef General Wojciech Jaruzelski im Juni 1986 auf dem X. Parteitag der PVAP die frühere Propagandafloskel des inneren Kalten Krieges: *Die Untergrundbewegung und ihre unterschiedlichen politischen Partner sind keine Schöngeister, die mit brennendem Herzen in der Faszination der «reinen Demokratie» leben, und auch keine irregeführten, unerfahrenen Menschen mehr. Diese Menschen sind meistens Fremdinteressen bedienende, von diesen inspirierte und finanzierte politische Agenten.*

Hinter dieser vorgetäuschten Selbstsicherheit steckten bereits damals Zweifel an der Richtigkeit des gewählten Konfrontationskurses. Das Harmloseste, was man über die militärisch-administrative Ordnungsmacht sagen konnte, war, dass sie ihr positives Ziel, die Sanierung der Wirtschaft, verfehlt hatte. Ökonomisch gesehen, hatte sich Polen keinen Deut vom Bankrottzustand der späten Siebzigerjahre hinwegbewegt. Die Schulden lagen 1985 bei 33 Milliarden US-Dollar, pro Einwohner 893 Dollar, die zweithöchste Verschuldung nach Ungarn, und sie stellten 252 % des Exports dar (Ungarn: 148 %, ČSSR: 32 %). Nicht viel besser als um die Kreditfähigkeit stand es um die Glaubwürdigkeit des Staates in den Augen der Bevölkerung: Er konnte nichts tun, was in der Öffentlichkeit gut angekommen wäre.

Vollbeschäftigung, Sozialleistungen im Gesundheits- und Schulwesen – diese als das Allernatürlichste geltenden «sozialistischen Errungenschaften» maß man an dem kläglichen Zustand der Arbeitsplätze, der Krankenhäuser und Schulen. Etwaige Lohnerhöhungen empfand man als selbstverständlich, und Preissteigerung galt als kommunistische Todsünde. Wenn diese dennoch begangen wurde, verlangte man «Indizierung», also Anpassung der Gehälter an die neuen Preise. Dabei gab es bereits viel zu viel Geld, weil die Warenbasis fehlte, um die Konsumwünsche zu befriedigen. Die gähnende Leere der Regale in den Lebensmittelgeschäften schuf eine depressive Stimmung, und vor allem der sprichwörtliche Fleischmangel schlug sich in defätistischen Witzen nieder: *In Warschau betritt der Kunde den leeren Fleischladen. Er fragt die beiden Verkäufer: «Haben Sie Schweinefleisch?» – «Haben wir nicht.» – Haben Sie Rindfleisch?» – «Nein.» – «Haben Sie Kalbfleisch?» – Nein.» – «Haben Sie Hühnerfleisch?» – «Nein.» – Haben Sie Bockwurst?» – «Nein.» – «Haben Sie Hartwurst?» – «Nein.» Der Kunde gibt auf und verlässt enttäuscht den Laden. Der eine Verkäufer sagt zum anderen: «Der Mann hat aber ein tolles Gedächtnis!»* Jenseits des Scherzes brachte das gemeine Volk auch ernsthaft seine Staatsverdrossenheit zum Ausdruck: Bei den Sejmwahlen im Oktober 1985 erschienen lediglich 78,64 % Prozent der Wahlberechtigten an den Urnen. Alle anderen waren dieser Wahlen ohne Wahlmöglichkeit längst überdrüssig.

Von Weihnachten 1986 bis Neujahr 1987 verbrachte ich die Urlaubszeit zusammen mit ungarischen und polnischen Freunden im schlesischen Szczyrk. Wir mieteten uns Zimmer in einem gottverlassenen Urlaubsheim der staatstreuen Gewerkschaft OPZZ. Das völlig heruntergekommene Haus im Touristenparadies bot ein billiges Bett und war beheizt. Essen konnte man allerdings nur Mitgebrachtes, denn in dem Supermarkt gab es außer Wodka und Tee nur Waren auf Lebensmittelkarten oder aber für Westwährung im Pewex, dem nächstgelegenen Devisenladen in Bielsko-Biała. Der Fernseher stand wie in gemütlichen sozialistischen Zeiten im Klubraum und verfügte über einen Präsentationsfehler: Er verdoppelte die Bilder. Da sich weit und breit kein Handwerker fand, um diesen Defekt zu beheben, sahen wir zwangsweise alles doppelt. Das mediale Hauptereignis bestand in einem früher verbotenen Film von Andrzej Wajda, ansonsten lief vor allem nur ein harmlos-unpolitisches Festprogramm mit lauter polnischen Kolędas – Weihnachtsliedern, die auch aus den überfüllten Kirchen herauszuhören waren. Meine polnischen Freunde, ein Ehepaar, besuchten ebenfalls fleißig die Gottesdienste, obwohl die Frau als Gymnasiallehrerin Parteimitglied war. In der Silvesternacht lauschten wir der Neujahrsansprache von gleich zwei Jaruzelskis – beide forderten uns mit vier traurigen Augen hinter vier dunklen Brillengläsern auf, dem Jahr 1987 zuversichtlich entgegenzusehen. Mir schwante, dass sich in diesem Land möglichst schnell etwas zum Besseren verändern musste.

Vielleicht war es die Stundung von 12 Milliarden Dollar Schulden, den das internationale Umschuldungsgremium Pariser Klub im Juni 1985 vermittelte, vielleicht die Wiederaufnahme in den Internationalen Währungsfonds im Juni 1986, vielleicht auch Michail Gorbatschows aufmunterndes Lächeln am Rande des X. Parteitags – jedenfalls geriet in Polen einiges in Bewegung. Auf eine Amnestie im Juli anlässlich des Staatsfeiertags, die für 20 000 Verurteilte die Gefängnistore öffnete, folgte Ende September ein unerwarteter Gnadenerlass, der 250 politischen Gefangenen die Rückkehr in die Gesellschaft ermöglichte. Unter ihnen befand sich fast die komplette Führung der Solidarność. Dass es sich dabei um keine rein humanitäre, sondern politisch gemeinte Geste handelte, zeigte der nächste Schritt der Regierung, die Bildung eines Konsultativen Rates beim Staatsratsvorsitzenden Jaruzelski. In diese

Körperschaft wurden einige hundert Personen, vor allem parteilose Intellektuelle, Ökonomen, Ökologen und Kulturschaffende eingeladen. Die katholische Kirche entsandte zwei Vertreter, beide eher als Beobachter.

Mit der Einberufung des Konsultativen Rates akzeptierten die Machthaber das Mitspracherecht der nichtkommunistischen Gesellschaft, das sie bisher höchstens im Rahmen der volksfrontähnlichen *Patriotischen Bewegung* zur Rettung der Nation (PRON) repräsentiert sehen wollten. Dennoch dachten sie zunächst nicht daran, die tatsächlich vorhandene Opposition, immerhin rund 400 Gruppierungen mit 40 000 Mitgliedern, direkt anzusprechen. Dazu hätten sie indes jede Möglichkeit gehabt, denn der Ende September in Danzig formierte *Provisorische Rat* der Solidarność ließ einige Tage nach der Haftentlassung ihrer Führer über Untergrundpresse und Westmedien eine recht friedfertige Erklärung verbreiten:

Polen befindet sich im Zustand schwerster ökonomischer und ökologischer Bedrohung. Wir haben nicht vor, Sünden aufzurechnen. Es geht um die Zukunft des Landes, die Stärke des Staates und die Identität der Nation. (…) Und doch halten wir es für unsere Pflicht, offen zu sagen, dass die Schaffung von neuen Institutionen dekorativer Art nicht nur nichts lösen kann, sondern auch die jetzt geborenen neuen Möglichkeiten torpediert. Die Gesellschaft muss die Möglichkeit erhalten, mit ihrer eigenen Stimme zu reden, ein Recht auf unabhängige Organisationen, Gewerkschaften und Vereine zu haben. Der Dialog muss einen institutionellen, aber nicht nur dekorativen Charakter annehmen. Das bedeutet die Anerkennung der Unabhängigkeit und Repräsentativität jeder sozialen Körperschaft. (…) Nur die Wiederherstellung des Pluralismus ermöglicht die Schaffung einer gesellschaftlichen Einheitsfront in der Frage, die heute am wichtigsten für Polen ist: die Rettung der Volkswirtschaft.

Dass dieses Angebot ebenso unerhört blieb, wie auch der Antrag der Gewerkschaft auf Legalisierung strikt abgelehnt wurde, hing mit einem psychologisch gefärbten politischen Widerwillen zusammen. Jede Zulassung der Solidarność hätte als Wiederzulassung interpretiert werden und den Sinn des Ausnahmezustands vom 13. Dezember 1981 infrage stellen können. Der Schwarze Sonntag, an dem die Uniformierten vom *Militärrat der Nationalen Errettung* (WRON) ihren Staatsstreich vollzogen hatten, stand in ähnlicher Weise zwischen den Herrschenden und der Gesellschaft wie die Unterdrückung des Volksaufstands 1956 in Ungarn oder die Zerschlagung des Prager Frühlings 1968 in der ČSSR. Waren jedoch die Ereignisse in diesen Ländern schon ein Menschenalter her und verwandelten sich allmählich in Historie, so lag der polnische «Krieg» nur eine kurze Zeitspanne zurück und war nach wie vor stetige Quelle aktuellen Leids – man denke nur an die 500 000 Bürger, die das Land in den Achtzigerjahren verlassen hatten. Schließlich verfügte die Emanzipationsbewegung der polnischen Gesellschaft, anders als die ungarische oder tschechoslowakische, nicht über tote oder nur noch symbolische Gestalten wie Imre Nagy oder Aleksander Dubček, sondern über eine lebendige und aktive Führergestalt in der Person von Lech Wałęsa. Und jetzt, nachdem die ursprünglich mit dem Putsch in Angriff genommene «nationale Errettung», zumindest was die ökonomische Situation betraf, kläglich gescheitert war, musste dieser Protagonist der Regierung geradezu Grauen einflößen – daher die hohe Hemmschwelle.

Gleichzeitig erschien der Vorstoß in Richtung eines friedlichen Dialogs nicht allen Strömungen der Opposition plausibel und begrüßenswert. Während sich der intellektuelle Teil der Gewerkschaft – Adam Michnik, Bronisław Geremek, Jacek Kuroń oder Jaroslaw Kaczyński – eindeutig für den Verhandlungsweg aussprach, wurde vor allem an der Basis und in den Untergrundstrukturen Missmut und sogar Empörung artikuliert. Frühere Abspaltungen wie die *Arbeitsgruppe* oder die *Kämpfende Solidarność* lehnten nicht nur jedes Gespräch mit den «Banditen, Dieben und Betrügern» der Machtelite ab, sondern bezweifelten auch die Rechtmäßigkeit des in Danzig ins Leben gerufenen *Provisorischen Rates*. Dieser sei, so argumentierten sie, ohne Beteiligung des auf dem letzten Gewerkschaftskongress im September 1981 gewählten Vorstands gegründet worden. Ähnlich ablehnend verhielten sich illegale Gruppen außerhalb des Solidarność-Spektrums wie die rechtskonservative *Konföderation für ein unabhängiges Polen* (KPN) sowie die Gruppe *Junges Polen*. All diese Proteststimmen verhallten damals ungehört angesichts der enormen Autorität von Lech Wałęsa, wirkten jedoch wie fast alle frühen Konflikte des osteuropäischen Dissens im politischen Leben der jungen Demokratie weiter.

Der Slogan «Gewerkschaftspluralismus», mit dem sich die illegale, aber de facto ungehindert tätige Landesexekutivkommission der Solidarność zu Wort meldete, stieß bei den Machthabern auf besonders hartnäckigen Widerstand. Sie hatten auf Grundlage des Gewerkschaftsgesetzes von 1982, das die Tätigkeit der Solidarność untersagte, einen *Gesamtpolnischen Gewerkschaftsverband* (OPZZ) ins Leben gerufen. Der OPZZ, dessen Vorsitzender Alfred Miodowicz war, bezeichnenderweise auch Mitglied des Politbüros der kommunistischen Partei, monopolisierte nun aufgrund des Prinzips «ein Betrieb – eine Gewerkschaft» mit insgesamt 800 000 Mitgliedern die Interessenvertretung aller polnischen Werktätigen. Die Parteiführung fühlte sich gegenüber dieser Klientel ebenso zu Loyalität verpflichtet wie gegenüber ihren eigenen Mitgliedern. Wałęsa und seine Berater sahen in dem staatlich gelenkten Berufsverband keine ernst zu nehmende Konkurrenz, aber allein schon durch ihre Forderung nach Chancengleichheit in den Betrieben bedrohten sie elementar Miodowicz' Position. Aufgrund dieser Bedrohung entwickelte sich im OPZZ im Zuge der Verschärfung sozialer Konflikte ein Profilierungsdrang auf Kosten ihrer Protektorin, der Partei: Während die Opposition allmählich Einsicht in die Notwendigkeit ökonomischer Reformen gewann, inklusive der auch für die Lohnabhängigen erforderlichen Restriktionen, trat die Staatsgewerkschaft immer häufiger als Verteidiger der Werktätigen auf. Dies war gewissermaßen die Geburtsstunde des Populismus der Nachwendejahre.

Wenn das Regime noch nach einem Beweis für seine unzureichende Legitimität suchte, so wurde ein solcher spätestens durch ein im November 1987 durchgeführtes Referendum erbracht. Die Wiederbelebung dieses politischen Instruments weckte keineswegs nur positive Erinnerungen. Zuletzt hatte man im Juni 1946 auf Vorschlag der kommunistischen Sejmfraktion allen Polen die Frage gestellt: *Bist du für die Abschaffung des Senats?* Nur durch massive Fälschungen konnte es gelingen, ein überwältigendes Ja zur Auslöschung der für Polen traditionellen Zweiten Kammer zu konstruieren. Jedenfalls war die Frage so einfach gewesen wie das demokratische Duzen der Wählerschaft. Doch vierzig Jahre später formulierten die Organisatoren des Volksentscheids viel komplizierter: *Sind Sie für die volle Durchführung des dem Sejm vorgelegten Programms der radikalen wirtschaftlichen Sanierung, im Bewusstsein dessen, dass dies einer zwei- bzw. dreijährigen Zeitspanne bedarf?* Die spitzfindige Frage, deren Beantwortung profunde Kenntnisse über den wirklichen Zustand des Landes, unter anderem über die damals noch nicht publizierte Höhe der Verschuldung, vorausgesetzt hätte, führte zu einem niederschmetternden Ergebnis: Bei einer Wahlbeteiligung von 67 Prozent stimmten nur 44 Prozent der Befragten mit Ja. Dies war der einzige Fall, in dem eine kommunistische Macht im Rahmen des eigenen Wahlsystems eine überzeugende Niederlage erlitt. Vielleicht war aber dieser Flop Ausgangspunkt des Prozesses, der letztendlich zur Wiederherstellung der parlamentarischen Einrichtungen führte – inklusive des Senats.

Einer von den 21 Punkten des 1980 der Regierung abgetrotzten Danziger Abkommens erhielt acht Jahre später plötzliche Aktualität: *Garantie eines automatischen Lohnanstiegs parallel zum Anstieg der Preise und zum Absinken des Geldwerts.* Dieser als «Wałęsa-Quote» zum Grundsatz erhobene Anspruch stand im April 1988 im Mittelpunkt der ersten großen Streikwelle seit der Ankündigung des Kriegsrechts. Den Aufruhr konnten die Machthaber zunächst mit Lohnerhöhungen beschwichtigen, aber nicht für lange. Am 16. August begannen erneut die Arbeitsniederlegungen in der Danziger Leninwerft. Bereits 1980 war dort die Unzufriedenheit der Arbeiter in einer grandiosen Betriebsbesetzung kulminiert, ausgelöst durch die Entlassung der Kranführerin Anna Walentynowicz – eine Aktion, die allerdings nicht die eigentliche Heldin des Konfliktes, sondern den damals weitgehend unbekannten Elektriker Lech Wałęsa wie eine mächtige Woge emporhob und zwei Wochen später die Parteiführung aufs Kreuz legte. Doch diesmal hatte der Arbeiterprotest, mit der Rückkehr der Solidarność als Hauptforderung, weitgehend politischen Charakter.

Die Chancen der Herrschaftsseite standen unvergleichlich schlechter als damals. Auf die Sowjetunion war wenig Verlass – Gorbatschows Unterstützung für die polnische Perestrojka beschränkte sich auf die Stundung von 1,6 Milliarden Dollar Schulden, außerdem auf einen gemütlichen Spaziergang in der Warschauer Altstadt und ein Gespräch mit dem Jaruzelski-Intimus und späteren Ministerpräsidenten Mieczyslaw Rakowski bei Kaffee und Kuchen. Der Westen griff etwas großzügiger in die Tasche, neun von den 40 Milliarden Dollar brauchten erst in den Neunzigerjahren rückerstattet zu werden. Allerdings erwartete man vom

Schuldner schnelle und eindeutige Gesten zugunsten der Demokratisierung. Das Volk verhielt sich passiv, achselzuckend – bei den Munizipalwahlen am 19. Juni sank die Beteiligung mit 56 % auf den Tiefpunkt, und das System konnte sich außer auf seinen Gewaltapparat höchstens noch auf die zwei Millionen Mitglieder der PVAP stützen.

Viel besser war aber auch die Lage der Opposition nicht. Nach Jahren der Illegalität agierten die Bürgerrechts- und Gewerkschaftsbewegungen in einem völlig erschöpften, hoffnungsarmen, von Katastrophenängsten geplagten Land. Hinter der Gewerkschaft Solidarność standen ungefähr zwei Millionen Anhänger, nur noch ein Fünftel der euphorischen Menge zur Zeit des letzten Landeskongresses im September 1981. Auf eine ernsthafte Verhandlungssituation war man wenig vorbereitet und von der Möglichkeit, irgendwelche Verantwortung übernehmen zu können, meilenweit entfernt. Als im Juli 1988 das Angebot der Partei zu Hintergrundgesprächen an dem zum ersten Mal so bezeichneten «Runden Tisch» verkündet wurde, brachte diese Initiative selbst die dialogbereite Seite der Opposition zunächst in Verlegenheit.

Zudem entschloss sich die Parteizentrale auf Anraten ihres Hirntrustes, in dem der frühere Regierungssprecher, der schlagfertige, zynische und allgemein unbeliebte Jerzy Urban, eine wichtige Rolle spielte, zu einem gewagten Schritt: Sie vertraute dem Innenminister Czesław Kiszczak, einem der meistberüchtigten Männer der Kriegszustandstruppe, die Verhandlungsführung zur Vorbereitung des Dialogs an. Als Partner dieses Generals des militärischen Aufklärungsdienstes kam nur noch der Arbeiterführer Wałęsa infrage. Das Gipfeltreffen fand am 31. August statt, dem Jahrestag des Danziger Abkommens von 1980, und endete mit dem Ergebnis, dass Rundtischverhandlungen stattfinden würden, sobald Solidarność mit der Beendigung der Streiks für soziale Ruhe sorge. Neben den beiden Kontrahenten beteiligten sich an diesem Gespräch der ZK-Sekretär Stanisław Ciosek und zum ersten Mal in der Geschichte des historischen Konflikts ein Vertreter des katholischen Episkopats, Bronisław Dąbrowski.

Die oft erwähnte Sonderrolle der katholischen Kirche in Polens neuester Geschichte hing mit dem Fehlen oder der ephemeren Existenz eines polnischen Nationalstaates zusammen. Mangels anderer starker Strukturen des Gemeinwesens kam der kirchlichen Hierarchie mehr Ansehen zu als

den chaotisch wirkenden weltlichen Einrichtungen. Des Weiteren gab es
eine nationale und historische Komponente, die jahrhundertelange Spaltung und Fremdbestimmung des Landes, sodass die Kirche als eine Art
spirituelles Polen erschien. Nicht viel anders war dies in den Jahrzehnten
des real existierenden Sozialismus. Keine der atheistischen Staatspar-
teien in Osteuropa war in solchem Ausmaß auf die ausgleichende Kraft
dieser Institution angewiesen wie die PVAP. In den Jahren des Ausnahmezustands erwies sich der Klerus als natürlicher Vermittler zwischen
den verfeindeten Blöcken, zwischen Staatsapparat und Zivilgesellschaft.
Er bremste sowohl die radikalen Strömungen des Widerstands als auch
die rabiaten Staatsbeamten. Die «führende Rolle», von der Partei beansprucht und nur mit Mühe und Not behauptet, hatte längst und zu jeder
Zeit die Kirche inne. Ihre große Anziehungskraft zeigte sich besonders
bei den Besuchen des polnischen Papstes Johannes Paul II. in den Jahren
1983 und 1987. Die Kirche spendete Trost, bot sich als Konflikttthera-
peutin an und hatte den Vorteil, dass ihre Paradiesversprechen natur-
gemäß schwieriger überprüfbar waren als die Verheißungen des Sozialismus.

Die Einbeziehung der hohen katholischen Würdenträger in den Ver-
handlungsprozess und überhaupt deren Vermittlung spielten in der ersten, recht prekären Phase nach dem Treffen Wałęsa–Kiszczak eine lebens-
wichtige Rolle. Eines der ersten zu schlichtenden Probleme war, dass
einige Namen auf Wałęsas Mitarbeiterliste bei den Generälen die Sicherung durchbrennen ließen: Michnik und Kuroń waren für die Spitzenkader ein rotes Tuch. Wenig später verkündete der Ministerpräsident
Mieczyslaw Rakowski den Plan, die bankrotte Danziger Werft bis 1991
erst mal dichtzumachen – ein Sakrileg, das Episkopat und Gewerkschaft
gleichermaßen auf die Palme brachte. Bei einer anderen Gelegenheit ließ
der Solidarność-Mitbegründer Wladyslaw Frasyniuk Einzelheiten von
einer Verhandlung durchsickern, die dann in der Auslandspresse erschienen, was die Genossen ihm übel nahmen. Irgendwann ließ Rakowski die gallige Bemerkung fallen, die Polen bräuchten eigentlich keine
Gesprächsrunde, sondern lediglich gedeckte Tische, und dann erhitz-
ten sich die Gemüter darüber, ob in dem Kommuniqué über eine Sitzung der Name der de jure nicht existenten Gewerkschaft vorkommen
könne. Schließlich kam sogar der Moment, in dem die beleidigte Parteispitze das bereits verfertigte Möbelstück, das im Poniatowski-Palast in

Jablonnia auf seine Inbetriebnahme wartete, wieder auseinandernehmen ließ. In solchen Krisenmomenten sprangen dann die Diplomaten der Kirche ein, allen voran die Bischöfe Alojzy Orszulik und Tadeusz Goclowski.

Den hartnäckigsten Widerstand auf kommunistischer Seite löste die Forderung nach Anerkennung der Solidarność als Gewerkschaft und damit deren Einzug in die Betriebe aus. Die Machthaber hatten nicht nur unangenehme Erinnerungen an die Jahre 1980/81, sondern fühlten sich auch durch ihre Loyalität an die parteinahe Gewerkschaft und ihren Chef Miodowicz gebunden. Dabei kokettierte dieser bereits mit der Rolle des Oppositionellen und hatte durch ein Misstrauensvotum im Sejm zum Sturz der Regierung beigetragen. Offenbar glaubte die Parteispitze immer noch an irgendwelche besonderen Fähigkeiten des OPZZ-Kaders – Miodowicz selbst jedenfalls glaubte so sehr an sich, dass er Lech Wałęsa trotz wohlmeinender Warnungen zu einer öffentlichen Fernsehdebatte herausforderte. Der staatlich gelenkte und von der Partei kontrollierte Sender Telewizja Polska stellte die beste abendliche Ausstrahlungszeit zur Verfügung: Es war Donnerstag, der 30. November, und die Straßen waren wie leer gefegt. Die Nation wollte ihren Wałęsa live sehen und hören, der wiederum von zahlreichen Beratern, unter ihnen der Filmregisseur Andrzej Wajda, auf den großen Moment vorbereitet wurde.

MIODOWICZ *Ist der gewerkschaftliche Pluralismus die einzige Lösung für alle polnischen Probleme? Man muss ebenfalls die Chancen einer Partei sehen, in der bedeutende Umwälzungen ihren Lauf nehmen und nehmen werden. Aber die größten Chancen, die Sie erwähnt haben, stellen natürlich die grauen Zellen unserer Intelligenz dar, die nicht voll genutzt werden.*

WAŁĘSA *Wenn ich von Pluralismus spreche, habe ich drei Bereiche im Sinn: die Wirtschaft, die Gewerkschaftsverbände und die Politik. Dahingehend müssen wir übereinkommen, da diese Ideale früher oder später siegen werden. Eine einzige Organisation wird nie das Patent zur Allwissenheit besitzen. Deshalb werden wir uns den Pluralismus erkämpfen – ob es Ihnen gefällt oder nicht.*

MIODOWICZ *Herr Wałęsa, ich verstehe, dass jeder von uns bei seinen Argumenten bleiben will.*

WAŁĘSA *Sie sollten dabei helfen, Meinungsfreiheit einzuführen und diese nicht zu blockieren. Wenn Sie wirklich das Beste für Polen wollen.*

MIODOWICZ *Aber Sie verstehen, dass man bei dem sehr impulsiven Charakter der Polen bei aller Verschiedenheit auf die Einheit achten muss. Ansonsten werden wir einander bekämpfen und uns zersplittern.*

WAŁĘSA *Lasst uns den Menschen das Glück nicht aufzwingen. Lasst uns ihnen Freiheit geben und aufhören, uns auf der Stelle zu bewegen. Schauen Sie sich doch die Ungarn an, wie weit sie gekommen sind.*

MIODOWICZ *Sehen Sie bei uns keine wesentlichen strukturellen Veränderungen in Richtung Demokratie?*

WAŁĘSA *Ich sehe, dass wir uns zu Fuß fortbewegen, während andere mit Autos davonfahren.*

MIODOWICZ *Bald werden auch wir in diese Autos einsteigen.*

WAŁĘSA *Ich nehme Sie beim Wort. Nur hoffe ich, dass wir auch die Menschen mitnehmen, da wir vor allem für sie handeln.*

MIODOWICZ *Ja. Also bedanken wir uns bei unseren Zuschauern und wünschen ihnen eine gute Nacht.*

WAŁĘSA *Vielen Dank!*

Diese Polemik, ohne Frage sehr höflich, wenn man sie an den rohen Sitten der heutigen Demokratie misst, ließ alle früheren Debatten um die Anerkennung der «sich selbst verwaltenden Gewerkschaft» gegenstandslos werden. Regierungschef Rakowski, der wahrlich kein Fan war, sondern seit 1980/81 als Intimfeind von Wałęsa galt, gab sich beeindruckt: *Er war beherrscht, redete zusammenhängend und, was noch wichtiger war, bediente sich publikumswirksamer Argumente. Wałęsa stimmte einen versöhnlichen, beinahe freundschaftlichen Ton an und gewann dadurch das Publikum für sich. (…) Dieses Fernsehduell (…) ließ jedenfalls eine neue politische Situation entstehen. Energisch betrat Wałęsa die politische Bühne. Die Art und Weise, wie er sich im Fernsehen darzubieten wusste, bewies, dass die Behörden ihn als Partner ernst nehmen mussten.* Einige Tage später reiste der Gewerkschafter in Begleitung seines Beraters Bronislaw Geremek nach Paris, um den vierzigsten Jahrestag der Deklaration der Menschenrechte zu feiern. In der französischen Hauptstadt wurde er – übrigens gemeinsam mit Andrej Sacharow – fast wie ein Staatsgast empfangen.

Während am 18. Dezember die Führungskreise der Solidarność ein Bürgerkomitee aus Sympathisanten bildeten, um die spezifischen politischen
Aufgaben von den betrieblichen besser trennen und der Regierungsseite
eine akzeptable Gesprächsebene anbieten zu können, flammten die Gegensätze zwischen den verschiedenen Fraktionen in der Gewerkschaft
mit neuer Kraft auf. Vieles in diesem damals begonnenen «Krieg der
Spitzen» hatte bereits mit dem *struggle for life* unter neuen Bedingungen
sowie mit beleidigten Eitelkeiten einzelner Protagonisten zu tun, aber
das Wesentliche an der Auseinandersetzung war die Identitätskrise der
bedeutendsten Arbeiterbewegung der Nachkriegszeit.

Der Historiker Karol Modzelewski, der bereits 1965 wegen seines mit
Jacek Kuroń gemeinsam verfassten *Offenen Briefs an die Partei* zu einer
schweren Gefängnisstrafe verurteilt worden war und 1980 zum Namensgeber der Solidarność wurde, fasste in seinen nach 1990 entstan-
denen Texten die Problematik der Gewerkschaft zusammen. Die Wurzel
allen Übels sah er in dem dramatischen Bruch mit dem ursprünglichen
Ansatz der polnischen Studenten von 1968. Diese demonstrierten mit
der Losung «Kein Brot ohne Freiheit». Der Zusammenhang zwischen
Wohlstand einerseits, menschlicher Würde und Integrität andererseits
bestimmte auch den geistigen Inhalt des Arbeiterprotestes in den Küs-
tenstädten im Dezember 1970. Eine bekannte Ballade, deren Held Janek
Wiśniewski ist, ein fiktives Opfer der damaligen Unruhen, geht auf dieses
ursprüngliche Doppelsymbol zurück: *Nie płaczcie matki, to nie na
darmo, / Nad stocznią sztandar/ z czarną kokardą/ Za chleb i wolność,
i nową Polskę Janek Wiśniewski padł. (Weint nicht, ihr Mütter, es war
nicht umsonst,/ über der Werft schwebt die Fahne/ mit der schwarzen
Kokarde./ Für Brot und Freiheit,/ für das neue Polen/ ist Janek Wiśniewski
gefallen ...)* Dieses Lied war in den Film von Andrzej Wajda «Mann aus
Eisen» aufgenommen worden und erlangte während des kurzen Som-
mers der freien Gewerkschaft in Kristina Jandas Aufführung eine enorme
Popularität. Die Ballade traf mit ihrem sentimentalen und heroisierenden
Ton recht genau Ethos und politisches Credo der Solidarność, wie es im
Aktionsprogramm vom April 1981 formuliert worden war:

*Die besten Traditionen der Nation, die ethischen Prinzipien des Chris-
tentums, der politische Auftrag der Demokratie und die sozialistische
Gesellschaftsidee – das sind die Hauptquellen unserer Inspiration. Wir
fühlen uns dem Erbe der ganzen polnischen Kultur tief verbunden, die*

in die europäische Kultur eingebettet ist und starke Verbindungen mit dem Katholizismus hat. [...] Unsere Gewerkschaft knüpft an die Traditionen der Arbeiterbewegung an, die uns in den Idealen der sozialen Gerechtigkeit, der Demokratie, der Freiheit und der Unabhängigkeit bestärken. Zu diesem Traditionsgefüge gehörte die Idee der Arbeiterselbstverwaltung, und alles zusammen bildete eine christliche Sozialutopie, die damals Millionen Menschen bewegte. Während die Kommunisten den Solidarność-Sozialismus nur als eine boshafte Tarnideologie betrachteten, konnten die Oppositionsführer der späten Achtzigerjahre diesem Konstrukt ebenfalls nichts abgewinnen. Mittlerweile galt das Wort Sozialismus als kommunistisch kompromittiert, und dennoch hüteten sich die öffentlichen Akteure davor, die Richtung, auf die sich die Gesellschaft zubewegte – den Kapitalismus –, beim Namen zu nennen.

Während die Konturen der demokratischen Zukunftsgesellschaft noch recht unklar blieben, zeichnete sich der Weg dorthin immer konkreter ab. Noch bevor der Präsidentenpalast am 6. Februar 1989 seine Tore für die Verhandlungen, für die Delegierten und ihre Berater öffnete, waren sich die Kontrahenten in zwei Fragen einig: Als Verhandlungsergebnis des Runden Tisches würde man die Solidarność offiziell zulassen. Außerdem befürwortete die Opposition einen «nicht konfrontativen» Ablauf der in Aussicht zu stellenden freien Sejm- und Senatswahlen. Keines dieser wichtigen Zugeständnisse wurde sofort publik gemacht – aus Rücksicht auf die Empfindlichkeiten sowohl der kommunistischen Parteimitglieder als auch der antikommunistischen Gewerkschaftsbasis. Das vorangegangene Plenum des Zentralkomitees hatte sich zu beiden Fragen eher kryptisch geäußert. Unter Pluralismus verstand man einen «demokratischsozialistischen Rechtsstaat», Zusammenarbeit mit einer «konstruktiven Opposition» und die Legalisierung, neben den bereits bestehenden Blockparteien, von nicht näher genannten Vereinen und Organisationen. Noch verschwommener war die Passage zur Gewerkschaftsfrage: Bei den Verhandlungen am Runden Tisch sollten *Bedingungen, Methoden und Zeitpläne zur Einführung des gewerkschaftlichen Pluralismus erarbeitet sowie Wege zur Schaffung neuer Gewerkschaften, unter ihnen der Solidarność, gefunden werden.* Als Rechtsquelle dieser Lösung wurde paradoxerweise das Gewerkschaftsgesetz vom Oktober 1982 angeführt, das seinerzeit das Verbot der Solidarność besiegelt hatte.

Die zwei Monate lang andauernde Zusammenarbeit von Regierung und Opposition betraf alle wichtigen Fragen der polnischen Gesellschaft. Die beiden Delegationen, jeweils 14 Mitglieder, erörterten ihre Themen bei den drei sogenannten Haupttischen (Gewerkschaftstisch, Politischer Tisch, Wirtschaftstisch) und Untertischen (Jugend, Gesundheit, Ökologie, Medien, Bergbau, Bildung etc.). Mit allen Beratern, Beobachtern, Pressesprechern und technischen Hilfskräften lag die Gesamtzahl der Teilnehmer bei über 500. Die Systematik der Verhandlungsführung war von vornherein auf Konsens ausgerichtet. Wenn in einer Frage kein Einverständnis erzielt werden konnte, verordnete man eine Pause oder vertagte das Thema auf die nächste Sitzung. Die Untertische wandten sich im Streitfall an den zuständigen Haupttisch, während Letzterer bei Schwierigkeiten die Hilfe der beiden Verhandlungsführer Kiszczak und Wałęsa in Anspruch nahm. Es kam zu zahlreichen informellen und geheimen Gesprächen. Für die Öffentlichkeit richtete man im Hotel Europejski ein Pressebüro ein, in dem Journalisten die Tagesberichte erhalten konnten. Auf der Regierungsseite waren auch die Führer der Blockparteien und der offiziellen Gewerkschaft vertreten, während die Abordnung des Bürgerkomitees aus langjährigen Führern der Solidarność und ihren Beratern bestand. Leiter des Verhandlungsprozesses waren einerseits Innenminister Kiszczak und ZK-Sekretär Ciosek, andererseits Tadeusz Mazowiecki und Bronislaw Geremek.

Das Zusammenbringen der verfeindeten Eliten des Staates und der Gesellschaft war eine absolute Pionierleistung, die in den anderen Mitgliedsländern des Warschauer Vertrags mehr oder weniger authentisch nachgeahmt wurde. In dieser ausgereiften Form konnte aber der historische Kompromiss nur in Polen zustande kommen, wo beide Seiten über eine lange Verhandlungs- und Konflikttradition verfügten. Die Möglichkeit, trotz aller tragischen Erfahrungen zueinanderzufinden, hing auch mit der Art des Militärputsches vom Dezember 1981 zusammen: Schließlich war dieser rabiate Schritt eine innere Angelegenheit gewesen – Bilder von sowjetischen Panzern wie in Budapest 1956 oder Prag 1968 belasteten die Machthaber zu keiner Zeit. Vielmehr verkauften sie den Ausnahmezustand als «polnische Lösung», durch die sie angeblich einem sowjetischen Einmarsch bewusst hatten vorbeugen wollen. Mag sein, dass dies nur eine Ausrede war, aber weder Kádár noch Husák hatten die Möglichkeit, sich eines solchen Arguments zu bedienen.

Die historische Tafelrunde war wegen der katastrophalen Pattsituation des Landes gewissermaßen zum Erfolg verurteilt: Beide Seiten wussten, dass sie den Verhandlungstisch nicht verlassen konnten, ohne ein einvernehmliches Dokument unterzeichnet zu haben. Der Dissident der Siebzigerjahre und Mitbegründer des *Komitees zum Schutz der Arbeiter* (KOR), Henryk Vujec, brachte diesen zwingenden Umstand auf den Punkt: *Wir wussten, dass die beiden Seiten unterzeichnen mussten. Die Kommunisten konnten nicht noch einmal das Kriegsrecht einführen. Ihre einzige Alternative war, noch einmal lange Jahre Apathie und das «No future»-Programm zu haben. Und wir, wir waren sehr schwach. Unsere Streiks 1988/89 waren sehr schwach.* Ähnliche Worte für die Gemeinsamkeit der Kontrahenten fand der Initiator des Runden Tisches, General Jaruzelski, als er der Historikerin Claudia Kundigraber im April 1994 sagte: *Tatsächlich war die eine wie die andere Seite schwach. Die Streiks scheiterten, und dass die Solidarność schwach war, dazu können Sie Lech Wałęsa, Jaroslaw Kaczynski (...) fragen, sie haben zu dem Thema veröffentlicht. Sie waren schwach, schwach. Und wir waren auch sehr schwach.*

Nach der ersten Plenarsitzung im Präsidentenpalast fanden die meisten Verhandlungen in der hübschen Siedlung Magdalenka bei Warschau mit ihren Datschen für Funktionäre statt, wohin die Teilnehmer in sogenannten Mikrobussen gefahren wurden. Nach anfänglichen Schwierigkeiten ließen sich einige Verkrampftheiten lösen, die in langen Jahren auf beiden Seiten der Barrikade entstanden waren. Vor allem Teilnehmer der Regierungsseite gaben sich angenehm überrascht. Politbüromitglied und Psychologe Janusz Reykowski zum Beispiel empfand die Zusammenarbeit am Haupttisch Politische Reformen als positiv: *Die Streitfragen betrafen meist Details. Die ersten Stunden waren seltsam, aber nachdem wir zwölf Stunden zusammengearbeitet hatten, erkannten die Leute, dass sie nicht mit Teufeln, sondern mit Menschen sprechen.* Der Journalist und Filmregisseur Krzysztof Teodor Toeplitz berichtete über den Untertisch Medien: *Alle Teilnehmer der Gruppe waren alte Freunde von früher. Jeder kannte jeden, und deshalb war die Verständigung ziemlich einfach, ohne die Möglichkeit, etwas vorzuspielen. (...) Die psychologische Situation war nicht schwierig. Ich hatte das Gefühl, verstanden zu werden, und sogar neue Freundschaften wurden während der Rundtischverhandlungen geschlossen.* Über die Verbrüderung der beiden Eliten, zum Beispiel die Männerfreundschaft Michnik–Jaruzelski, entstanden Legenden, die hart an der Grenze des politischen Kitsches waren. Dabei vergaß man oft die Tatsache, dass Teile der Opposition, die sogenannten nicht Konstruktiven, von Wałęsa ausgeklammert worden waren.

Aufschlussreiche Debatten führte der mit sozialen Fragen befasste Wirtschaftstisch. Die Partei versuchte den Kaderapparat von etwa 300 sozialistischen Großbetrieben aufrechtzuerhalten und stieß damit auf wenig Widerstand – offenbar wollte man die kommunistische Aristokratie nicht reizen. Als Gegenleistung verzichteten die Genossen auf die geplante Schließung der Danziger Werft, der Zitadelle der Arbeiterbewegung. Regierung und Solidarność einigten sich auf eine rückwirkende Lohnerhöhung von 80 % der Preissteigerungen. Das erschien damals noch als eine großzügige Geste seitens der Gewerkschaft, bedeutete es doch die Akzeptanz von 20 % Senkung des Realeinkommens. Niemand ahnte, dass kaum ein Jahr später das Sanierungsprojekt der ersten Solidarność-Regierung den Bürgern sogar 40 % aus der Tasche ziehen würde. Die legendäre «Wałęsa-Quote» von 1980 bedeutete nun nichts weiter mehr als die Einrichtung von Suppenküchen, um die schlimmste Not der Armen zu lindern, eine Errungenschaft, die im Volk nach Jacek Kurón, dem Minister für Arbeit und Soziales, als *kuróniowka* bezeichnet wurde.

Der Gewerkschaftstisch, ursprünglich als der wichtigste eingestuft, erarbeitete einen Kompromiss in Gestalt eines Papiertigers. Demgemäß sollte die Solidarność erst nach dem Abschluss der Rundtischverhandlungen, aber noch vor den Wahlen zugelassen werden – aber doch nicht *wieder* zugelassen! Diesmal bestand weder der Solidarność-Führer noch Mazowiecki darauf, die Legalisierung in der ursprünglich geplanten Form durchzusetzen. Erstens war die legendäre Gewerkschaft inzwischen nicht so sehr auf Legitimation angewiesen wie die anderen, die sie seinerzeit zerschlagen hatten. Zweitens war der Solidarność-Seite im Verlauf der Verhandlungen am Haupttisch Politik allmählich bewusst geworden, dass die wichtigste Frage die nach der grundsätzlichen Verteilung der Macht war – alles andere war der Bedeutung nach zweitrangig.

Der von Bronislaw Geremek und Stanislaw Ciosek geleitete Haupttisch Politik beschäftigte sich mit der Frage der Machtverteilung. Man dachte einvernehmlich an das Vorkriegsmodell: Ein Zweikammern-Parlament mit dem Sejm als Nationalversammlung und dem Senat als Oberhaus sowie die Institution eines starken Präsidentenamtes, eindeutig auf Jaruzelski zugeschnitten. Auch außerhalb der Tafelrunde kam es zu informellem Gedankenaustausch – der Premier Rakowski nannte diese Treffen «modo privato». So entwickelten der Funktionär Stanislaw Ciosek und der Bischof Alojzy Orszulik die Formel, dass bei den anstehenden Wahlen die Kommunisten und ihre treuen Koalitionspartner 60 Prozent der Mandate erhalten sollten, die Parteilosen, also praktisch die Kandidaten der Opposition, 40 Prozent. *Und, was Wunder, erzählt Rakowski, die Opposition akzeptierte diesen Vorschlag. Vierzig Prozent! Von einem solch hohen Anteil hatten die Vertreter der Opposition (...) nie geträumt. Ein Teil der Genossen, darunter auch ich, hielten eine solche Verteilung der Parlamentssitze für allzu großzügig. Nach einer Weile wurden die Anteile auf 65 Prozent beziehungsweise 35 Prozent korrigiert. Auf der Basis dieser Prozentzahlen entstand das sogenannte Vertragsparlament.*

Mehr Probleme verursachte es, wie die Kompetenzen des völlig frei zu wählenden Senats und des Staatschefs so aufgeteilt werden konnten, dass ein Gleichgewicht der Kräfte zumindest theoretisch gesichert blieb. Aber auch darin waren die Standpunkte keineswegs unversöhnlich. Jedenfalls stand dem feierlichen Abschluss der langen Gesprächsrunde am 5. Mai 1989 nichts mehr im Wege. Man feierte, und das zu Recht, das Ergebnis als Erfolg und war stolz darauf, «von Pole zu Pole» miteinander geredet zu haben. Auf den Fotos, die Jahre später durch General Kiszczak publik geworden sind, sieht man unter anderem Adam Michnik beim Trinkspruch. Sein triumphierend strahlendes Gesicht hat etwas von dem Stolz eines Wissenschaftlers, dem die Ableitung seiner These blendend gelungen ist: Quod erat demonstrandum.

Als Theoretiker der polnischen Demokratie ging Michnik immer davon aus, dass ein friedlicher Weg aus der Diktatur möglich sei. Allerdings empfahl er angesichts der missglückten Ausbruchsversuche von Budapest und Prag ein anderes, mühevolles und langsames Verfahren, sozusagen eine östliche Version des Langen Marsches durch die kommunistischen Institutionen. Auf einer Konferenz zum 20. Jahrestag des ungarischen Volksaufstands in Paris plädierte er für den von ihm so genannten neuen Evolutionismus: *Meiner Meinung nach ist die einzig mögliche Politik für Dissidenten in Osteuropa ein unablässiger Kampf für Reformen zugunsten einer Evolution, die zu einer Ausdehnung der bürgerlichen Freiheiten führen und die Respektierung der Menschenrechte garantieren wird. Das Beispiel Polens zeigt, dass anhaltender gesellschaftlicher Druck auf die Regierung nicht geringe Konzessionen hervorbringen kann. Die polnische Opposition, so könnte man sagen, hat eher den spanischen als den portugiesischen Weg gewählt. Sie strebt eher allmähliche und partielle Veränderungen an als den gewaltsamen Sturz des bestehenden Regimes. Die Grenzen dieser potenziellen Revolution werden wahrscheinlich noch auf lange Zeit durch die politische und militärische Präsenz der UdSSR in Polen festgelegt sein.*

Der Hinweis auf Spanien kam nicht von ungefähr. Der Zusammenbruch der letzten Diktaturen im Bereich der westlichen Allianz, den die kommunistischen Machthaber mit intensiver Propaganda als Erfolg ihrer Ideale feiern ließen, beschäftigte die Gemüter in Osteuropa. Der Sturz der griechischen Obristen, die portugiesische Nelkenrevolution und schließlich das allmähliche Zerbröckeln des Franco-Regimes zeigten, dass autoritäre Systeme ihre Ressourcen mit der Zeit erschöpfen und die Zivilgesellschaft auch nach Jahrzehnten des Scheintods ihre Kräfte erstaunlich schnell regenerieren kann. Die spanische Transformation erfreute sich besonderer Aufmerksamkeit wegen ihres weitgehend gewaltlosen Charakters und speziell des mystifizierten Versöhnungsaktes, in dem Sieger und Besiegte das Kampfbeil sozusagen gemeinsam begruben. Allerdings gehörte das falangistische Spanien keinem militärischen und politischen Block an und konnte deshalb seine Gehversuche auf dem Terrain der Demokratie im Besitz seiner voller Souveränität vollziehen.

Michniks Auffassung über den Weg ins Freie schien 1980 voll bestätigt zu werden, als es einer emanzipatorischen Bewegung in Polen gelang, dem System grundlegende Zugeständnisse abzutrotzen. Das Danziger Abkommen verkörperte in seinen Augen den *Vertrag*, in dem die Gesellschaft ein verbrieftes Recht auf autonomes Handeln erwarb, ohne den Machtanspruch des Staates infrage zu stellen (Michniks Mitstreiter Jacek Kuroń sprach in diesem Kontext über eine *sich selbst beschränkende Revolution*, was ein *contradictio in adjectum* ist – eine Revolution, die sich selbst beschränkt, ist keine). Das Danziger Modell erwies

sich allerdings als zerbrechlich, denn das Regime konnte dem Doppel-
druck der Sowjets und der eigenen Bevölkerung nicht standhalten und
setzte Militär ein. In den Jahren des Ausnahmezustands, die Michnik
teilweise im Gefängnis verbrachte, kam er immer mehr zu der Auffassung, dass an der Zuspitzung der Lage auch die Solidarność nicht ganz
unschuldig gewesen sei: Vor allem wäre es angebracht gewesen, mehr
Rücksicht auf die geopolitischen Gegebenheiten zu nehmen.

Das Entgegenkommen der Solidarność bei den Rundtischverhandlungen hatte zweifellos mit der Befürchtung zu tun, dass die Sowjetunion
womöglich dieser ersten Systemveränderung im Rahmen ihres Militär-
bündnisses nicht widerstandslos zuschauen würde – eine Ansicht, die
auch Politiker der westlichen Welt teilten. Schließlich lief der strategische
Weg zwischen Ost und West über Polen. Auch war die Gefahr nicht von
der Hand zu weisen, ein Fiasko bei den Verhandlungen könnte die Machtseite in Versuchung bringen, ihren noch intakten Gewaltapparat einzu-
setzen – in Krisenmomenten spielte General Kiszczak ab und zu auf die
angeblich schlechte Stimmung in Militärkreisen an. Die Großzügigkeit
der Opposition bei der Zuteilung der Mandate hing aber auch damit
zusammen, dass sie selbst nicht in Parteien dachte, sondern die Gewerkschaft als einheitliche Kraft dem monolithischen Parteiapparat entge-
genstellen konnte. Dies führte letztendlich dazu, dass die ersten Wahlen
in Polen, auch von den Initiatoren als «halbfrei» bzw. «halbdemokratisch»
bezeichnet, ohne die für Osteuropa sonst typische multiple Parteienlandschaft über die Bühne gingen.

Michniks Nostalgie bezüglich des «spanischen Wegs» wurde auch von
dem ungarischen Oppositionellen Miklós Haraszti geteilt, der gegen
Ende der Siebzigerjahre bedauerte, dass es in Ungarn keinen König Juan
Carlos gab, der den Übergang zur Demokratie zu managen gewusst
hätte. Die Parallele war kein Zufall: Im Frühjahr 1979 kam es zur ersten
Kontaktaufnahme zwischen den Demokratiebewegungen beider Länder. János Kis, György Bence und György Konrád suchten nach und
nach Mitstreiter in Polen auf. Die Ungarn übernahmen Michniks Ansatz
des evolutionären Charakters der Bürgerbewegung, wobei der Ironiker
Konrád schon 1977 allzu große Erwartungen bremsen wollte: *Keine
Sorge, die langsame Revolution der Selbstbestimmung in Osteuropa
werden wir nicht übereilen*, beruhigte er die Gemüter. Während seines

Besuchs in Warschau 1981 warnte er Adam Michnik und seine Mitstreiter gleich vor zwei Gefahren – vor dem Sieg und vor der Niederlage.

Im Sommer 1989 eroberte die Solidarność bei den an keinen Vertrag gebundenen Senatswahlen 99 von 100 Plätzen. Allerdings lag die Wahlbeteiligung bei diesem ersten halbwegs demokratischen Kräftemessen nur bei 62 Prozent (Ungarn 65 %, DDR 93 %, ČSSR 96 %, Bulgarien 90 %, Rumänien 86 %), was von einer unveränderten Skepsis der Bürger gegenüber der Willensbildung via Stimmzettel zeugte. Zwei Jahre später, bei den ersten völlig freien Sejmwahlen, für die bereits mehr als 30 Parteien kandidierten, sank die Beteiligung auf 43 Prozent.

Mit oder ohne hohe Wahlbeteiligung bedeutete der erste Urnengang auf jeden Fall eine katastrophale Niederlage für die kommunistische Partei. Trotz ausgehandelter Vorrangplätze musste die PVAP nicht nur den Triumphzug ihrer Gegner in den Senat erdulden. Besonders unangenehm traf sie die Tatsache, dass von den 35 Direktmandaten ihrer sogenannten Landesliste, die gewöhnlich den Spitzenapparatschiks vorbehalten war und die sie aus Versehen nicht per Vertrag beansprucht hatte, nur fünf genügend Stimmen erhielten. So schafften es hohe Repräsentanten der Partei und des Staates wie Kiszczak, Ciosek und Rakowski, Initiatoren und Akteure des Runden Tisches, im ersten Wahlgang nicht, in den Sejm zu kommen. Um ihnen weitere Demütigungen zu ersparen, veränderte man vor dem zweiten Urnengang mithilfe der Opposition sogar die Wahlordnung.

Die ersten beunruhigenden Meldungen, so lesen wir in Rakowskis Memoiren, trafen aus den polnischen Auslandsvertretungen ein. Hier war der Nachteil der Machthaber besonders auffällig, denn das Personal der Botschaften und anderer Einrichtungen war mehrheitlich aus Genossen zusammengesetzt. *Spätabends konnten wir im Wahlstab die Niederlage kommen sehen. Am nächsten Morgen stand sie fest. Alle unsere Senatskandidaten waren abgewählt worden. (...) Mittags berief Jaruzelski eine erweiterte Sitzung des Sekretariats des Zentralkomitees ein. (...) nach außen zeigte sich der General beherrscht, doch ich kannte ihn zu Genüge, um zu wissen, dass die äußerliche Fassung bittere und pessimistische Gedanken verbarg. (...) Kiszczak bezeichnete die Senatswahlen als «unsere hundertprozentige Niederlage». Er bezweifelte, ob man die vereinbarten 65 Prozent ernst nehmen könne, weil mindestens einige PVAP-Abgeordnete Leute der Solidarność seien. Baka* [Politbüromitglied Władysław Baka, Leiter des Wirtschaftstischs auf Regierungsseite] *sagt, die Wahlergebnisse hätten jegliche Befürchtungen übertroffen. Das Volk wollte uns einfach nicht mehr! Und damit hatte er recht.*

Ohne Zweifel bestand nun die Gefahr, dass die siegestrunkene Menge, die auf den Straßen der Großstädte das «Ende der Kommune» bejubelte, das Wahlergebnis als Korrektur des «Vertragsparlaments» ansehen und in diesem Sinne Druck auf die Opposition ausüben würde. Die Rundtischverhandlungen waren von Streiks und Demonstrationen begleitet gewesen, bei denen sich die soziale Frustration häufig in antikommunistischen und antisowjetischen Parolen artikuliert hatte, was wiederum bei den Funktionären Urängste auslöste. In diesem Moment war die staatstragende Elite wie noch nie ihrer soeben legalisierten Opposition ausgeliefert. Falls diese das *gentlemen's agreement* vom Herbst des Vorjahres aufgekündigt hätte, wäre die Parteispitze völlig machtlos gewesen. Hartes Durchgreifen kam trotz vorhandenen Potenzials nicht mehr infrage. Das Menetekel der gewaltsamen Auflösung des Studentenprotestes in Peking, ausgerechnet am Tag der polnischen Wahlen, brannte noch an der Wand.

Die politische Lösung kam schließlich von der Führung der Opposition, die gleich nach der Bekanntgabe ihres Sieges eine Delegation zu General Kiszczak sandte. Mazowiecki, Geremek und Bischof Orszulik teilten im Namen von Lech Wałęsa mit, dass sie an keine Machtübernahme dächten und nicht einmal eine Regierungsbeteiligung im Sinne hätten. Um die Vertragslösung noch einmal plausibel zu machen, ergriff Michnik das Wort in seiner *Gazeta Wyborza* (Wahlzeitung), die von der Solidarność im Vorfeld der Wahl gegründet worden war. Hier erschien am 3. Juli 1989 der Leitartikel des Chefredakteurs mit dem später legendären Titel *Wasz prezydent / Nasz premier* (Euer Präsident – unser Premier).

In nächster Zeit wird über das politische System in Polen entschieden. Bisher weckte die Person des Präsidentschaftskandidaten die meisten Emotionen. Es ist schlecht, wenn in solch einer Situation Erinnerungen und Rhetorik die Oberhand gewinnen. Versuchen wir, die Situation in Ruhe unter die Lupe zu nehmen und die Frage zu beantworten: Welches politische System ist in Polen für die nächsten Monate und Jahre erforderlich? Die wirtschaftliche Situation ist katastrophal. Dem Land drohen gesellschaftliche Ausschreitungen und Unruhen. Der überwältigende Sieg der «Solidarność» während der Wahlen beweist, dass die Polen für eine grundlegende Veränderung eintreten. Dasselbe haben die sich wiederholenden Aussagen über eine eventuelle Kandidatur Lech Wałęsas zum Präsidentenamt zum Inhalt. Polen braucht jetzt eine starke und glaubwürdige Führung. (...) Jedoch, es liegt nicht an den Menschen, sondern an den Mechanismen. Es ist ein neues System notwendig, das durch alle wichtigen politischen Kräfte approbiert wird. Ein System, das neu ist, aber eine Kontinuität garantiert. Solch ein System kann nur auf einem Abkommen basieren, aufgrund dessen ein Kandidat der PVAP zum Präsidenten gewählt wird und der Premierministerposten sowie die Aufgabe der Regierungsbildung einem Kandidaten der «Solidarność» zufallen. Solch ein Präsident wird die Kontinuität der Macht sowie die internationalen Abkommen und Militärbündnisse garantieren. Solch eine Regierung wird das Mandat der überwiegenden Mehrheit der Polen innehaben und eine konsequente Änderung des wirtschaftlichen und politischen Systems garantieren. Nur eine Zusammenstellung der Führungskräfte (...) hat Chancen auf eine adäquate Hilfe bei dem Wiederaufbau der Wirtschaft des Landes.

Nach dem Vorbild, dem «spanischen Modell», sollte auch in Polen ein «dicker Schlussstrich», auf Polnisch «gruba kreska», gezogen werden, was in der Konsequenz Straffreiheit für alle vom Regime begangenen Verbrechen und nicht zuletzt die Schließung bzw. die Nichtöffnung der Akten nach sich ziehen würde. In Spanien selbst umfasste der unter dem Sammelbegriff Moncloa-Abkommen bekannt gewordene Stabilitätspakt von 1978 mehrere Themen. Arbeitgeber und Gewerkschaften einigten sich auf die Anpassung der Löhne an die tatsächliche Inflationsrate («Indizierung»), es gab einen Konsens über den EG-Beitritt und über die Autonomie der Nationalitäten, und es gab Einverständnis zwischen den politischen Parteien, von der postfalangistischen *Allianza Popular* bis zur *Kommunistischen Partei*, über die Handhabung des Amnestiegesetzes von 1976. Weder der «stille Übergang» als Prozess insgesamt noch die Sonderrenten, für ehemalige Francoanhänger ebenso wie für Republikaner, konnte die Zivilgesellschaft zufriedenstellen. Aber die wirklichen Krisen der letzten 30 Jahre waren in Spanien aus anderen Gründen ausgebrochen, und die unbewältigte Vergangenheit gehörte nicht zu den Hauptthemen.

Dabei gab es verblüffende Ähnlichkeiten während und nach der Wende, die das Schicksal der herrschenden Parteien betrafen. Unmittelbar nach dem Verzicht auf ihre «führende Rolle» erhielten die Postfalangisten bei den Wahlen von 1977 lediglich acht Prozent der Wählerstimmen (PVAP/ Sozialisten 1991: 11 Prozent), um später unter dem Namen *Partido Popular* 1996 mit 38 Prozent aus den Wahlen hervorzugehen (*Polnische Linke Union* 2001: 41 Prozent). Jedes Mal spielten bei dem Sieg der Nachfolgeparteien nostalgische Gefühle gegenüber den «ruhigen» Jahren der Diktatur eine Rolle. Mit Unterstützung der früheren Herrschaftspartei sollten die wirtschaftlichen und sozialen Rückschläge der Demokratie abgestraft werden. Auch die Sündenregister der frei gewählten Regierungen in Polen und Spanien ähnelten sich aufs Haar: Inflation, Arbeitslosigkeit, Kriminalität, Korruption und Sittenverfall. Bei allen Parallelitäten gab es aber einen grundsätzlichen Unterschied im schwierigen Abschied von der Diktatur.

In Spanien stand der siegreiche Caudillo auf der Seite der Besitzenden, das Privateigentum galt als unantastbar und heilig, während in der Volksrepublik Polen, ähnlich wie im gesamten Ostblock, die kommunistische Machtübernahme mit einer Verstaatlichung großen Stils und der Konfiszierung selbst von Kleinbetrieben und Villen einherging. Diese Ungerechtigkeiten mussten von der jungen Demokratie unbedingt rückgängig gemacht werden, was sich aufgrund der langen Dauer der Enteignungen oft als problematisch erwies. Es ging nicht nur um Entschädigung Einzelner, sondern um die Neuverteilung des staatlichen Vermögens. Das löste große Spannungen in der Gesellschaft aus und bereitete jeglichen Versöhnungsträumen ein jähes Ende. Die Hamletfrage der neuen Zeit hieß: Haben oder nicht haben? Im Schatten des unreifen Rechtsstaates entfaltete sich nicht nur der politische Kampf der Eliten, sondern auch die Eroberung des Marktes durch das neue Unternehmertum. Auch hierin nahm Polen eine Vorreiterrolle ein: In den Tagen, als der Runde Tisch erst im Säulensaal des Präsidentenpalastes aufgestellt wurde, erließ die Rakowski-Regierung ein Gesetz, das Privatpersonen den Kauf von staatlichen Unternehmen ermöglichte.

In die Katerstimmung nach der historischen Wahlniederlage der PVAP platzte ein von langer Hand geplanter Besuch hinein: Der Präsident der Vereinigten Staaten, George Bush senior, landete auf seiner Europatour am 9. Juli auf dem Warschauer Flughafen. Er war ein wenig irritiert, weil er wusste, dass der polnische Staatschef, der ihn auf der Rollbahn erwartete, der große Verlierer der letzten Wahlen war, und es sah so aus, als ob dieser recht wenig Lust hätte, sich für eine neue Kandidatur zur Verfügung zu stellen.

Für den amerikanischen Präsidenten wäre es in diesem Fall vielleicht richtiger gewesen, gleich nach Danzig zu fliegen, wo der aussichtsreichere Partner, der Oppositionschef Wałęsa, seiner harrte. Doch Bush erinnerte sich an die Begegnung mit beiden im Herbst 1987, als er den General trotz seiner kommunistischen Weltanschauung eindeutig sympathischer fand als den Querulanten von der Solidarność. Vermutlich deshalb führte er mit dem Staatschef statt der protokollarisch vorgesehenen kurzen Unterredung ein zweistündiges Gespräch. Und, so berichtete der Insider Strobe Talbott, *er vermittelte Jaruzelski das Gefühl, ein Staatsmann zu sein, der sein Land durch eine schwierige Phase zu lotsen versucht – und nicht ein geschlagener Soldat, der beim Aushandeln der Kapitulationsbedingungen verzweifelt versucht, einen Rest von Würde zu bewahren.*

Talbott behauptete sogar, der US-Präsident habe in seiner Gutmütigkeit den unsicheren, gestressten Kollegen förmlich aufgebaut und ihn doch zur Kandidatur ermuntert. Damit erntete er bestimmt kein Lob von den ungefähr sechs Millionen Amerikanern polnischer Abstammung, unter ihnen gestandene Kommunistenfresser. Dass es bei dem Bericht Talbotts nicht um eine spöttelnde journalistische Zuspitzung ging, bestätigte der General selbst, als er in einem Interview des Schweizer Journals *Magazin* Anfang 2008 seine Version des Gesprächs wiedergab: *Ich wollte nicht Präsident werden. Es gab damals eine Welle von Anschuldigungen (…) sodass ich offiziell verkündete, nicht fürs Präsidentenamt zu kandidieren. Im Juli 1989 stattete Präsident George Bush senior Polen einen Besuch ab. Geplant war ein Höflichkeitsbesuch, zehn Minuten beim Kaffee. Daraus wurden zwei Stunden. Bush hat es in seinen Memoiren festgehalten … (…) Ich zitiere Ihnen das wörtlich: «Und ich musste», schrieb Bush, «einen kommunistischen Leader dazu überreden, Präsident werden zu wollen.» (…) Als ich wusste, dass mich die Amerikaner unterstützen, habe ich zugesagt.*

Der hohe Gast bewegte sich fast schlafwandlerisch in dieser Welt zwischen gestern und morgen. Im Sejm begann er seine Rede mit der historisch rätselhaften Floskel: *In Polen hat der Kalte Krieg seinen Anfang genommen (...), heute hat das polnische Volk die historische Chance, die Teilung Europas zu überwinden.* Konkret versprach er 15 Millionen Dollar zu ökologischen Zwecken sowie eine Aufstockung der Hilfe über den amerikanischen Kongress von weiteren 100 Millionen. Dabei musste ihm inzwischen klar sein, dass seine Gastgeber von solchen Beträgen wenig begeistert waren. Überhaupt wollten in diesem Lande alle nur über Geld mit ihm reden. Der noch amtierende Premier Rakowski sagte ihm, nur scheinbar scherzend: *Sie haben, Herr Präsident, viele meiner Landsleute enttäuscht ... (...) Man hatte einen Scheck über zehn Milliarden Dollar mit der Widmung erwartet: Dem tapferen polnischen Volk in Dankbarkeit, George Bush.* Und er schilderte eingehend die kolossale Verschuldung seines Landes. Nachmittags in Danzig schlug Rakowskis Erzfeind Wałęsa in dieselbe Kerbe. Zehn Milliarden Dollar, über drei Jahre verteilt, seien notwendig, sonst breche die Hölle los, meinte der Arbeiterführer.

Zum unvermeidlichen Eklat kam es, als der Bush-Begleiter John H. Sununu, Gouverneur von New Hampshire, in einem Interview erklärte, man müsse mit den großzügigen Krediten aufpassen, sonst benehme sich Polen *wie ein Kind in einem Süßwarenladen.* Der sicher nicht böswillige Politiker kubanischer Abstammung traf mit dieser Bemerkung eine empfindliche Stelle der Osteuropäer, das Kleinkarierte im Großartigen, das viel mit der Mentalität einer Bananenrepublik zu tun hatte. In der Tat stellten sich die von der Diktatur befreiten ehemaligen Ostblockstaaten voller infantiler Hoffnungen, die Hand aufhaltend, in die Warteschlange vor ihrer Zukunft.

Der Krieg der Spitzen in Polen oder, wie man ihn etwas übertrieben bezeichnete, der Krieg aller gegen alle begann im Augenblick des Triumphes. Einerseits profilierte sich das Bürgerkomitee, eine der Partnerorganisationen am Runden Tisch, das die Wahlliste der Opposition anführte, als selbstständige Sejmfraktion mit der Absicht, Mitglieder in die noch zu bildende Regierung zu entsenden. Andererseits wurden Strömungen stärker wie die *Arbeitsgruppe* oder *Solidarność 80*, die mit dem Anspruch auftraten, die ursprünglichen Intentionen der unabhängigen und jetzt in ihren Augen kompromittierten Gewerkschaft zu repräsentieren. Ihre Kampfansage galt dem bereits 1980/81 kritisierten autoritären Führungsstil des Arbeiterführers, den seine Gegner nun als

«Wałęsismus» ablehnten. Außerdem erwies sich der Junisieg als nicht so grandios, wie es die Niederlage der kommunistischen Seite vermuten ließ: Projizierte man die Wahlergebnisse auf die Gesamtheit der Stimmberechtigten, dann hatte die Opposition ungefähr 40 Prozent der Stimmen erreicht – von einer allumfassenden Unterstützung, einer mystischen Einheit von Nation und Solidarność konnte keine Rede sein. Außerdem schnitten im Kampf um Direktmandate die beiden Mitläufer der Kommunisten, *Bauernpartei* und *Demokratische Partei*, relativ günstig ab, und damit begann ihre eigenständige Entwicklung, weg von Jaruzelskis Volksfront. In dieser Konstellation fand Wałęsa immer weniger seinen Platz. Im Bewusstsein seiner damals noch unangezweifelten charismatischen Ausstrahlung versuchte er, auf eigene Rechnung Politik zu machen. Zuerst liebäugelte er damit, Jaruzelskis Präsidentschaft zugunsten der Kandidatur des Generals Kiszczak zu kippen, später hinderte er Kiszczak daran, als designierter Ministerpräsident seine Regierung zu bilden. Auch hofierte der souveräne Arbeiterkönig die Führer der Blockparteien, um diese für eine «kleine Koalition», also eine Regierung ohne Beteiligung der Kommunisten, zu gewinnen. Später ließ er lange in der Schwebe, ob er von den potenziellen Kandidaten für den Posten des ersten nichtkommunistischen Premiers eher Geremek oder lieber Mazowiecki unterstützen wollte, offensichtlich um eine allzu enge Freundschaft zwischen beiden zu verhindern. All diese Schachzüge erzielten aber nicht das gewünschte Resultat: Jaruzelskis Wahl zum Präsidenten auf sechs Jahre fand dem ursprünglich geplanten Szenario entsprechend statt, und Mazowiecki übernahm eine Koalitionsregierung, in der die geschlagene PVAP sogar die «harten» Ministerposten Inneres und Verteidigung errang. Wałęsas Fehltritte waren aber nicht vergessen. In seiner Antrittsrede als Ministerpräsident verpasste Mazowiecki seinem Rivalen einen Seitenhieb, indem er erklärte, keine «Marionettenregierung», also kein Herrschaftsinstrument der Solidarność, bilden zu wollen.

Diese waschecht bürgerlichen Intrigen spielten sich noch in der Vorbereitungsphase der demokratischen Wende ab, die ein wenig an die antike Mythologie erinnerte. Im Hintergrund der Auseinandersetzung zwischen der vielfach mystifizierten Solidarność und der dunklen Welt der ehemals Mächtigen sahen die meisten Akteure den Kampf der olympischen Götter Bush und Gorbatschow. Erst später, als sie den Realitäten der Freiheit überlassen waren und ihre Entscheidungen völlig autonom treffen mussten, stellte sich heraus, dass sie selbst weder Heilige noch Teufel waren, sondern gewöhnliche Menschen und Verwalter der von den Kommunisten geerbten Konkursmasse. Von dem vereinbarten Szenario der geteilten Macht ist so gut wie nichts übrig geblieben. General Jaruzelski war es nicht vergönnt, sein Amt als Staatschef sechs Jahre lang auszuüben. Bei einer außerordentlichen Präsidentenwahl vom Dezember 1990 erhielt Lech Wałęsa, Kandidat des *Zentrums Solidarność*, 39,9 Prozent der Stimmen, während eine Abspaltung seiner Organisation, die *Bürgerbewegung Demokratische Aktion* (Solidarność ROAD), 18 Prozent der Stimmen für Mazowieckis Kandidatur gewinnen konnte. Und ein völlig unbekannter Exilpole aus Kanada, Stanisław Tymiński, erwies sich für 23 Prozent der Wähler als attraktiv. Damit begann die extreme Aufsplitterung des politischen Lebens, einhergehend mit dem Untergang der legendären Arbeiterbewegung Solidarność, wobei die persönliche Popularität ihres Führers noch einige Jahre anhielt.

Als der ZK-Sekretär Stanislaw Ciosek bei den Verhandlungen in Magdalenka die bohrende Frage in den Raum stellte, ob sich die Hauptgegnerin des Systems eigentlich als politische Partei oder als Gewerkschaft verstehe, erhielt er sinngemäß die Antwort, Solidarność sei eine Gewerkschaft, die das Vertrauen der polnischen Nation genieße und zurzeit auch «mit anderen Dingen» als der betrieblichen Arbeit beschäftigt sei. Später versicherte Mazowiecki dem argwöhnischen KP-Funktionär, sobald in Polen pluralistische Institutionen entstünden, werde Solidarność lediglich die normalen Funktionen einer professionellen Vereinigung wahrnehmen. Bereits in dieser oberflächlich korrekt anmutenden Behauptung steckte etwas Widersprüchliches: Wie konnte man von einer politischen Arbeiterbewegung, die jahrelang als Bollwerk gegenüber der kommunistischen Macht agiert hatte und nicht nach dem Branchenprinzip aufgebaut worden war, erwarten, dass sie sich in den Rahmen einer engen Interessenvertretung der Lohnabhängigen pressen lassen würde? Dazu hätten ihre Strukturen völlig umgekrempelt werden müssen, und das ist zu keiner Zeit geschehen. Sicherlich war die neue Machtelite wenig daran interessiert, mit einer Gewerkschaftsbewegung wie der frühen Solidarność konfrontiert zu werden – selbst wenn diese nur halb so hartnäckig für soziale Belange gekämpft hätte, wie dies ein paar Monteure, Elektriker, Ingenieure und Kranführerinnen der Danziger Leninwerft im Sommer 1980 getan hatten.

Paradoxerweise wurde der politische Charakter der Solidarność in den Jahren 1988/89 zuungunsten ihrer syndikalistischen Natur ausgerechnet von den Kommunisten forciert. Sie wollten die Gewerkschaft um jeden Preis von den Betrieben fernhalten, um das leichte Hinübergleiten der Nomenklatura in die neue Zeit zu sichern. Als jedoch die PVAP von der politischen Landkarte bereits gestrichen war, erwies sich für die Gewerkschaft die Rückkehr zur Interessenvertretung der Werktätigen komplizierter als erwartet. Dabei hatte sie sich noch im Programmbeschluss ihres II. Kongresses vom April 1990 unmittelbar auf die Prinzipien des I. Kongresses vom September 1981 berufen: *Die wichtigste Zielsetzung der Solidarność ist die Schaffung der Voraussetzungen eines würdevollen Lebens in einem ökonomisch und politisch unabhängigen Polen. Das Ziel ist ein von Armut, Ausbeutung, Angst und Lüge befreites Leben in einer auf dem Grund der Demokratie und des Rechts organisierten Gesellschaft.* Der Satz, mit dem diese Vision neun Jahre später ergänzt wurde, verrät die geschwächte Position seiner Autoren: *Heute sind wir diesem Ziel nahe gekommen, aber uns erwarten noch viele Anstrengungen und Opfer.*

Die politischen Kämpfe wurden in der Folge von den Parteien übernommen, und diese bestimmten auch den hasserfüllten Diskurs der nächsten zwanzig Jahre. Auf der einen Seite der «dicke Schlussstrich» plus Monetarismus, gepaart mit postkommunistischem Neureichentum, auf der anderen Seite der postume Antikommunismus mit nationalen und klerikalen Versatzstücken aus der Vorkriegszeit oder gleich direkt aus dem Mittelalter. Zwischen diesen Stühlen war die «sich selbst verwaltende Gewerkschaft» samt ihren hohen Ansprüchen unter den (runden) Tisch gefallen. Der Solidarność-Mitbegründer und Historiker Karol Modzelewski beschrieb den Prozess wie folgt: *Zwischen September und Ende Dezember 1989 veränderten die politischen Eliten der Solidarność, kaum zur politisch herrschenden Kraft geworden, ihre Einstellung (…) um 180 Grad; und die Gewerkschaft Solidarność spannte den Schutzschirm über einer Politik auf, die gegen die elementaren Interessen ihrer werktätigen Basis verstieß und das Prinzip des Schutzes der Schwachen verletzte.*

Die zitierten Worte sollen nicht als eine Bilanz des friedlichen polnischen Systemwechsels missverstanden werden. Ohnehin mussten alle, die das Werk der Beseitigung der kommunistischen Diktaturen auf sich nahmen, damit rechnen, dass dies ohne Desintegration der Gesellschaft und Umverteilung der Güter kaum denkbar war. Allerdings dachten die Eliten in Polen und anderswo kaum an den hohen Preis, den gerade die Ärmsten für die demokratische Gesellschaft zu zahlen hatten. Dabei ging es nicht einfach um einen in Geld bezifferbaren Preis, sondern auch um den Freiheitsschock, den Menschen erleben, wenn sie nicht nur von einer Diktatur, von dunklen Erinnerungen, sondern auch von ihrer gewohnten Lebensweise, von ihren Lebensentwürfen Abschied nehmen müssen. Der Grieche Sophokles wusste diese Art von Opferbereitschaft zu würdigen: O *Same des Atreus! Wie bist du, nachdem du viel gelitten, mit Mühe zur Freiheit hinausgelangt, durch den heutigen Aufbruch vollendet!*

Ungarn: Der gemütliche Weltuntergang

I n der Magazinsendung *168 Stunden* des Budapester Rundfunks vom Samstag, dem 6. Mai 1985, befragte ein Journalist einige Passanten auf dem Karl-Marx-Platz über den Namensgeber dieses zentralen Ortes der ungarischen Hauptstadt. Das merkwürdige Ergebnis der Umfrage machte Furore.

REPORTER *Wer war Karl Marx?*
PASSANT *Ach, fragen Sie mich doch nicht so was.*
REPORTER *Nicht mal ein paar Worte?*
PASSANT *Ich möchte lieber nicht, ja?*
REPORTER *Und warum nicht?*
PASSANT *Nun, ich habe einfach keine Zeit, um solche Dinge zu studieren.*
REPORTER *Sie müssen doch in der Schule etwas über ihn gehört haben?*
PASSANT *Ich hab' halt viel gefehlt.*
ANDERE STIMME *Er war ein sowjetischer Philosoph. Engels war sein Freund. Was kann ich noch sagen? Er starb im hohen Alter.*
WEIBLICHE STIMME *Ja klar, ein Politiker. Und er hat – wie hieß es doch gleich – Lenin, ach ja, Lenin, also er hat Lenins Werke auf Ungarisch übersetzt.*
REPORTER *Könnten Sie also ein paar Worte über ihn sagen?*
ÄLTERE FRAU *Na, hören Sie. Sie wollen doch nicht etwa ein Schulexamen machen mit mir. Er war ein Deutscher, er war ein Politiker, und ich glaube, er wurde hingerichtet.*
REPORTER *Können Sie mir sagen, nach wem der Marxplatz benannt ist?*
WEIBLICHE STIMME *Nach Karl Marx.*
REPORTER *Wo hat er gelebt?*
WEIBLICHE STIMME *Der ist doch tot.*

REPORTER *Aber wo hat er gelebt?*
WEIBLICHE STIMME *Nun, soviel ich weiß, zum Teil in der Sowjetunion. Dort hat er eine Zeit lang studiert, und dann war er, glaub' ich, auch eine Zeit lang in Ungarn. Ich weiß das nicht so genau.*
REPORTER *Wissen Sie, nach wem der Marxplatz benannt ist?*
VERSCHIEDENE STIMMEN DURCHEINANDER *Nein, wir kommen von Szeged. Wir sind von Szeged, wir wissen das nicht.*

Eine ähnliche Unkenntnis oder Ignoranz in Bezug auf den Gründervater hätte wohl in allen Mitgliedstaaten des Warschauer Vertrags festgestellt werden können – vielleicht bis auf die DDR, für die der Autor des *Kapitals* ein Teil des nationalen Kulturerbes war. Allerdings hätte eine Umfrage dieses Stils selbst in der Spätphase des Ostblocks einzig und allein in Budapest stattfinden können. In keinem der Bruderländer war die Zweideutigkeit der gesellschaftlichen Situation so sehr zum Bestandteil des Alltagsbewusstseins geworden wie im Ungarn der Sechziger- bis Achtzigerjahre.

Offiziell bezeichnete sich das System seit seiner blutigen Geburtsstunde im November 1956 mit der ideologischen Formel «Diktatur des Proletariats» oder dem tautologischen Terminus «Volksdemokratie» (= Volksvolksherrschaft), hatte den Sozialismus zum Inhalt und strebte als Endziel den Kommunismus an. Allerdings gab es in diesem Land weder Kampagnen zur Massenmobilisierung wie in der DDR noch öffentliche Loyalitätsbekundungen zugunsten der Partei wie in der ČSSR. Der Warenmangel mit den hysterischen Warteschlangen gehörte ebenso der Vergangenheit an wie die Dominanz der Propaganda in den staatlichen Medien. Vor allem auswärtigen Beobachtern erschien die Volksrepublik als eine kunterbunte Enklave der Bürgerlichkeit im Einheitsgrau der sozialistischen Staatengemeinschaft, sodass Ungarn mit den fragwürdigen Beinamen «Gulaschkommunismus» oder «lustigste Baracke im Lager» versehen wurde.

Zweifellos war es der KP-Macht nach dem brutalen Terror, der auf die Unterwerfung des Volksaufstands 1956 folgte, gelungen, eine erfolgreiche Prophylaxe zur Vermeidung sozialer Spannungen zu praktizieren, indem man allen Bevölkerungsgruppen Geschenke zukommen ließ. Die als Aushängeschild dienende Arbeiterklasse erhielt einen bescheidenen, aber sicheren Lohn bei relativ niedriger Produktionsintensität und konnte sich mit einigem Geschick Baumaterialien und Technologie des Betriebes auch privat zunutze machen («fusizni», «pfuschen», hieß das Zauberwort für dieses in Miklós Harasztis Industriereportage *Stücklohn* eingehend geschilderte Verfahren). Die LPG-Bauern erhielten das Recht, Produkte ihrer Privatgärten frei zu verkaufen, gleichzeitig wurden sie erstmalig Nutznießer des staatlichen Gesundheitswesens und der Rentenversicherung. Städtische Handwerker, in Abkürzung des Begriffs *magánszektor* (Privatsektor) «maszek» genannt, kamen trotz Steuerschikanen zu neuer Prosperität, Kulturschaffende verfügten neben den für jedes sozialistische Land typischen Privilegien über gewisse Spielräume bei Themenwahl, Stilrichtung und Ausdruck. Jugendliche scharten sich um die Musikgruppen *Illés, Omega* oder *Beatrice*, Fans um die Fußballmannschaften FTC und MTK. In den beiden Fernsehsendern liefen neben den offiziellen politischen Sendungen auch populäre Musik-, Talk- und Wunschshows, Nostalgieabende, und außer sowjetischen Serien gab es *Derrick* und *Tatort*. Das Kino-, Theater- und Kabarettprogramm war vielfältig, das Sortiment ähnelte mehr dem österreichischen als dem tschechoslowakischen Angebot.

Reisen in den goldenen Westen waren kein Vorrecht von auserwählten Kadern, sondern ein sich von Jahr zu Jahr wiederholendes Massenereignis. Allerdings war dieses Phänomen von wirklicher Reisefreiheit weit entfernt. Die Ungarn hatten das verbriefte Recht, jedes dritte Jahr ein Touristenvisum für 30 Tage in das kapitalistische Ausland zu beantragen und dafür Valuta im Wert von ca. 300 US-Dollar pro Person bei der Nationalbank zu kaufen – vorausgesetzt, dass die Staatssicherheit keinen Einwand gegen die Reise erhob. Vergleicht man diese Regelung mit den Bedingungen in der DDR, kann man behaupten: Im deutschen Arbeiter- und Bauernstaat durfte im Prinzip niemand in das «nichtsozialistische Wirtschaftsgebiet» reisen, wobei es in Abweichung von dieser Regel millionenfache Ausnahmen gab. In Ungarn durfte im Prinzip jeder in den Westen, abgesehen von den Hunderttausenden, denen dies ausdrücklich untersagt wurde.

All diese kleinen Annehmlichkeiten trugen dazu bei, dem ohne sichtbare Anstrengung agierenden Regime zu hoher Akzeptanz zu verhelfen. Große Stabilität plus kleine Freiheiten im Schatten der argwöhnischen Sowjetmacht – das war das Nonplusultra, das die Ära Kádár in ihren erfolgreichen Jahren anzubieten hatte. Der Chef war Bestandteil einer

Folklore, die ihn in patriarchalischer Manier als «János bácsi», Onkel János, wie einen guten König würdigte. Die am meisten verbreitete Legende hieß: Hätte es in Ungarn in den Siebzigerjahren freie Wahlen gegeben, so hätte er diese mühelos mit absoluter Mehrheit gewonnen. Doch sicherheitshalber blieb man bis zuletzt bei dem guten, altbewährten Wahlsystem mit seiner Einheitsliste und einem festen Mandat für den Spitzenkandidaten «János Kádár, Arbeiter, Generalsekretär des Zentralkomitees». Der Titel «Arbeiter» galt allen führenden Genossen proletarischer Abstammung, selbst wenn sie seit 40 Jahren Hammer und Spaten nur mehr von Betriebsbesichtigungen kannten.

Ebenso wie die SED-Führung ständig mit der latenten Angst lebte, der Volksaufstand vom 17. Juni könne sich wiederholen, rang die ungarische KP-Riege mit dem Gespenst des 23. Oktobers. Während aber die Ostberliner Rebellion trotz aller Vehemenz und Radikalität ein einmaliger Ausbruch der Volkswut blieb, den man durch Terror und Zugeständnisse schnell überwinden konnte, hinterließen die Herbsttage 1956 unauslöschliche Spuren im kollektiven Gedächtnis der ungarischen Bevölkerung. Liberalität und Konsumfreundlichkeit wurden als Kompensation für das dem Volk zugefügte Leid erachtet. Da es den Machthabern des offiziell als «Revolutionäre Arbeiter- und Bauernregierung» bezeichneten Regimes nicht möglich war, den eigenen Anteil an den tragischen Ereignissen zuzugeben, wurde der Aufstand als «Konterrevolution» verfemt, während andere Begriffe wie «Revolution» oder «Freiheitskampf» strikt untersagt waren. Dennoch schwirrte die Jahreszahl 1956 als eine abstrakte Bedrohung in den Köpfen der Apparatschiks herum.

Das schwer erkämpfte soziale Gleichgewicht erforderte immer neue Zugeständnisse, und vor allem durften einmal gewährte Verbesserungen niemals rückgängig gemacht werden. So galt die stete Steigerung des Lebensniveaus als eine aus dem Prinzip des Sozialismus direkt folgende Notwendigkeit, die unabhängig von der Produktionsleistung beibehalten werden musste. Das Festhalten an diesem Dogma hätte die in den späten Sechzigerjahren initiierte Wirtschaftsreform auch dann vereitelt, wenn sie nicht durch Leonid Breschnews Machtwort ohnehin gestoppt worden wäre: Eine differenzierte Lohnskala und die Durchsetzung des Leistungsprinzips lag nicht im Interesse der automatische Besserstellungen gewohnten Werktätigen. Viele Direktoren fürchteten die in Aussicht ge-

stellte Selbstständigkeit in der Planung, weil diese die Schwächen ihrer
Betriebe sehr schnell sichtbar gemacht hätte. Insgesamt zeigte die ungarische Gesellschaft wenig Begeisterung für Veränderungen jeder Art, zumal wenn diese mit unbekannten Risiken behaftet waren. Überdies
konnte man in einem Land, in dem ein großer Teil der arbeitsfähigen
Bevölkerung ernährungsbedingt übergewichtig war, in dem Alkoho-
lismus, Zerfall der Familien und eine beängstigend hohe Selbstmordrate
(1970: 34,6; 1980: 45,6 Fälle pro 100 000 Einwohner, die höchste in
Europa) an der Tagesordnung waren, wohl kaum Aufbruchstimmung
erwarten. Die verinnerlichte Unfreiheit zementierte eine Haltung, die
dem scheinbar allmächtigen Staat jede Verantwortung überlassen und
jede Schuld für Missstände in die Schuhe schieben wollte.

Später, als die Volkswirtschaft nicht mehr imstande war, die enorm
gewachsenen Sozialausgaben zu decken, versuchte das System die gähnende Lücke zwischen Möglichkeiten und Verpflichtungen mithilfe
von Auslandskrediten zu stopfen. Ein zusätzliches Problem war die infolge des Nahostkrieges 1973 ausgebrochene Rohstoffkrise. Diese trieb
die ursprünglich moderaten Schulden der osteuropäischen Staaten
rasch in die Höhe und ließ die Verschuldung chronisch werden. Ungarn war von diesem Prozess wegen seiner Rohstoffarmut und damit
verbundenen verminderten Exportfähigkeit mehr als andere Länder
der osteuropäischen Staatengemeinschaft betroffen. 1985 stand die
Volksrepublik bei ihren Gläubigern mit fast 14 Milliarden US-Dollar in
der Kreide, was einer Verschuldung von 1400 Dollar pro Einwohner
gleichkam. Die Rückzahlungen nahmen 70 Prozent des Nationaleinkommens und 150 Prozent des Exportvolumens in Anspruch. Praktisch bedeutete dies, dass Anleihen oder deren Zinsen nur durch Aufnahme neuer Kredite zurückgezahlt werden konnten, sodass über der
ungarischen Wirtschaft ständig das Damoklesschwert der Zahlungsunfähigkeit schwebte.

Wenn es etwas wie eine kollektive oder landesspezifische Schuldnermen-
talität gibt, so handelte die Ostberliner Führung angesichts der horrenden
Summe ihrer gepumpten Anleihen nach dem Prinzip «was ich nicht weiß,
macht mich nicht heiß» und dachte niemals daran, das eigene Volk und
die Welt über die heikle Situation aufzuklären. Der über den heimtücki-
schen Westen erboste rumänische Diktator befahl die Rückzahlung der

auf seine Initiative hin aufgenommenen elf Milliarden Dollar an die
Gläubiger, ohne die Nation über den Umfang der Schulden aufzuklären,
und ließ sich nach diesem Racheakt von seinem verelendeten Volk als
Nationalheld feiern. Die Budapester Regierung agierte vernünftiger: Bereits im Sommer 1978, als die Schulden die Grenze von acht Milliarden
Dollar überschritten hatten, zeigte sie sich in viel beachteten Erklärungen
bereit, den Faden der vor zehn Jahren auf sowjetischen Druck hin ge-
stoppten Wirtschaftsreform mit westlicher Hilfe wieder aufzunehmen.
Jedenfalls durfte man in der Öffentlichkeit über das Thema jetzt offen
diskutieren. Viel überzeugender als diese symbolische Geste war der Beitritt Ungarns zum Internationalen Währungsfonds im Mai 1982, ein
verzweifelt mutiger Schritt, den die von den Konflikten in Afghanistan
und Polen geschwächte sowjetische Führung nicht mehr verhindern
konnte.

Tatsächlich war es bereits fünf vor zwölf: Mit dem inzwischen auf elf
Milliarden Dollar angestiegenen Schuldenberg erwies sich das Land
plötzlich als zahlungsunfähig und hielt sich in diesem unangenehmen
Schwebezustand bis zum Ende des Jahres, als es endlich den Überbrü-
ckungskredit vom IWF abrufen konnte. Anderthalb Jahre später erin-
nerte sich der stellvertretende Ministerpräsident Ferenc Havasi in einem
Fernsehinterview an die Zitterpartie: *Wissen Sie, damals befand sich unsere Wirtschaft im Zustand des klinischen Todes.* Der Journalist Tamás
Vitray kommentierte kopfschüttelnd: *A betyárját!* (Etwa wie: *Heiliger
Strohsack!*) Dieses augenzwinkernde Hinwegwitzeln über die drohende
Katastrophe, dieses gemütliche Vabanquespiel à la Adelskasino war der
speziell ungarische Beitrag zum Untergang des osteuropäischen Sozialismus – die Apokalypse in der Operettenversion.

Während die linksliberalen bundesdeutschen Medien die Magyaren
als Lebenskünstler und lustige Zigeunerbarone feierten, die imstande
waren, mehr Geld auszugeben, als sie einnahmen, setzte der IWF seinen
hoffnungslosen Kampf um die kapitalistische Kontrolle der sozialistischen Planwirtschaft an der Donau fort. Doch die Budapester Herren
hielten sich an keinerlei Auflagen, verwendeten die Neueinkünfte auf
das Stopfen der Lücken im Staatshaushalt und lieferten, wenn überhaupt, ungenaue bis falsche Angaben über die Handelsbilanz. Auf diesem Wege erschlichen sie für ihre marode Ökonomie noch weitere Finanzspritzen von insgesamt einer Milliarde Dollar. Hinzu kam im Herbst

1987 eine deutsche Bankanleihe in Höhe von einer Milliarde DM, die von der Bundesregierung «zum freien Gebrauch zwecks Modernisierung der ungarischen Industrie» ausbezahlt wurde – auch dies nur ein Tropfen auf den heißen Stein.

Theoretisch hätte die ungarische Führung jeden Grund gehabt, die Moskauer Wachablösung vom März 1985 mit Emphase zu begrüßen: Der Bruch mit der Breschnew'schen Stagnation war eine indirekte Rechtfertigung der Budapester Bemühungen, den real existierenden Sozialismus attraktiver zu gestalten, private Initiative und kulturelle Freiheiten zu fördern und internationale Beziehungen auch in Zeiten einer großpolitischen Schlechtwetterlage zu pflegen. Auch der persönliche Kontakt schien auf den ersten Blick gesichert: Michail Gorbatschow besuchte Ungarn bereits 1982 und studierte im Rahmen eines protokollfreien Programms die Landwirtschaft der Volksrepublik. Im Gespräch mit János Kádár zeigte er sich angenehm überrascht von der Idee, genossenschaftliches Engagement der werktätigen Bauern mit dem materiellen Anreiz der Gartenwirtschaft zu verbinden.

Trotz aller Erwartungen blieb jedoch die von vielen erhoffte Synergie zwischen ungarischer Freimütigkeit und sowjetischem Perestrojkaelan aus. Oberflächlich gesehen, handelte es sich um persönliche Reibungen zwischen dem 73-jährigen ungarischen Parteichef und seinem 54-jährigen sowjetischen Kollegen, zwischen denen laut Zeitzeugen die Chemie von Anfang an nicht gestimmt habe. Bei ihrem ersten längeren Gespräch vom September 1985, nachdem Kádár etwas langatmig und schulmeisterlich die Erfahrungen seiner fast dreißig Jahre andauernden Regierungszeit dargelegt hatte, nahm das kameradschaftliche Geplauder plötzlich eine erstaunliche Wende.

GORBATSCHOW *Ich möchte Ihnen sagen, dass Ihre Arbeit in der sowjetischen Führung niemals in Zweifel gezogen wurde. (…) Doch ich möchte Ihnen einen freundschaftlichen Rat geben: Da die Jahre vergehen, und Alter ist Alter, sollten Sie rationaler mit Ihrer Kraft umgehen. Dies braucht sowohl Ungarn als auch die Sowjetunion und die ganze sozialistische Gemeinschaft. Denn János Kádár ist eine bedeutsame politische Persönlichkeit auf der Weltbühne.*
KÁDÁR *Danke. Obwohl ich dies nicht weiß, nicht selber beurteile.*

GORBATSCHOW *Sie überlassen sich vollkommen der Sache der Revolution, aber Sie müssen mit Ihrer Kraft sparen und würdige Nachfolger vorbereiten.*

Auf diese unfeine Anspielung zeigte der Greis keine direkte Reaktion, blieb aber dem Benjamin der Kremlführung keineswegs die Antwort schuldig. Er hörte mit hölzernem Gesicht den redseligen Ausführungen seines Gegenübers zu, der den Triumphzug seines neuen Kurses rühmte, warf jedoch plötzlich mitten im Satz ein: *Haben Sie keine Angst, dass sich die Geschichte in Gestalt einer Hofverschwörung wiederholt, wie dies bei Chruschtschow der Fall war?* Nun war der Vater der Perestrojka an der Reihe, tief einzuatmen, bevor er die Frage beantwortete: *Nein. Ich habe die Konsequenzen gezogen.* Nach einer kleinen Pause, lächelnd: *Ja, Genosse Kádár, ich bin nicht dümmer als Chruschtschow.*

Hierzu gehört auch die vom ZK-Sekretär János Berecz überlieferte, folkloristisch abgerundete Episode von Gorbatschows Besuch im Juli 1986. Zu Beginn des Treffens der Delegation der KPdSU mit dem Politbüro der USAP ließ Kádár auf einem großen Tablett Cognac servieren und bot das edle Getränk mit dem ihm eigenen spröden Humor an: *Ich weiß nicht, Genosse Gorbatschow, ob Ihre Religion den Alkoholkonsum zulässt, die unsrige ja. So erlauben Sie mir, das Glas auf Ihre Gesundheit zu heben …* Angesichts der damals in der Sowjetunion noch anhaltenden Antialkoholkampagne, die dem sowjetischen Parteichef den Spottnamen «Mineralnij-Sekretär» eingehandelt hatte, konnte dieser Trinkspruch leicht als Brüskierung verstanden werden.

Die atmosphärischen Störungen zwischen den beiden Staatsmännern hingen teilweise mit ihrem Altersunterschied zusammen. Kádárs Dynamik und Intellekt waren seit Jahren auf dem absteigenden Ast, während Gorbatschows geistige und körperliche Aktivität einem vorläufigen Höhepunkt zustrebte. Wichtiger war jedoch ihre ungleiche Ausgangssituation: Der ungarische Führer suchte verzweifelt nach einem Ausweg aus dem Reformstau, während sein sowjetischer Kollege gerade erst begonnen hatte, um seine Ideen zu kämpfen. Mit diesen bereiste er, Erfolg heischend wie auf einer Konzerttournee, die große, weite Welt, was wiederum dem Geschmack des schamhaft-puritanischen Kádár kaum entsprechen konnte. Für ihn war diese Politik nicht mehr als konzeptionsloses Improvisieren. Eigentlich wusste er nicht, was für ihn bedrohlicher war: ein Scheitern der Perestrojka in Moskau am konservativen Widerstand, was auch seinen Spielraum erheblich eingeengt hätte, oder ein Triumph der Glasnost in den von ihm misstrauisch beäugten Budapester Medien. Auf der Suche nach «weißen Flecken der Geschichte» – so hießen in der UdSSR die früher tabuisierten Themen des Terrors – würden sie früher oder später seine Person und Politik entdecken. Seinen düsteren Vorahnungen teilte er mit ganz wenigen, unter ihnen der Ministerpräsident Károly Grósz: *Mein Alter*, sagte er dem Konfidenten, *Gorbatschow wird die Sowjetunion verlieren. Nicht er führt, sondern er wird geführt. Er lässt sich von den Ereignissen treiben. Er verschleudert das Land, ohne etwas dafür zu bekommen.*

Die kurz geratene Ära des Károly Grósz begann im Sommer 1987 mit der Verkündigung eines ehrgeizigen «Entfaltungsprogramms». Fast alles, was bis dahin für die Wirtschaftspolitik als Tabu gegolten hatte – Preiserhöhungen, ein neues Steuersystem, Zulassung von Privatinitiativen –, wurde nun über Nacht gewährt, ohne an der zentralen Lenkung zu rütteln. Obwohl die Beschlüsse auch offiziell als Korrektur der Fehlentscheidungen des Parteitags von 1985 dargeboten wurden, roch das ganze Programm nach der gewöhnlichen «Weiterentwicklung» einer im Grunde seit 1956 notorisch richtigen «Generallinie». Vor allem hütete man sich davor, die ökonomischen Umwälzungen mit einer Neustrukturierung des öffentlichen Lebens zu verknüpfen. Dies hätte nämlich einen Dialog mit gesellschaftlichen Kräften vorausgesetzt, den die Machthaber zu dieser Zeit bereits nicht mehr unterdrücken konnten, aber noch nicht anerkennen wollten. Es handelte sich um drei wichtige Strömungen innerhalb der Intelligenzija.

Die in den späten Siebzigerjahren konstituierte demokratische Opposition, nun aus den Kinderschuhen der osteuropäischen Dissidentenzirkel herausgewachsen, stellte sich mit einem eigenen Programm der Öffentlichkeit vor. Der in der Samisdat-Zeitschrift *Beszélö* im Juni 1987 gedruckte und über ungarischsprachige Auslandssender ausgestrahlte «Gesellschaftsvertrag» schlug einen in der ungarischen Politik seit Jahrzehnten unbekannten Ton an: *Der Konsens ist zu Ende. Das Land hat begriffen, dass die Machthaber ihre Versprechungen nicht halten werden. Die Folgen des ökonomischen Verfalls erreichen nun die Elite der*

Arbeiterschaft und die geistigen Mittelschichten. Die Öffentlichkeit glaubt nicht mehr daran, dass die neuen Opfer einen Sinn haben ... Die allgemeine Unzufriedenheit personifiziert ihren Gegenstand. Wie früher die Erfolge der Ära, so identifiziert das Land das Fiasko des Endes der Ära mit János Kádár. Die Popularität des Parteiführers devalviert sich schneller als der Forint. Es gibt eine Sache, mit der heute von dem Arbeiter bis zum Parteikader alle einverstanden sind: Kádár muss gehen! Nach diesem harten Aufschlag entwarfen die Autoren János Kis, Ottilia Solt und Ferenc Kőszeg ein recht gemäßigtes Bild des friedlichen Übergangs von der autoritären Herrschaft zu einer demokratischen Struktur. Ohne die Gretchenfrage der «führenden Rolle» der USAP direkt anzusprechen, hielten sie ein dezentrales Politikmodell für angebracht, in dem die Achtung der Menschenrechte mit der Respektierung der sozialen Sicherheit der Bürger einherginge. Verschiedene Kreise der Bevölkerung sollten in diesem Projekt zusammenarbeiten, um die Katastrophe, die Macht und Gesellschaft gleichermaßen mit dem Untergang bedrohe, abzuwenden. Obwohl diese Mischung aus Sozialismus und bürgerlicher Demokratie heute eher naiv, utopisch und allzu kompromissbereit erscheint, demonstrierte sie zwei Jahre vor der Wende eine erstaunliche Reife des zivilen Denkens.

Etwas zeitbeständiger erwies sich ein Sammelsurium von Studien, das die sogenannten Reformökonomen, Mitarbeiter des *Instituts für Finanzforschung*, unter dem Titel *Wende und Reform* nach jahrelangen Bemühungen in der legalen Presse unterbringen konnten. Sie verlangten die Anpassung der ungarischen Ökonomie an die Weltwirtschaft und die Schaffung wahrer Marktverhältnisse. In Erwägung der Lehren aus dem Scheitern der Wirtschaftsreform von 1968 befürworteten sie den Rückzug der Partei aus diesem Bereich und modellierten eine Demokratie, wie sie den Bedürfnissen der rationalisierten Ökonomie entsprach. Die Formulierungen waren pathetisch wie ein Manifest: *Die Zeit ist reif für eine ausgedehnte, radikale, demokratisierende, dezentralisierende, deregulierende Marktreform, welche sich nicht mehr auf die eng begriffene Wirtschaft beschränken kann, sondern auch auf die gesellschaftliche Politik (insbesondere Sozialpolitik) und auf das politische Institutionsgefüge ausgedehnt werden sollte.* Ihnen schwebte ein präsidiales System mit dualistischem Institutionsgefüge vor, das die unterschiedlichen Interessen von Parteimacht und Gesellschaft ausgleichen würde. In diesem

Rahmen platzierten sie die fast komplette neoliberale Agenda, wie sie später von den Nachwenderegierungen mehr oder weniger konsequent praktiziert wurde. Daran waren viele der Autoren von *Wende und Reform* in unterschiedlichen Rollen beteiligt – mal als Minister, mal als Bankpräsident.

Die dritte Strömung, mit der die Mannschaft der USAP rechnen musste, bildeten die *Volkstümler*, auch «Populisten» oder «Volksnationale» genannt. Dies war eine Gruppierung im Rahmen der staatlich erlaubten Kultur, deren bevorzugtes Thema die ungarische Identität, die sprachliche und politische Diskriminierung der ungarischen Minderheiten in den Nachbarstaaten war, vor allem in Ceauşescus Rumänien. Sie betonte eine stärkere Verantwortung der Regierung für die «Schicksalsfragen der Nation» und hatte Differenzen mit den offiziellen Kreisen, wenn es um die Einschätzung der neueren Geschichte, hauptsächlich des Volksaufstands von 1956, ging. Die Beziehung der Partei zu dieser Gruppe war zwiespältig. Mal belegte sie deren Vertreter, so den Lyriker Sándor Csoóri oder den Bühnenautor István Csurka, mit gelegentlichem Publikationsverbot, mal behandelte sie dieselben Leute als Partner. Offensichtlich hatte die USAP mehr Angst davor, als zu wenig ungarisch denn als zu wenig demokratisch angesehen zu werden.

Nun trafen sich am Sonntag, dem 27. September 1987, in der Gemeinde Lakitelek am Theißufer bei Kecskemét etwa hundertfünfzig Intellektuelle überwiegend aus dem «volksnationalen» Milieu und luden zu diesem Treffen auch Imre Pozsgay ein, Generalsekretär der Patriotischen Volksfront, der als erster Redner ein Grußwort sprach. *Die die Chancen des Magyarentums, erforschenden Anwesenden und Beitragenden,* so zu lesen in dem Kommuniqué, *versuchten im Zeichen der Nüchternheit und Überlegtheit die Art und Weise der Entfaltung, der unumgänglichen Erneuerung und der wirklich wirksamen Reformen zu erörtern. Durchdrungen von der Verantwortung für das Schicksal des Magyarentums, erachten die Anwesenden als notwendig und aktuell die Schaffung der Rahmenbedingungen, die dazu dienen, dass die Mitglieder der Gesellschaft als echte Partner an der Gestaltung des Konsenses teilnehmen können. (...) Daher schlagen sie die Schaffung eines Ungarischen Demokratischen Forums vor, das zum Ort des kontinuierlichen und öffentlichen Dialogs werden könnte.*

Gemeinsam war diesen Neubildungen, die man angesichts ihrer späteren Rolle als Vorparteien bezeichnen kann, dass keine von ihnen das Machtmonopol der Partei offen infrage stellen wollte. Es wäre ungerecht, ihnen daraus einen Vorwurf zu machen. In Ungarn hielten sich damals noch die «provisorisch stationierten sowjetischen Truppen» auf – immerhin 200 000 Soldaten sowie 27 000 Panzer und Militärfahrzeuge. Im Rahmen des damals für möglich Erachteten suchten die Sozialliberalen und Nationalkonservativen, nicht anders als die polnische Opposition, nach einem Minimalkonsens mit den Herrschenden. Während jedoch in Polen die geschwächten Machthaber selbst das Angebot zum Dialog machten, fand man auf Ungarns kommunistischem Parnass zunächst nur einen Ansprechpartner – den Volksfrontchef Imre Pozsgay. Auch die Vorstellung, man müsse nach einem Konsens suchen, wurde begrifflich durch ihn geprägt – die «allgemeine nationale Übereinstimmung», ein Terminus mit einem Klang aus dem frühen 19. Jahrhundert, wurde von ihm in den Diskurs eingeführt.

Der Funktionär Pozsgay, früher Kulturminister und 1982 zum Vorsitzenden der Volksfront degradiert, zog vor allem aus der polnischen Krise 1980/81 die Konsequenz, dass sich die herrschende Partei legitimieren und ihre führende Rolle durch Dienst am Gemeinwesen quasi neu verdienen müsse. Die zu bloßer Fassade gewordenen Organisationen, Gewerkschaften und Berufsverbände müssten zu echtem Leben galvanisiert werden, und selbst der Sozialismus brauche statt des bisherigen Kommandosystems einen Konsens, in dem sich auch Gruppeninteressen repräsentiert fühlten. Diese Idee einer Neubelebung der Volksfront stammte ursprünglich von Imre Nagy und war von der stalinistischen Parteiführung zu ideologischer Häresie abgestempelt worden, was angesichts des traurigen Lebensendes des Reformpolitikers nicht als Scherz abgetan werden konnte. Pozsgay machte auch manchmal im engen Kreis düstere Anspielungen auf das Schicksal seines Vorgängers im Geiste. Wenn auch sein Spiel mit dem Feuer sicherlich nicht mehr sehr riskant war, so ist es doch eine Tatsache, dass er sich mit seinen Ideen lange am Rand der Salonfähigkeit befand. Nun stieß er in Gestalt des *Demokratischen Forums* auf eine akzeptable Gruppe, die sich in ihrem Statut als «weder oppositionell noch regierungstreu» definierte und jede Absicht einer Parteibildung strikt leugnete.

Hier sei eine Anmerkung vorausgeschickt: Alle Gruppen, die an der

Wiege der jungen ungarischen Demokratie Pate standen und später in der Öffentlichkeit als die «Parteien des Systemwechsels» bezeichnet wurden, haben sich mit den Jahren in Zusammensetzung und politischer Philosophie stark, manchmal bis zur Unkenntlichkeit verändert. Ihre Protagonisten sind inzwischen oft aussichtslos zerstritten und bezichtigen sich gegenseitig aller Todsünden, nicht zuletzt des Verrats an den gemeinsamen Idealen. Dieses Zerwürfnis begann bereits in den späten 1980er-Jahren. Pozsgays Vorliebe für das *Magyar Demokrata Fórum* (MDF) erwies sich auf lange Sicht in viel späteren, oft dramatischen politischen Spaltungen als Zankapfel.

Offensichtlich rang die Staatspartei mit der Schwierigkeit, die Neugründungen, die sie weder verbieten noch verhindern konnte, auch zu erlauben und damit auf die absolute Macht offen zu verzichten. Nach altbewährtem Muster griff sie, um Zeit zu gewinnen, auf das Freiheitsventil zurück: Ab dem 1. Januar 1988 hatte jeder Staatsbürger auf den sogenannten Weltpass Anspruch, mit dem man das Land jederzeit – ohne die bereits erwähnten Einschränkungen – verlassen und auch dorthin zurückkehren durfte. Obwohl die Sicherheitsorgane eine Zeit lang noch versuchten, manche Reisewünsche zu vereiteln, überschritten in diesem Jahr Millionen von Ungarn die Grenze zu Österreich und lösten einen Boom des Einkaufstourismus in Wien aus. Auf der legendären Mariahilfer Straße (von den spöttelnden Wienern Magyarenhilfer Straße genannt) kauften sie von ihrem ersparten Geld, mit häufig jahrzehntelang gehüteten Devisenvorräten, Computer, Kleidung und Parfum, um diese zu Hause weiterzuverkaufen. Die Grenzbehörden schikanierten die Reisenden nur selten und taten ihr Bestes, um sie zu neuen Reisen zu ermuntern. Selbst Pornovideos erregten keinen Anstoß, wie damals ein Sensationsinterview zeigte.

JOURNALIST *Stimmt es, dass von nun an Pornokassetten legal über die Grenze gebracht werden können?*
ZOLLBEAMTE *Der Chef der Landeszollbehörde hat verordnet, dass (…) auch solche Videokassetten eingeführt werden dürfen.*
JOURNALIST *Heißt dies, dass man auch Kassetten mitbringen kann, die früher aus Sittlichkeitsgründen verboten waren?*
ZOLLBEAMTE *Ja, natürlich, entsprechend verzollt. Eine Pornokassette*

veranschlagen wir auf 3000–4000 Forint [etwa 60–80 DM nach damaligem Umrechnungskurs].

JOURNALIST *Wie haben Sie diesen Betrag festgelegt?*

ZOLLBEAMTE *Nach dem Umsatzwert.*

JOURNALIST *Hat die Pornokassette einen Umsatzwert? Meines Wissens kann man sie nur auf dem Schwarzmarkt kaufen.*

ZOLLBEAMTE *Wenn sie nur einen Schwarzmarktpreis hat, dann bestimmen wir den Zollwert eben auf dieser Grundlage.*

JOURNALIST *Wenn ich jeden Tag über die Grenze gehe und zurück, darf ich dann jeden Tag eine Pornokassette mitnehmen?*

ZOLLBEAMTE *(...) Von ein und demselben Film nur eine. Aber mehrere verschiedene Filme sind akzeptabel.*

Ernster als dieses behördliche Kokettieren mit dem Schwarzmarkt klang das im Dezember 1987 vom Parlament angenommene Gesetz über wirtschaftliche Assoziationen. Dieses ermöglichte Firmengründungen unter Beteiligung von natürlichen und juristischen Personen mit bis zu 500 Beschäftigten. Hiermit wurden ein großes Tor zum Abschöpfen brachliegenden Kapitals und eine kleine Tür zur Privatisierung schwacher staatlicher Unternehmen eröffnet. Die Erosion des Staatseigentums trug den Tarnnamen «sozialistische Marktwirtschaft», und das Flaggschiff der neuen Besitzform hieß «Kft», zu Deutsch GmbH. Bezeichnend für den Zeitgeist war der Titel der populärsten Fernsehserie der folgenden Jahre: *Familia Kft.* Und noch ein weiteres ehrgeiziges Projekt brachte die Regierung auf den Weg: Die 40 Jahre zuvor nationalisierten Wohnungen konnten nun von den Mietern erworben werden, aus heutiger Sicht zu Spottpreisen. Diese Maßnahme glich eher einer Staatsjagd auf den schnellen Forint und zielte gleichzeitig auf die Entlastung der Wohnungsbaugesellschaften, die aufgrund der viel zu niedrigen Sozialmieten die hohen Kosten der Instandhaltung schon längst nicht mehr aufbringen konnten.

Die Schattenseiten der einbrechenden schönen neuen Welt zeigten sich nur am Rande. Im Frühjahr 1988 erschien in Massenauflage eine Broschüre, die einem einzigen Thema gewidmet war. Der Titel lautete: *Was müssen wir über die Arbeitslosigkeit wissen?* Die Unterkapitel klangen wie Themen eines Schnellkurses: *Wer ist arbeitslos? Was ist Arbeitslosigkeit? Gibt es in Ungarn Arbeitslosigkeit? Brauchen wir Ar-*

beitslosigkeit? Wird es in unserem Land Arbeitslosigkeit geben? Der alt-
bewährte amtliche Optimismus tauchte noch als Floskel der Krisen-
publizistik auf: *Unser Ziel ist die Verlängerung der Beschleunigung der
Verschlechterung,* erklärte ein Minister. Ein anderer Satz wurde sogar,
allerdings ironisch zitiert, zum geflügelten Wort: *Die Stimmung ist
schlechter als die Lage.*

János Kádárs Stimmung, jedenfalls die öffentlich geäußerte, war unvergleichlich besser als seine Situation. Am 17. März 1988 behauptete er bei
einem Arbeitsgespräch mit den leitenden Kadern der Industriebetriebe:
*In Ungarn gibt es in keinem Sinne eine Krise. Wir haben große und
schwierige Probleme und müssen große und schwierige Aufgaben mit
konsequenter, hartnäckiger Arbeit und Erneuerung unserer Methoden
und unseres Stils lösen.* Ihm schien es nichts auszumachen, dass zwei
Tage zuvor mehrere tausend Studenten und Oppositionelle ohne Genehmigung die Jahreswende der Revolution von 1848 gefeiert und Demokratie gefordert hatten. Unter den festgenommenen Demonstranten befand sich auch Kádárs Kontrahent Sándor Rácz, einstmals Führer der
Arbeiterräte von 1956, der nach der Niederwerfung des Volksaufstands
eingesperrt worden war und bis zuletzt als Unperson gegolten hatte.
Ebenso wenig empfand der Erste Sekretär die Bildung der Jugendpartei
Fidesz und der ersten freien Gewerkschaft als Krisenzeichen, und am
wenigsten dachte er an die Forderung der Menschenrechtler, er solle seinen Posten endlich räumen. Allerdings wurde diese Idee woanders aufgegriffen.

Erstaunlich kurz nach Kádárs hurraoptimistischem Statement
machte Wadim Medwedjew, Mitglied des Politbüros und Sekretär des
ZK der KPdSU, aufgrund von *aus Ungarn über verschiedene Kanäle
eingetroffenen Informationen* direkt seinem obersten Chef Meldung.
Die nicht genannten, offensichtlich hochrangigen Zuträger stellten dem
Mann, der 32 Jahre lang unumstrittener Herrscher der Volksrepublik
gewesen war, eine vernichtende politische Diagnose: *Der ungarische
Führer empfindet nicht mehr die in der Stimmung der Gesellschaft und
der Partei entstehenden Veränderungen. Seine Reden strotzen nur so
von Gemeinplätzen, seine Gesprächspartner sagen, dass sie von dem
Ersten Sekretär nichts Neues zu hören bekommen, dass er außerstande
ist, die Politik der Partei zu erneuern, was zuzugeben er sich jedoch wei-*

gert. Medwedjews Vorschlag an Gorbatschow: *Über zuverlässige Ka-*
näle könnte man Kádár die Meinung vermitteln, dass diese Situation
nichts Gutes verspricht, auch für ihn persönlich nicht. Gleichzeitig
müsste in akzeptabler Form geäußert werden, dass wir dem Genossen
Grósz und einigen anderen ungarischen Führern politische Unterstüt-
zung gewähren.

An der Donau wurde ein Drehbuch erprobt: Ähnlich wie hier ent-
fernte die Gorbatschow'sche Mannschaft auch andernorts Ostblockführ-
rer, die als perestrojkauntauglich galten, mithilfe ihrer aussichtsreichsten
Rivalen. Mitte Mai, am Vorabend der Landeskonferenz der *Ungarischen*
Sozialistischen Arbeiterpartei, landete ein Flugzeug des ungarischen Si-
cherheitsdienstes mit dem KGB-Chef Wladimir Krjutschkow an Bord.
Der Geheimemissär, der in den Oktobertagen 1956 als Botschaftssekre-
tär neben Jurij Andropow gearbeitet hatte und Kádár persönlich kannte,
war gekommen, um dem ungarischen Parteichef politische Sterbehilfe
zu leisten. Obwohl die Parteikonferenz die bittere Pille der «freiwilligen» Abdankung Kádárs durch dessen einstimmige Wahl zum Ehrenvorsitzenden zu versüßen suchte, brauchte dieser offensichtlich weitere
psychologische Unterstützung, um den Machtverlust zu ertragen.
Michail Gorbatschow, Initiator der Wachablösung in Budapest, lobte in
einem Telefongespräch den Gestürzten über Gebühr: *Ich verstehe, dass*
Ihnen Ihre Entscheidung nicht leichtfiel. (…) Diese Tatsache zeugt von
der politischen Weisheit von Ungarns Führer, meines Freundes János
Kádár. Hauptsache, dass dabei die Interessen des Landes und der Partei
berücksichtigt wurden. Ich sage ehrlich, dass ich keine andere Entschei-
dung erwartet habe. Nie mehr erwähnte er öffentlich den Namen seines
erfolgreichsten Verbündeten.

Kádárs Rücktritt wirkte, allein kraft seiner Symbolik, wie ein Damm-
bruch. Der Boom der Neugründungen erreichte einen vorläufigen Höhepunkt – bis Ende des Jahres 1988 meldeten sich rund 30 Organisationen,
unter ihnen diejenigen, die sich zwischen 1945 und 1948 legal betätigt
hatten: die große *Agrarpartei der Kleinen Landwirte*, die *Sozialdemo-*
kratische Partei und die *Demokratische Volkspartei*. Diese in der Öffentlichkeit als «Nostalgieparteien» bezeichneten Neubildungen versuchten,
mithilfe ihrer noch lebenden Veteranen die Traditionslücke zu füllen,
die 40 Jahre Einparteienherrschaft hinterlassen hatten. Sie profitierten

ebenso von der Nachfrage nach «authentischen Persönlichkeiten», also nicht kompromittierten Protagonisten der Zeitgeschichte, wie die ehemaligen Dissidenten, die im April 1988 das *Netzwerk Freier Initiativen* und ein halbes Jahr später den *Bund Freier Demokraten* (SZDSZ) gründeten. Die Jugendpartei *Fidesz* legte einen starken Akzent auf ihren Generationencharakter, indem sie für die Mitglieder eine Altersgrenze von 35 Jahren festlegte. Außer diesen unmittelbar politisierenden Gruppen, die später die Parteienlandschaft der Neunzigerjahre bildeten, entstanden markante Organisationen wie das *Komitee für historische Gerechtigkeit*, eine Sammelbewegung der 56er, der *Kulturverein der ungarischen Juden*, die Romavereinigung *Phralipe* (dt. Brüderlichkeit), zahlreiche ökologische Gruppen, Opferverbände und Interessenvertretungen. Die fast 100 Neugründungen existierten zunächst nur de facto, ein legitimierendes Gesetz wurde vom Parlament erst im Januar 1989 verabschiedet.

Ähnlich verhielt es sich mit der freien Presse und dem Verlagswesen. Die neuen Zeitungen erschienen ohne offizielle Genehmigung, ebenso wie die früher als verbotene Früchte geltenden Literaturwerke, die meist auf der Straße verkauft wurden. Auf den Verkaufstischen lagen die Werke von Pasternak, Orwell, Solschenizyn, Havel und Stefan Heym, nicht zuletzt auch György Konráds und György Petris Bücher sowie Romane von Exilautoren wie etwa Sándor Márai. Andererseits erschien eine wenig anspruchsvolle Ratgeberliteratur mit Themen von sexueller Lustgewinnung über Horoskope bis zur Esoterik. Von den schließlich mehr als 1000 Privatverlagen sowie ungefähr 500 Presseorganen überlebten nur wenige das zarte GmbH-Lebensalter, viele gingen in den harten Marktkämpfen der Neunzigerjahre unter.

In der Frühphase der Wende, deren Euphorie Ungarn ein Jahr früher als die anderen Ostblockländer erreicht hatte, bot die Dynamik der Ereignisse eine völlig neue, elektrisierende Perspektive: die Integration des Landes in die damalige Europäische Gemeinschaft. Statt der Gorbatschow'schen Formel des *gemeinsamen europäischen Hauses* machte in Ungarn eine andere Metapher die Runde: Es hieß, das Land müsse *auf den europäischen Zug aufspringen*. Damit betonte man die Dringlichkeit der Integration, ohne eine Ahnung von deren konkretem Ablauf zu haben, und erwartete von der Übernahme der westlichen Normen von Politik und Moral einen durchschlagenden und schnellen Aufstieg. So erreichte die Erwähnung Europas in den Medien ein Ausmaß, das den Autor Péter Esterházy auf eine Idee brachte: Jeder, der das Wort «Europa» in den Mund nehme, solle automatisch einen Forint in die Staatskasse einzahlen. Daraus wäre angesichts der inzwischen 17 Milliarden Dollar hohen Verschuldung allerdings keine Sanierung der Staatskasse erwachsen.

Károly Grósz' moralisches Kapital schmolz dahin wie Butter in der Sonne. Den Bedeutungsverlust, den er in den Augen der Bevölkerung erlitt, hatte er zweifelsohne den sich verschlechternden Lebensbedingungen zu verdanken, die vermutlich selbst dem besten aller möglichen Politiker zum Schicksal geworden wären. Er hatte aber bei der Wachablösung im Mai 1988 außerdem einen beinahe unvermeidlichen Fehler begangen: Mit der Übernahme des höchsten Postens in der «Avantgarde der Arbeiterklasse» machte er sich automatisch zu deren Erbschaftsverwalter und galt somit als Pleitegeier. Die Vereinigung von Partei- und Staatsmacht in seiner Hand stellte ihn nicht nur vor eine physische Mehrbelastung – er tauchte im Sitz des ZK gewöhnlich erst in den späten Abendstunden auf –, sondern auch vor die ständige Qual der Wahl. Als energischer und nicht unfähiger Kader, dessen Karriere mit der Unterdrückung der «Konterrevolution» nach 1956 zusammenhing, musste er misstrauisch gegenüber jeder politischen Neuerung sein, gleichzeitig aber als Regierungschef in Bonn und Washington in der Rolle des ungarischen Gorbatschow aufgeklärt, offen und locker wirken. Letzteres fiel diesem steifen Mann, der ungern spontane Erklärungen abgab, besonders schwer.

Als Achillesferse seiner Politik erwies sich die nationale Frage. Ende August 1988 nahm Károly Grósz eine Einladung von Nicolae Ceauşescu in die Grenzstadt Arad an, um dort die angehäuften Probleme zwischen den beiden Ländern zu besprechen. Ausgerechnet wegen dieser Probleme war schon seit 1977 kein Treffen mehr zwischen Kádár und Ceauşescu zustande gekommen. Nun befanden sich die Beziehungen auf dem Tiefpunkt, Rumänien wurde aufgrund seines Dorfzerstörungsprojekts weltweit geächtet, und die Lage der ungarischen Minderheit im ungeliebten Nachbarstaat gehörte zu den heißesten Themen der ungarischen Innenpolitik. Während sich in Ungarn inzwischen 30 000 Flüchtlinge aus Rumänien aufhielten, ließ Bukarest im Juni das ungarische Generalkonsulat in Cluj schließen. In einem solchen Augenblick kam die Visite, zumal auf höchster Parteiebene, einer unverdienten Aufwertung des Conducators gleich. Trotzdem entschied sich das Politbüro einstimmig zu dieser Reise – nicht zuletzt auf Wunsch von Michail Gorbatschow, der wenig Lust hatte, in den Konflikten der Satelliten Stellung zu beziehen. Als jedoch das mehr als dünne gemeinsame Kommuniqué zu Arad erschien, lasteten die Genossen trotz der vorausgegangenen Einstimmigkeit die Verantwortung für die Erfolglosigkeit der Verhandlungen allein Grósz an, und in der öffentlichen Debatte sprach man sogar von Verrat an den nationalen Interessen. Der frustrierte Regierungschef überließ im November 1988 dem jungen Ökonomen Miklós Németh den Sessel des Premiers und zog sich in die Parteigeschäfte zurück. Was ihn dort erwartete, war allerdings noch weniger tröstlich.

Die Führung der immer noch 800 000 Mitglieder starken USAP versuchte die demokratische Bewegung unter Kontrolle zu bringen, notfalls auch mithilfe von «administrativen Maßnahmen». Während einige öffentliche Demonstrationen geduldet wurden und friedlich verliefen, so im Juni gegen die rumänische Dorfzerstörung oder im September gegen das mit der ČSSR gemeinsam geplante Wasserkraftwerk Gabčíkovo-Nagymaros, reagierte man auf zwei andere Kundgebungen mit einem erhöhten Einsatz von Polizeikräften und Kampfgruppen der Arbeitermiliz. In beiden Fällen ging es um die Erinnerung an den Volksaufstand. So löste man am 16. Juni unter Einsatz von Gummiknüppeln eine Kundgebung von etwa 400 Personen zum 30. Jahrestag der Hinrichtung von Imre Nagy und seiner Kampfgefährten auf. Am Vorabend des 23. Oktobers mahnten Vertreter des *Demokratischen Forums* im Fernsehen ihre Anhänger, gefälligst zu Hause zu bleiben, und auch andere Gruppen wichen der Konfrontation aus. Dennoch herrschte auf den Chefetagen der Macht Bürgerkriegsstimmung. Schließlich kam es nur zu vereinzelten Protestaktionen, bei denen fünf Personen vorübergehend festgenommen wurden. Aber auch die Gewalt schien die Grenzen ihrer Möglichkeiten erreicht zu haben. Als Friedensengel meldete sich im Nachhinein der amerikanische Botschafter Mark Palmer, ein Kenner der Herrscherriege wie der oppositionellen Szene. Das Ergebnis seiner Vermittlungen resümierte er ebenso diskret wie ahnungsvoll: *Zum Glück wurde der Pfad der Gewalt gemieden, vielleicht auch deswegen, weil wir Herrn*

Grósz persönlich und mehrere andere sicherheitszuständige Personen davon in Kenntnis setzten, welche Folgen eine Einmischung dieser Art nach sich ziehen würde.

So sah sich Károly Grósz Ende November 1988 gezwungen, jeder realpolitischen Erwägung trotzend, auf sein kommunistisches Ego zu hören. Bei einer Massenversammlung der Genossen in der Budapester Sporthalle redete er vor 10 000 Parteifunktionären über die Notwendigkeit, *gegen die feindlich-konterrevolutionären Kräfte einen richtigen Klassenkampf zu führen, denn (…) anderenfalls besteht die Gefahr, dass die Anarchie, das Chaos und – es soll keine Illusion geben! – der weiße Terror herrschen wird.* Er las diesen Text wie jeden anderen vom Blatt ab, ohne Modulation der Stimme und mit reglosem Gesicht, und erntete nur mäßigen Applaus. Die Wirkung außerhalb der Sporthalle war verheerend. Neben den Gerüchten über einen von ihm angeblich initiierten «ökonomischen Ausnahmezustand» sorgte die «Weißenterrorrede», wie sie genannt wurde, für eine Verstärkung der Reformströmung in der Partei, eigentlich Grósz' letzter Bastion.

Bekanntlich ging der frühe, noch machtlose Kommunismus als Gespenst in Europa um. Hingegen rang der späte, vor der Entmachtung stehende Kommunismus mit einer ganzen Ahnengalerie von Gespenstern. In Ungarn waren dies vor allem die zwölf Tage im Herbst 1956, als die Auflehnung der Gesellschaft gegen die stalinistische Tyrannei nur durch die Sowjetarmee unterdrückt werden konnte. Die Tabuisierung des blutigen Herbstes war auf wenig Hindernisse gestoßen, solange das System erfolgreich und in sozialer und kultureller Hinsicht konzessionsfähig blieb. Sobald jedoch die ersten Risse an der Fassade der «lustigsten Baracke» sichtbar wurden, tauchte die Erinnerung an jenen Oktober in der Öffentlichkeit wieder auf. Traute sich 1981 nur eine Handvoll politischer Dissidenten, des 25. Revolutionstags in einer Privatwohnung zu gedenken, so gab es in den späten Achtzigerjahren Hunderte, die bereit waren, der kollektiven Amnesie ein Ende zu bereiten. In den Versammlungen der alternativen Gruppen drehten sich die Gespräche immer häufiger um die «Rehabilitierung» der Ereignisse von 1956 und vor allem der namhaftesten Protagonisten. Der Druck wurde so stark, dass die Parteiführung im Sommer 1988 eine Historikerkommission beauftragte, nach der Sichtung von Dokumenten, darunter zahlreichen Geheimakten, ein objektiveres Bild über Ursachen und Verlauf dieser größten osteuropäischen Volksbewegung zu erarbeiten.

Dieser Auftrag erwies sich als politische Zeitbombe. Während sich am letzten Januarwochenende 1989 Parteichef Grósz auf dem Weltwirtschaftsgipfel in Davos aufhielt, gewährte das Politbüromitglied Imre Pozsgay dem Nachmittagsmagazin des Budapester Rundfunks ein Interview und erklärte, die von ihm geleitete Historikerkommission betrachte *das, was im Jahre 1956 geschah, aufgrund der aktuellen Forschung als Volksaufstand, als Aufstand gegen eine oligarchische und die Nation demütigende Herrschaftsform.* Sensationell an dieser Formulierung wirkte allerdings der daraus zwingend folgende Rückschluss, was das im Oktober 1956 Geschehene *nicht* gewesen sein konnte – jene «Konterrevolution», deren Niederschlagung zur Rechtfertigung von 32 Jahren ungebrochener Diktatur, inklusive des gnadenlosen Terrors ihrer ersten Jahre, gedient hatte. Daraus ergab sich die Frage: War der Aufstand gegen die oligarchische Herrschaftsform begrüßenswert oder zumindest begreiflich, was soll man dann über diejenigen denken, die ihn im Blut erstickt haben? Wenn Imre Nagy kein Konterrevolutionär war, sondern ein Staatsmann, der gegen die Demütigung der Nation gekämpft hatte, deshalb hingerichtet und namenlos am Rand des Budapester Kerepes-Friedhofs verscharrt worden war – wer war dann eigentlich János Kádár?

Hinter dieser abstrakt historischen Frage steckte eine moralische und durchaus konkrete Herausforderung: Wenn Leidtragende des Terrors der späten Fünfzigerjahre, unter ihnen Familienangehörige von Hingerichteten wie Erzsébet Nagy, Tochter des Ministerpräsidenten, Judit Gyenes, Witwe des Generals Pál Maléter, oder Aliz Halda, Lebensgefährtin des Journalisten Miklós Gimes, nach 30 Jahren die würdevolle Bestattung ihrer Toten verlangten, dann konnte man ihnen dieses elementare Menschenrecht nun nicht mehr verweigern.

Ein Großteil der politisch Agierenden von 1989 hatte bereits 30 Jahre zuvor auf der einen oder anderen Seite der Barrikade gestanden. Alte Männer der KP, etwa der Kulturpolitiker György Aczél (*1917) oder der Wirtschaftsfunktionär Rezső Nyers (*1923), waren, unabhängig davon, was sie später vertraten, nach den Oktoberereignissen führend an den Säuberungen beteiligt gewesen. Derselben Generation gehörten wichtige

und zu langen Gefängnisstrafen verurteilte Protagonisten des Volksaufstands an, so zum Beispiel Nagys direkte Mitstreiter Miklós Vásárhelyi
(*1917) oder Árpád Göncz (*1923), die nun Gerechtigkeit für alle Opfer
einforderten. Die mit der Wachablösung vom Mai 1988 an die Schalt-
stellen der Macht gelangten mittleren kommunistischen Jahrgänge –
Károly Grósz (*1930), Gyula Horn (*1932) und Imre Pozsgay (*1933) –
hatten in ihren jungen Jahren entweder die Aufständischen mit Waffen
in der Hand bekämpft, oder sie waren an der politischen und ideologischen Konsolidierung der Macht, inklusive Säuberungen, beteiligt gewesen. Ihr Generationenpendant war die Oktoberjugend, von der etliche nun zur demokratischen Opposition gehörten, darunter der bis 1960
inhaftierte Schriftsteller István Eörsi (*1931), der zum Tode verurteilte,
zu lebenslänglicher Haft begnadigte Ingenieur Imre Mécs (*1933) oder
der erst 1963 aus dem Gefängnis entlassene Publizist György Krassó
(*1936). Eine ähnliche moralische und emotionale Kluft zwischen Personen der Zeitgeschichte hatte in Europa wohl nur die Generation des
spanischen und des griechischen Bürgerkriegs aufzuweisen.

Was Pozsgay betrifft, so richtete sich sein mutiger Vorstoß eindeutig
gegen die in der Parteiführung die Mehrheit bildenden Verfechter eines
«Kádárismus ohne Kádár». Indem er seine Genossen mit der öffentlichen Umbenennung der «Konterrevolution» zum «Volksaufstand» vor
vollendete Tatsachen stellte, zwang er sie, ausgerechnet in der für sie
peinlichsten Frage Farbe zu bekennen: Wollten sie in der Ära Kádár
stecken bleiben oder sich dem Wandel der Zeiten fügen und vielleicht
auf diese Weise zumindest Teile ihrer Macht retten? Damit war der
Staatsminister der erste Politiker des zu Ende gehenden Regimes, der
sich, ohne den Rahmen des Reformsozialismus zu überschreiten, bereits
für die neue demokratische Ära profilierte. Ihm folgte eine lange Reihe
rechtzeitig gewendeter Funktionäre, im Unterschied zu Pozsgay nicht
unbedingt von innerer Überzeugung und Sendungsbewusstsein geleitet.

Karoly Grósz' Prestige war nicht allein durch die bevorstehende Nagy-
Rehabilitierung angeschlagen. Anfang Januar kam es in Ungarn zur
größten Teuerung seit der Hyperinflation der Nachkriegszeit. Am
schmerzhaftesten war die Preiserhöhung bei Lebensmitteln um 17 %
(Milch- und Milchprodukte sogar 40%), bei Medikamenten um 80 %
sowie der Gebühren für Trinkwasser und Kanalisation um 190–220 %.

Bei einem Existenzminimum von 3 280 Forint und einem Durchschnitts-
gehalt von 7 000 Forint zog allein die Teuerung den Verbrauchern mo-
natlich 800 Forint aus der Tasche. Da in Ungarn ohnehin mehr als zwei
Millionen Bürger am Rand oder unterhalb des Existenzminimums vege-
tierten, quittierte die Öffentlichkeit diesen fortgesetzten Marsch in die
Armut als Kollaps des 1987 großspurig verkündeten «Entfaltungsprogramms». Dass es zu keinem offenen Ausbruch der Unzufriedenheit
kam, hatte man außer der erstaunlichen Friedfertigkeit der Gesellschaft
nur dem sich immer klarer abzeichnenden Umstand zu verdanken, dass
es eine politische Wende geben würde. Hoffnungen auf ein besseres Leben verband man bereits mit einem anderen Regime.

Die Tätigkeit des Kabinetts Németh nahm allmählich die Form einer
geschäftsführenden provisorischen Regierung an. Die amtsmüden Funktionäre waren nun bereit, ihre Macht mit den oppositionellen Parteien
zu teilen, und diskutierten nur noch darüber, in welchen Proporzen, zugunsten welcher Gruppen und in welchem Tempo der Abbau ihres Herr-
schaftsmonopols vor sich gehen sollte. Als ersten Schritt verabschiedete
am 11. Januar das Parlament ein Vereins- und Versammlungsgesetz, das
die bereits existierenden Gruppen legalisierte und freie Parlamentswahlen im Verlauf des Jahres 1990 in Aussicht stellte. Gleichzeitig versuchte die Parteiführung, diesen unumgänglichen Prozess zu bremsen,
indem sie die soeben gemachten Zugeständnisse mit Bollwerken aus
Wenns und Abers umgab. Zwar sah sie im Prinzip die Notwendigkeit
des Verzichts auf die «führende Rolle», machte jedoch die Zusammenarbeit mit den alternativen Organisationen davon abhängig, ob diese
bereit waren, den in der Verfassung verankerten Sozialismus und die
Zugehörigkeit Ungarns zum Warschauer Vertrag anzuerkennen. Die
Parteiführung sprach über ein *neues, eigenes Modell des demokratischen
Sozialismus*, eine Vorstellung, die anno 1968 geradezu revolutionär ge-
klungen hätte, 1989 jedoch zu spät kam.

Allerdings verfügte die Partei zu dieser Zeit, außer über mehrere hunderttausend Mitglieder, über ein immenses Vermögen und beherrschte
die Medien. Die gesamte Mitgliederzahl der alternativen Gruppen hingegen überschritt damals nicht die 20 000, und sie lebten von kleinen
Spenden ihrer Sympathisanten. Man traf sich zumeist in Bezirkskultur-
häusern, billig gemieteten Kneipen oder bei größeren Anlässen in dem
für 500–800 Personen geeigneten Jurtentheater im Volkspark. Die Alter-

nativen waren, so lesen wir bei János Kis, *eine schwache, heterogene, unorganisierte und unerfahrene Kompanie; außer den früheren Mitgliedern der demokratischen Opposition verfügten sie über keine Teilnehmer mit mehrjährigem, kontinuierlichem politischen Kampf hinter sich. Ihnen gegenüber konnte sich die USAP selbst in ihrem zusammengebrochenen Zustand wie ein Koloss fühlen.* Nun erklärte der Riese, er sei *bereit, über die neue Methode der Machtausübung zwei- oder mehrseitige Gespräche zu führen mit jeder Organisation, die im gesetzlichen Rahmen arbeite.* Gegenüber dieser verschwommenen Formulierung, in der die Gefahr der separaten Verhandlungen mit bevorzugten Partnern und einer Art Technisierung des Problems steckte, schlug die winzige Opposition eine *nationale Rundtischverhandlung unter der Beteiligung der Regierung, der Führung der USAP und der demokratischen politischen Organisationen* vor.

Am 15. März jährte sich die ungarische Revolution und der Freiheitskampf von 1848 – ein Jubiläum, das während der kommunistischen Herrschaft niemals zu den Feiertagen mit roten Buchstaben gehörte. Dabei war es nicht etwa so, als wollte sich das Regime der Tradition der bürgerlich-demokratischen Revolution prinzipiell verweigern: Angst hatte man lediglich von deren nationalen Komponente, die gefährliche Assoziationen mit 1956 wecken konnte. Schließlich war es der Habsburgerdynastie mithilfe des zaristischen Russlands gelungen, die ungarische Rebellion zu besiegen, und auf die Niederlage folgten Todesurteile und Gefängnisstrafen für die Beteiligten. Nicht zuletzt hatte man den ersten unabhängigen Ministerpräsidenten des Landes, Graf von Batthyány, am 6. Oktober 1849 zum Tode verurteilt und erschossen – ein Pendant zu Imre Nagy. So enthielten die Iden des März genügend Nährstoff für Aktualisierungen, was die Behörden am Vorabend des jeweiligen Jahrestages der Märzrevolution in höchste polizeiliche Alarmbereitschaft versetzte. In diesem Jahr jedoch demonstrierten die Ungarn mit offizieller Genehmigung und ohne den gewöhnlichen provozierenden Aufmarsch der Ordnungshüter. Die Vertreter der 25 alternativen Gruppen und Parteien fassten ihr Programm in zwölf Punkten zusammen, einer modernisierten Version des Forderungskatalogs von 1848.

Was wünscht die ungarische Nation?
Ein freies, unabhängiges, demokratisches Ungarn.

1. *Echte Volksvertretung und ein Mehrparteiensystem.*
2. *Anstelle von Polizeistaat Rechtsstaat. Achtung der Menschenrechte, Unabhängigkeit der Richter.*
3. *Freiheit des Wortes, der Presse, des Gewissens und des Unterrichts. (...) Aufhebung des Staatsmonopols der Information. Auflösung des Staatlichen Kirchenamtes.*
4. *Streikrecht. (...)*
5. *Gerechte allgemeine Steuerpflicht, gesellschaftliche Kontrolle der öffentlichen Ausgaben. (...) Garantie der Grundbedingungen eines menschenwürdigen Lebens für alle.*
6. *Rationales Wirtschaften, funktionierender Markt, Gleichrangigkeit der Eigentumsformen. (...) Einstellung der geldverschlingenden, umweltzerstörenden Rieseninvestitionen.*
7. *Abbau der Bürokratie und des Gewaltapparats. Auflösung der Ar-beitermiliz* [der Kampfgruppen] *und der Jungen* Garde [Ordner-garde des Kommunistischen Jugendverbands].
8. *Freiheit und Selbstbestimmung für die Völker von Ost- und Mittel-europa. Aufhebung der militärischen, ökonomischen und men-schenrechtlichen Spaltung Europas.*
9. *Neutrales, unabhängiges Ungarn. Abzug der sowjetischen Truppen aus unserer Heimat. Streichung des 7. November* [Jahrestag der russischen Oktoberrevolution] *aus der Liste der ungarischen Feier-tage.*
10. *Verantwortungsvolle Minderheiten- und Asylpolitik. Auftritt der Regierung auf internationalen Foren zum Schutz der ungarischen Minderheiten. Nieder mit der polizeilichen Sichtweise und der Dis-kriminierung der Flüchtlinge aus Rumänien.*
11. *Nationales Selbstwertgefühl. Beendigung der Geschichtsfälschung. Rückgabe ihres Wappens an die Nation* [das republikanische, soge-nannte Kossuth-Wappen].
12. *Gerechtigkeit gegenüber 1956, Respekt den Märtyrern der Revolu-tion. Erklärung des 23. Oktober* [Jubiläum des Volksaufstands 1956] *zum Nationalfeiertag.*

Aus den friedlich verlaufenden Feierlichkeiten zum Gedenken an die Märzrevolution gingen die Unabhängigen gestärkt hervor. Am 22. März gründeten sie einen Oppositionellen Runden Tisch, dessen Ziel darin bestand, während der zu erwartenden Verhandlungen mit der Staatspartei solidarisch aufzutreten – bei den vorhandenen Meinungsverschiedenheiten und Rivalitäten zwischen den Neubildungen war dies eine respektable Absicht. Gleichzeitig versuchten sich auch die kriselnden Machteliten zu formieren und beriefen eine entsprechende Beratung im Parlament ein. Von Regierungsseite sollten daran, neben der Partei, Vertreter der offiziellen Organisationen des Systems teilnehmen. Dazu gehörte die Patriotische Volksfront, der Landesrat der Ungarischen Jugend, der Frauenrat, der Partisanenverband, die regimekonforme Gewerkschaft und andere – ein taktischer Kunstgriff, der dem Zweck diente, durch die Überzahl der Frontorganisationen jede etwaige Abstimmung zu gewinnen. Mit formalmathematischen Argumenten – jede Seite sollte dieselbe Zahl von Organisationen delegieren – wollte man etliche Partner, unter ihnen Fidesz und die Liga Autonomer Gewerkschaften, auf der Gästeliste vermeiden. Nach dem Scheitern dieses Vorhabens konnte am 19. April eine Vereinbarung über die für den 10. Juni anberaumten Verhandlungen unterzeichnet werden. Nach langen Diskussionen akzeptierte der Oppositionelle Runde Tisch die staatstreuen Mitläuferorganisationen als «dritte Seite», die aber nicht über ein entscheidendes Votum verfügen sollte.

Konservative und Reformer unter den Kommunisten konnte man in dieser Zeit an der Rhetorik unterscheiden. Die einen klammerten sich an Formeln wie «sozialistischer Pluralismus» oder «Modellwechsel», die anderen konnten nie genug Parlamentarismus nach bundesdeutschem Vorbild versprechen. Gemeinsam war beiden Fraktionen das Bestreben, wichtige Fragestellungen möglichst schnell mithilfe des noch von ihnen lenkbaren Parlaments zu lösen, bevor diese auf die Tagesordnung des Runden Tisches kamen. Am liebsten hätten sie den Pluralisierungsprozess der Gesellschaft selbst durchgeführt, um ihn kontrollieren zu können. Bereits im Frühjahr 1989 begann die Partei mit der Erarbeitung einer neuen Verfassung, die nach einem Bonmot des damaligen Justizministers Kálmán Kulcsár nur einen einzigen Satz aus dem Grundgesetz von 1949 übernehmen sollte: *Die Hauptstadt des Landes ist Budapest.*

Die von den Reformkommunisten erträumte neue Republik sollte ein vom Volk direkt zu wählender «mittelstarker Präsident» von großem Ansehen leiten, und nur politisch Naive ahnten nicht, dass man sich unter diesem Mann ausschließlich Imre Pozsgay vorzustellen hatte. Außerdem hätten sie die Opposition am liebsten bereits jetzt in die Regierung einbezogen, um ihnen den Genuss einer optimalen Verteilung der Ministersessel – unabhängig von den zukünftigen Wahlergebnissen – schmackhaft zu machen. Diese Art von Offerte hatte im November 1945 die KPU, die bei den freien Wahlen lediglich 16 Prozent der Wählerstimmen erhalten hatte, ihren erfolgreicheren antifaschistischen Verbündeten gemacht, die sie dann mit der berühmten Salamitaktik einen nach dem anderen ausschaltete. Allerdings stand damals die Besatzungsmacht UdSSR hinter den Kommunisten.

Im Frühjahr und Sommer 1989 beschränkte sich allerdings die solidarische Hilfe des Großen Bruders auf die in der Schwebe gehaltene Frage, ob er unter Umständen doch zum Schutz seiner Satelliten intervenieren würde. Heute wissen wir genau, dass diese Möglichkeit bereits auf der Sitzung des Politbüros der sowjetischen KP am 3. Juli 1986 ausgeschlossen wurde: *Uns allen ist bewusst, dass unsere Beziehungen zu den sozialistischen Ländern in eine neue Etappe eingetreten sind. Wie es war, so kann es nicht weitergehen. Die Methoden, die wir gegenüber der Tschechoslowakei und Ungarn anwendeten, sind unannehmbar (…) Wir können keine administrative Methode in der Führung der Freunde anwenden… Das bedeutet nämlich, dass wir sie uns auf den Hals laden.* Trotzdem gab es bis Ende Dezember 1989 keine Gewissheit, dass Moskau den Zerfall seines Bündnissystems demutsvoll über sich ergehen lassen würde. Offensichtlich wollte der Kreml mit diesem Unsicherheitsfaktor einen minimalen Druck sowohl auf die Oppositionsbewegungen im Osten als auch auf die Regierungen im Westen aufrechterhalten. Jedenfalls gewann eine Delegation hoher ungarischer Parteifunktionäre im Februar 1989 diesen Eindruck. Bei einem Gespräch mit führenden sowjetischen Kadern unter Beteiligung des Gorbatschow-Beraters Georgij Arbatow wurde dieser auf die Angst der westlichen Welt vor der real drohenden Explosionsgefahr in Osteuropa bzw. vor einer möglichen Reaktion der SU angesprochen. Das Protokoll vermerkt: *Genosse Arbatow ist der Meinung, die politische Zweckmäßigkeit bestehe darin, auf diese Frage – ob überhaupt und was eigentlich die Sowjetunion in einer außerordentlichen Situation unternehmen würde – keine eindeutige Antwort zu geben.*

Dem Oppositionellen Runden Tisch gelang es, den Umarmungsversuchen der Staatspartei auszuweichen, indem er sich an das Prinzip hielt, keine Verhandlungen über die zukünftige Demokratie, sondern nur über den friedlichen Übergang zu führen. Vor allem die radikalere Fraktion, die *Freien* und *Jungen Demokraten* (SZDSZ und Fidesz), sowie die *Liga Freier Gewerkschaften* stellten präzise Bedingungen bereits für die Phase der Wahlvorbereitung: Sie verlangten die Abschaffung sämtlicher Paragraphen des Strafgesetzbuches, die zur Unterdrückung der freien Meinungsäußerung dienten; sie forderten die Auflösung der Arbeitermiliz-Kampfgruppen, die als bewaffneter Arm der USAP galten; sie wollten den Rückzug der Parteiorganisationen aus Betrieben und Dienststellen, und schließlich betrachteten sie eine Offenlegung des Parteivermögens als unabdingbar. Was die von den Kommunisten forcierte direkte Präsidentenwahl anbelangt, so optierten die Unabhängigen für eine andere Variante: Der Staatschef sollte erst kandidieren, wenn das Parlament frei gewählt worden war, und er sollte von diesem Parlament ins Amt berufen werden.

Trotz oberflächlicher Ähnlichkeiten wichen die ungarischen Verhandlungen markant von den polnischen ab. In Ungarn fehlte die vermittelnde Kraft der katholischen Kirche ebenso wie eine starke Machtelite oder eine selbstbewusste Arbeiterschaft. Man verhandelte nicht mit einem zeitnahen Kriegszustand im Hintergrund, sondern aus der zynisch-gemütlichen Atmosphäre der späten Ära Kádár heraus, die bis heute andauernde Spuren in der Mentalität der Gesellschaft hinterlassen hat. Obwohl sich die kleinen Leute bereits damals, vor der eigentlichen Rosskur, an den Rand ihrer Belastbarkeit gebracht fühlten, hingen sie sehr an den als natürlich erachteten Sozialleistungen des Systems, selbst wenn sie dieses ansonsten als unmoralisch und autoritär ablehnten. Auch die Intelligenzija mit ihrem kritischen Potenzial war mit dem Gegenstand ihrer Kritik vielfach verbunden, nicht zuletzt durch ihre wichtige gesellschaftliche Rolle, die sich in jeder freien Gesellschaft stark verändern würde. Diese mit Zukunftsängsten gepaarte Ambivalenz isolierte die Opposition am Runden Tisch umso mehr, als sie bis zu den freien Wahlen ebenso wenig über ein Mandat der Gesellschaft verfügte wie ihre Kontrahenten. Doch ohne Zweifel befand sich die kommunistische Seite in einer viel tieferen Identitätskrise.

Der Abschied von der Epoche bekam immer mehr Ähnlichkeit mit dem klassischen Königsdrama. Anfang April identifizierten die Familienangehörigen ihre Toten in der Parzelle 301 auf dem Budapester Kerepes-Friedhof. In einer Reportage am Ort des Geschehens fragte die Journalistin den mit der Exhumierung beauftragten Ministerialbeamten, wo die sterblichen Überreste von Imre Nagy und seinen Mitstreitern verscharrt worden seien. Dieser deutete verlegen mit seinem Fuß auf eine Stelle im Rasen und sagte: «Hier, wo ich stehe.» Ein paar Tage später erschien der gestörte Greis Kádár unerwartet auf der ZK-Sitzung und hielt eine surrealistische Rede, die bis heute die Fantasie seiner Biografen ebenso beschäftigt wie Schriftsteller und Psychologen. Ein Auszug:

Ich bitte um Nachsicht, weil ich mich als Erster zu Wort melde, und ich werde auch länger reden als gewöhnlich. (...) Und ich habe eine Bitte. Noch. Mein Problem ist, dass ich vergesslich bin, manchmal weiß ich, was ich will, aber ich nehme ständig ab. Sie werden etwas Seltsames von mir hören. Was ist meine Verantwortung? Das, womit ich nicht nützlich war (...) ich habe ein Leben lang frei gesprochen, und wenn ich wichtige Briefe schrieb, dafür gibt es Zeugen, dann schrieb ich sie selbst. Ich bin zwar ein primitiver Mensch, denn ich habe nur vier Klassen Mittelschule gemacht (...) aber die Schulen waren damals besser, das Kind konnte schreiben und lesen lernen, nicht immer die ewigen Reformen, jedes Jahr ein neues System und so weiter. (...) Und mir ist es egal, was Sie mir sagen, meinetwegen kann mich jeder erschießen, denn ich bin mir immer dieser Verantwortung bewusst, dass ich niemanden namentlich nennen werde (...) und ich bitte um viel Wasser, denn ich bin nervös.

Während Kádár nach diesem Zwischenfall auch seines Postens als Ehrenvorsitzender enthoben und endgültig verrentet wurde, bereitete sich das Land auf die Neubestattung der Opfer vom Oktober 1956 vor. Vor allem die alten Genossen erinnerten sich an eine ähnliche Veranstaltung, die sie seinerzeit nicht hatten verhindern können: an die Beerdigung von László Rajk und seinen Schicksalsgefährten im Oktober 1956, die als Vorstufe des Aufstands galt. Symbolträchtig übernahm die Gestaltung

des Heldenplatzes mit der schwarzen Draperie an der Fassade der Kunst-
halle kein anderer als der Architekt László Rajk junior, Mitglied der demokratischen Opposition. Im Rahmen der allumfassenden Sicherheits-
maßnahmen hatte man sogar das Lenindenkmal auf dem Platz «zwecks
Reparaturarbeiten» entfernt, um keine Nachahmung des Sturzes des
Stalinmonuments vom Oktober 1956 zu provozieren. Schließlich verlief
die Kundgebung mit 200 000 Teilnehmern weitgehend friedlich, die
meisten Beiträge, auch diejenigen der überlebenden Opfer, hatten keinen
offensiv politischen Charakter. Eine Ausnahme bildete die Rede des Fi-
desz-Gründers Viktor Orbán: Dieser junge Mann mit den schwarzen
Haaren und dem Outfit eines Revolutionärs forderte den Abzug der
sowjetischen Truppen. Ähnlich wie Pozsgays Rundfunkinterview war
diese heftig umstrittene Ansprache eine nicht risikofreie Profilierungsge-
ste, die bereits der kommenden Ära gewidmet war.

Am Tag der Beisetzung saß Kádár in seiner Villa am Rosenhügel und
fragte die Anwesenden mehrmals, ohne seinen ehemaligen, von ihm ver-
ratenen und dem Hinrichtungskommando ausgelieferten Genossen beim
Namen zu nennen: *Wird jener Mann heute beerdigt?* Drei Wochen später lag er auf der Intensivstation des Parteihospitals. Am 6. Juli, als gerade der offizielle Rehabilitierungsprozess von Nagy und Gefährten vor
der Obersten Staatsanwaltschaft begann, machte ein Zettel im Gerichts-
saal die Runde: *Kádár ist tot.* Von der Zwiespältigkeit der ungarischen
Gesellschaft zeugte die Tatsache, dass Zehntausende an seiner im ZK-
Sitz aufgestellten Bahre vorbeidefilierten.

Allerdings wurde die Szene in jenen Tagen von einem anderen Ereignis beherrscht. Präsident Bush senior war zu Besuch in Budapest und
hielt einen Vortrag in der Aula der ökonomischen Universität *Karl
Marx*. Die Büste des Namensgebers hatte man taktvoll verhüllt. Man
erwartete, dass der hohe Gast die Summe nennen würde, mit der die
amerikanische Regierung der ungarischen Marktwirtschaft unter die
Arme greifen wollte. Als die Zahl «25 Millionen Dollar» aus berufenem
Munde ertönte, war der enttäuschte Stoßseufzer des Publikums unüberhörbar.

Bereits Anfang Januar 1989 bestellte die Budapester Parteihochschule
gleich bei mehreren damals gegründeten Meinungsforschungsinstituten
eine Untersuchung zur Popularität der USAP. Nach repräsentativen

Befragungen verfügte die führende Organisation über 34–35 % Unterstützung in der Bevölkerung. Obwohl es sich keineswegs um die Hochrechnung etwaiger Wahlergebnisse handelte, ging die herrschende Elite sehr lange von der Annahme aus, bei einem freien Urnengang die relative Mehrheit erringen zu können. Aus dieser Sicht erscheinen die politischen Aktivitäten mancher Protagonisten geradezu als Teil einer vorzeitig gestarteten Wahlkampagne. Manche Aktionen dieser Art gelangten über die Medien an die Weltöffentlichkeit.

Besonders spektakulär war die Beseitigung des Eisernen Vorhangs, im militärischen Fachjargon «technisches Sperr- und Festungssystem» genannt. Die monströse Militäranlage war im Frühjahr 1949 entstanden und zog sich anfänglich mit ihrem Drahtverhau, 500 Wachttürmen und etlichen «vorgetäuschten Bauwerken» entlang der westlichen und südlichen jugoslawischen Grenze dahin. Nach der Aussöhnung mit Tito schützte man die Volksrepublik nur noch vor dem neutralen Österreich mit einem 243 km langen Stacheldraht, der aus zwei Reihen bestand, und einem 107 km langen Draht aus fünf Reihen, nicht zuletzt mit drei Millionen Tretminen. Dieses System war in den Achtzigerjahren technisch veraltet, löste jährlich 1500 bis 4000 Fehlalarme aus und forderte bei der Entminung auch Todesopfer. Der Beschluss des Politbüros der USAP vom Februar 1989 über den Abbau der Anlage war, unabhängig von den Beweggründen, ein richtiger und in seiner Symbolik humaner Schritt. Kurz nach seiner Ernennung zum Außenminister zerschnitt Gyula Horn am 27. Juni gemeinsam mit seinem Wiener Kollegen Alois Mock Stücke des verrosteten Drahtverhaus und bot damit einen Vorgeschmack der Maueröffnung. Angesichts des Zeitpunkts dieser freudigen Zeremonie zu Beginn der Sommersaison konnte man damit rechnen, dass die über die *Tagesschau* ausgestrahlten Bilder ihre Wirkung auf die nach Ungarn reisenden DDR-Bürger kaum verfehlen würden.

Der Eiserne Vorhang markierte keine ausschließlich ungarisch-österreichische Grenze, sondern galt als Demarkationslinie zwischen den beiden Welten. Versuchte ein Bürger aus einem beliebigen Mitgliedsstaat des Warschauers Vertrags die Volksrepublik Ungarn illegal zu verlassen, so beging er damit eine Grenzverletzung auch des eigenen Landes. Dementsprechend wurden aufgrund eines Abkommens von 1969 DDR-Flüchtlinge, die von den ungarischen Behörden festgenommen worden waren, den dortigen Organen ausgeliefert. Allein im Jahre 1988 gab es 1088 solcher Pechvögel. Trotz Ungarns Beitritt zur Genfer Konvention wurde diese menschenverachtende Praxis noch bis Ende Mai fortgesetzt, also mit Wissen und Billigung von Miklós Némeths «Reformregierung».

In den Tagen der Massenflucht entfaltete sich unter den Führern der Parteispitze ein sozialistischer Wettbewerb um die Frage, wer von ihnen mehr und schneller den Flüchtlingen aus dem Bruderland helfen wollte. Imre Pozsgay und Otto von Habsburg hatten zweifellos die Schirmherrschaft über jenes Paneuropa-Picknick an der Grenze zwischen Ungarn und Österreich, das den DDR-Bürgern Gelegenheit zum spontanen Überqueren der Grenze gab, selbst wenn sich beide Politiker aus taktischen Gründen von dem Großereignis fernhielten. Ein Verbot des immer noch gültigen Schießbefehls sowie eine Entscheidung zur Legalisierung der Ausreise konnten jedoch nur von der Regierung ausgehen, und diese stand theoretisch noch unter der Führung der formal herrschenden Partei. So war es kein Wunder, dass sich Károly Grósz, Gyula Horn, Miklós Németh und Imre Pozsgay niemals über die Urheberschaft dieses europäischen Befreiungsaktes einigen konnten. Aber auch ein weiterer Zeitgenosse wollte vom gemeinsamen Ruhm zehren – General József Horváth, der damalige Chef der Hauptverwaltung III/III des ungarischen Innenministeriums, also der Staatssicherheit. Erich Mielkes Budapester Pendant, einer der großen Wendehälse des Jahres 1989, formulierte seine angeblichen Verdienste wie folgt: *Ich wies den Kommandeur des Grenzschutzes an, in keinem Fall Waffen zu verwenden. Wenn die Deutschen von dem Durchbruch der Grenze nicht abzubringen sind, dann sollen sie gehen! (...) Lieber Gott! Was wäre, wenn ich mich für den Feuerbefehl entscheide?!*

Eine Frage, die in Bezug auf die Grenzöffnung oft gestellt wird, ist die, ob Ungarn auf eigene Faust oder mit Moskaus Genehmigung handelte. Bei dem Geheimtreffen vom 25. August 1989 auf Schloss Gymnich zwischen Bundeskanzler Kohl und Bundesaußenminister Genscher einerseits, Ministerpräsident Németh und Außenminister Horn andererseits äußerte sich der ungarische Regierungschef mit dem Pathos des zu allem Bereiten: *Eine Abschiebung der Flüchtlinge zurück in die DDR kommt nicht infrage. Wir öffnen die Grenze. Wenn uns keine militärische oder politische Kraft von außen zu einem anderen Verhalten zwingt, werden wir die Grenze für DDR-Bürger geöffnet halten.* Kohl sei daraufhin in

Tränen ausgebrochen und habe wörtlich gesagt: *Das wird Ihnen das deutsche Volk niemals vergessen*. Dennoch rief der Bundeskanzler umgehend bei Michail Gorbatschow an, um sich des Kremlsegens zu vergewissern. Der sowjetische Parteichef antwortete ausweichend: *Wengry – choroschije ljudi, die Ungarn sind gute Leute*. Károly Grósz hingegen behauptete, er habe den Kremlchef post festum telefonisch informiert und von diesem die knappe Antwort erhalten: *Eto wasche djelo – das ist eure Sache*, die Formel, mit der die Sowjets gewöhnlich ihr Einverständnis signalisierten.

Das zweite Thema, das die Öffentlichkeit beschäftigte, drehte sich um die Gegenleistung der Bundesrepublik. Die zu Tode beleidigten DDR-Führer sprachen von «Silberlingen», während Bonn und Budapest jede derartige Verdächtigung mit heiliger Empörung von sich wiesen. In Wirklichkeit ging es auf Schloss Gymnich durchaus auch um finanzielle Hilfen. Némeths Haltung klang fast ultimativ: *Ich frage Sie, Herr Bundeskanzler, können wir auf Ihre Unterstützung rechnen? Ich meine nicht nur die Bundesrepublik, sondern den ganzen Westen. Wollen Sie den Reformkurs unterstützen?* Und er fügt bedeutungsvoll hinzu: *Wir brauchen Ihre Entscheidung vor unserem Parteitag am 6. Oktober*. Anderswo, in indirekter Rede, heißt es: *Sie brauchten Erfolge vor ihrem Parteitag am 6. 10., damit sie ihren Kurs in der Partei fortsetzen könnten*. Immerhin beschloss man die zugesagten 500 Millionen DM Kredit nicht gleich zu gewähren, um böswilligen Kommentaren keinen Vorschub zu leisten. Den Vertrag über die Finanzspritze brachte in Kohls Auftrag Lothar Späth, Ministerpräsident von Baden-Württemberg, bei seinem Besuch am Nationalfeiertag, dem 23. Oktober, mit. Die Partei, die damit zu retten gewesen wäre, existierte in ihrer historischen Form allerdings nicht mehr. Am 6. Oktober 1989 wurde die *Ungarische Sozialistische Arbeiterpartei* (MSZMP/USAP) feierlich aufgelöst. Die Nachfolgeorganisation wählte den Namen *Ungarische Sozialistische Partei* (MSZP/USP).

Die sich in die Länge ziehenden Verhandlungen am Runden Tisch wurden am 11. September abgeschlossen. Die Teilnehmer einigten sich in den sogenannten grundlegenden Gesetzen über die demokratische Umgestaltung der alten Verfassung und die Schaffung eines Verfassungsgerichts, über die Funktion der politischen Parteien, über die Wahl der Parlamentsabgeordneten sowie über die Veränderung des Strafgesetzbuches bzw. der Gesetze des Strafverfahrens – Letzteres bedeutete unter anderem die Streichung des berüchtigten «Hetzeparagrafen». Trotz dieser beachtlichen Erfolge blieben manche Fragen ungelöst, und dies bewegte die radikale Fraktion innerhalb des oppositionellen Runden Tisches dazu, ihre Unterschrift unter das historische Dokument im letzten Moment, für die Öffentlichkeit völlig unerwartet, zu verweigern. An demselben Abend brachten SZDSZ und Fidesz, während sie ihre Haltung begründeten, den Vorschlag eines Referendums über die offenen Fragen in die Debatte ein: Verbot der Parteiorganisation in Betrieben und Dienststellen, Auflösung der Arbeitermiliz-Kampfgruppen, Offenlegung des Vermögens der USAP und Verschiebung der Präsidentenwahl bis zu der Zeit nach den Parlamentswahlen. Bald darauf legten sie die zum Volksbegehren notwendigen 100 000 Unterschriften bei der Landeswahlkommission vor.

Der Ausstieg der damaligen Radikalen aus dem Verhandlungskonsens richtete sich nur vordergründig gegen die herrschenden Sozialisten. Beide Parteien, Fidesz und SZDSZ, positionierten sich damit im zukünftigen parlamentarischen Kampf als liberale, aber intransigente Antikommunisten. Dagegen zeigte sich das viel stärkere und einflussreichere Demokratische Forum, das mit vielen persönlichen Fäden sichtbar an die Reformkommunisten gebunden war, als besonders konziliant und kompromissbereit. Diese taktische Meinungsverschiedenheit zwischen beiden Flügeln der Opposition wurde von den nicht unbegründeten Gerüchten eines geheimen Handels zwischen MDF-Chef József Antall und Imre Pozsgay verschärft. Demgemäß sollten sich beide Seiten für den Fall eines Forum-Wahlsiegs auf die polnische Formel «Unser Premier – euer Präsident» geeinigt haben.

Bei dem sogenannten Vier-Ja-Referendum vom 26. November 1989 bejahten die Wähler mit einem Stimmenanteil von über 95 % die auf die Entmachtung der Staatspartei gerichteten Fragen – kein Wunder nach dem Sturz des Regimes in beinahe allen Ländern des Warschauer Vertrags. Nur in der Frage nach der Präsidentenwahl gab sich die Wählerschaft ratlos: Fast genau die Hälfte der Bürger fand an einer direkten Präsidentenwahl noch vor dem großen Kräftemessen im März 1990 nichts Verwerfliches. Allerdings hatte das erste demokratische Volksbegehren der ungarischen Geschichte einen Schönheitsfehler – nur 58 Prozent der stimmberechtigten Bürger gingen an die Urnen, eine wahrhaft misslungene Premiere der Ausübung konstitutioneller Rechte, die später gerade bei Referenden immer wieder Schule machte. Die vielversprechende Laufbahn des Imre Pozsgay war damit am Ehrgeiz, der erste vom Volk gewählte ungarische Staatschef zu werden, zerbrochen. Er selbst geriet allmählich in Vergessenheit.

Das *Ungarische Demokratische Forum* ist heute ebenso eine Splitterpartei wie der *Bund Freier Demokraten.* Nur der einstige Jugendverband Fidesz und die nachkommunistische MSZP gehören zu den maßgeblichen politischen Kräften der am 23. Oktober 1989 vor dem Parlament ausgerufenen Dritten Ungarischen Republik. Außerdem hatte der Konflikt am Runden Tisch innerhalb der Opposition weitgehende Folgen für die ganze Atmosphäre des Systemwechsels. Da das MDF in der Wahlkampagne statt eines offensiven Antikommunismus auf das Nationalgefühl setzte und mit diesem Programm 24,7 % der Stimmen gewann, verschärften sich die Gegensätze zum Erzrivalen SZDSZ (mit 21 % zweitstärkste Partei) mit seinem stark westlich orientierten, kosmopolitischen Hintergrund ausgerechnet im weltanschaulichen Bereich. Allmählich kamen die Gespenster der Vorkriegszeit aus ihren Nischen und füllten die Rhetorik des politischen Diskurses mit scheinbar vergessenen antisemitischen, chauvinistischen, europafeindlichen Inhalten. Statt einer politischen entstand in Ungarn eine Hasskultur.

Merkwürdig gestaltete sich in diesem Spannungsfeld das Verhältnis zur Vergangenheit und deren Trägern. Am Vorabend des Systemwechsels schien unter den wichtigsten nichtkommunistischen Akteuren ein Konsens zu herrschen, wie er im Programm der Freien Demokraten zum Ausdruck kam: *Mit welchen Ergebnissen die nächsten Wahlen auch enden werden, wir werden weder initiieren noch unterstützen, dass jemand wegen seiner bisherigen politischen Tätigkeit oder Entscheidungen zu strafrechtlicher Verantwortung gezogen wird oder auf andere Weise Nachteile erleidet; richtunggebend für die Schuldigen an Gesetzesverletzungen sind die Verjährungsregeln der gewöhnlichen Delikte; all dies bedeutet aber nicht, dass wir die konsequente Aufdeckung der Verbrechen der Vergangenheit ablehnen....* Dieses doppelte Versprechen war auf den Spezialfall gemünzt, dass die siegreiche Demokratie ihre Großzügigkeit gegenüber den Repräsentanten der besiegten Diktatur demonstrieren könnte. In Wirklichkeit erreichten aber die Erben der USAP in den Neunzigerjahren bei mehreren freien Wahlen bis zu 45 % der Stimmen und waren gewiss nicht auf die Gnade anderer politischer Kräfte angewiesen.

Als die ehemaligen Bürgerrechtler 1994 trotz anderweitiger Beteuerungen dem großzügigen Koalitionsangebot der Exkommunisten nicht widerstehen konnten, stieß ihre Haltung nicht nur im gegnerischen Lager, sondern auch in den eigenen Reihen auf Widerspruch. Bis heute wird behauptet, dass dieser «historische Kompromiss» die Aufgabe der Dissenstradition besiegelte – die Umwertung aller Werte und den prinzipienlosen Friedensschluss mit dem Erzfeind von einst zugunsten von ein paar Ministersesseln oder gut dotierten Stellungen. Als jemand, der von Anfang an mit der demokratischen Opposition eng verbunden war und dieser viele moralische und gedankliche Impulse zu verdanken hatte, möchte ich nur anmerken, dass die wirkliche Bruchlinie viel früher entstand. Das Andersdenken, Anderssprechen, Anderslesen, Andersglauben und Andersschreiben als osteuropäische Kunstgattung erübrigte sich in dem Moment, als die Freiheit des Gedankens, des Wortes, der Information, der Religion und der Presse per Gesetz garantiert wurde. Indem die Bürgerrechtsbewegung ihre grundlegenden Zielsetzungen erreichte, machte sie sich überflüssig. Übrig blieben nun die Parteien, die grundsätzlich weder rein noch unrein sind. Das kollektive Ethos der Menschenrechtler kann höchstens als private zivile Moral weiterleben, unabhängig davon, in welcher Gliederung der neuen politischen Strukturen sich der Einzelne betätigt. Alles andere ist Nostalgie.

DDR: Demokratie zwischen Spaltung und Einheit

Der friedliche Wettbewerb der Systeme, mit dem Nikita Chruscht-schow seit den späten Fünfzigerjahren der Blockkonfrontation einen sportlichen Charakter verleihen wollte, war zwar im Prinzip eine Schnapsidee – aber nicht nur. Obwohl der Osten diesen Kampf aufgrund technischer Rückständigkeit und ideologisch-bürokratisch geknebelter Wirtschaft niemals gewinnen konnte, wies das Projekt doch eine große propagandistische Tragweite auf. Einerseits entschärfte es die Befürchtung, der Kommunismus sei unbedingt darauf angewiesen, den Kapitalismus in einem Vernichtungskrieg zu besiegen, andererseits war der Staatssozialismus jederzeit imstande, schnelle und spektakuläre Teilerfolge vorzuweisen, die ihn zumindest als konkurrenzfähig erscheinen ließen. Zum Beleg dessen bedurfte es einiger Ausstellungsstücke: Kuba war das Schaufenster des sozialen Fortschritts für die Länder der Dritten Welt, und die DDR sollte – im europäischen Vergleich – einen ökonomisch potenten, technisch modernen Wohlstandsstaat darstellen.

In einem Punkt hatte der deutsche Arbeiter- und Bauernstaat relativ früh sogar eine Spitzenposition inne: Im Jahre 1967 besaßen 230 von 1000 Einwohnern des Landes einen Fernseher. Damit lagen die Ostdeutschen nicht nur im Vergleich mit ihren Verbündeten an der Spitze (ČSSR 181, Ungarn 114, Sowjetunion 96, Polen 92, Bulgarien 50, Rumänien 48), sondern nahmen sogar im westlichen Kontext den vornehmen vierten Platz ein (nach den USA mit 376, Schweden 277 und Großbritannien 254 Fernsehgeräten pro 1000 Einwohner). Selbst die Bundesrepublik Deutschland hinkte ihrer Rivalin DDR mit dem bescheidenen Proporz von 1000 zu 221 knapp hinterher. Diese Schlacht gegen den Klassenfeind war also quantitativ mit Erfolg gekrönt.

Da allerdings 70 Prozent der ostdeutschen Zuschauer das erste oder zweite Programm des Westfernsehens empfangen konnten, gab es eine kontinuierliche Medienpräsenz der einen deutschen Republik in der anderen. Mehr als 30 Jahre lang lebte die Bevölkerung in der visuellen Parallelität mit ihrem westlichen Nachbarn, dem sie durch gemeinsame Sprache, Geschichte, Kultur und Tradition verbunden war. Die Ausstrahlung der bundesrepublikanischen Sender, im Lichte der Bildschirme millionenfach gebrochen, präsentierte den Ostzuschauern nicht einfach die ideologischen Werte einer anderen Weltordnung, sondern vermittelte die Realutopie selbst – einen alternativen Entwicklungsweg, wie er nach 1945 oder 1949 *auch* möglich war. Der «Bonner Staat» oder die «BRD», wie sie von den SED-Führern verächtlich bezeichnet wurde, war und blieb maßgebliche Referenzgröße nicht nur für die meisten ihrer Untertanen, sondern auch für sie selbst – ebenso wie auch die westdeutsche Regierung bei jeder wichtigen Entscheidung die Auswirkungen auf die «SBZ», «Mitteldeutschland» oder die «DDR» (die sogenannte Gänsefüßchen-DDR) mit einkalkulieren musste. Die beiden Weltsysteme existierten auf nur 360 000 Quadratkilometer Fläche mitnichten als abstrakte Antipoden, sondern waren wie kommunizierende Röhren direkt aufeinander bezogen. Der Ort, an dem dies auch ohne ARD und ZDF spürbar werden konnte, hieß Berlin: Mitten im Osten pulsierte hier ein Stück Westen, samt Freiheit, Wohlstand – und NATO-Truppen. Kein sozialistisches Land hatte Ähnliches aufzuweisen.

Die Einsicht in die Notwendigkeit, das Lebensniveau der Bevölkerung regelmäßig spürbar zu erhöhen, hing bei der SED-Führung zunächst mit dem Schock vom 17. Juni 1953 zusammen – die bittere Armut als sozialer Indikator der Unzufriedenheit, die zum Volksaufstand führte, konnten nur völlig verblendete Funktionäre verkennen. Später bemühte sich die Parteiführung als eine Art Kompensation für den 13. August 1961, die Konsummöglichkeiten in der nunmehr eingemauerten Republik zu verbessern. Die Sechzigerjahre standen bereits im Zeichen einer vorsichtig konzipierten Wirtschaftsreform, die unter Umständen eine gewissen Opferbereitschaft seitens der Werktätigen erfordert hätte. Bestimmte Formen der Lohndifferenzierung und Ideen von einer strafferen Arbeitsorganisation riefen jedoch wenig Begeisterung bei der «herrschenden Klasse» hervor – eine der möglichen Ursachen dafür, dass das «Neue Ökonomische System der Planung und Lenkung» vor allem nur auf dem Papier stand. Nach der Niederschlagung des Prager Frühlings klang in den Ohren des Kremls das Wort «Reform» ohnehin suspekt. So konzentrierte sich Erich Honecker (1912–1994), nachdem er mithilfe Breschnews seinen politischen Ziehvater Walter Ulbricht aus dem höchsten Machtbereich entfernt hatte, eher darauf, das Erreichte zu konsolidieren.

Mit seiner auf dem VIII. Parteitag der SED im Juni 1971 verkündeten Doktrin der «Einheit von Wirtschafts- und Sozialpolitik» garantierte er quasi allen DDR-Bürgern Wohlergehen, und zwar im Grunde unabhängig von der ökonomischen Leistung des Landes. In dem für die Republik günstig veränderten internationalen Umfeld – Viermächteabkommen über Berlin, Grundlagenvertrag mit der Bundesrepublik und weltweite Anerkennung des ostdeutschen Staates – konnte dieses Versprechen mithilfe der weichherzig gegebenen Kredite des Bonner Partners sowie dank der durch den zollfreien deutschen «Binnenhandel» gewonnenen Vorteile teilweise erfüllt werden. Zudem stellte Moskau dem westlichsten Vorposten des Kommunismus seine Rohstoffressourcen mehr als großzügig zur Verfügung, um das Schaufenster ansehnlich erscheinen zu lassen.

Das ehrgeizige Sozialprogramm des neuen Partei- und Staatschefs sah innerhalb von vier Jahren Beachtliches vor: eine Steigerung des Realeinkommens um 23 Prozent, eine allgemeine Erhöhung der Renten, Einführung der 40-Stunden-Woche für Mütter mit mehr als zwei Kindern, 18 Wochen bezahlte Freistellung für Frauen nach einer Entbindung, Senkung der Mieten und garantierte Stabilität der Verbraucherpreise sowie eine Wohnungsbauagenda für fast zwei Millionen Plattenbauten. Die Lichtpunkte der Siebzigerjahre: die Olympischen Spiele in München 1972, bei denen zwanzigmal zugunsten der DDR-Spitzensportler die Hymne *Auferstanden aus Ruinen* intoniert wurde; die Weltfestspiele der Jugend in Berlin 1973, als Walter Ulbricht, nominell noch Staatschef, im Grunde aber gedemütigter Rentner, von seinem Sterbebett aus die Teilnehmer grüßen ließ; die KSZE-Konferenz von Helsinki 1975, bei der die höchsten Vertreter der *Rep. Dem. Allemande* und der *Rep. Fed. D'Allemagne* gleichrangig nebeneinandersaßen; die Einweihung des Prestigeobjektes «Palast der Republik» 1976, erbaut am Standort des ehemaligen Stadtschlosses der preußischen Könige. In der ideologischen Sprachregelung der neuen Verfassung von 1974 wurde proklamiert, der Sieg des Sozialismus in der DDR sei nunmehr *endgültig und unwiderruflich*, und damit sei eine Restaurierung des Kapitalismus grundsätzlich auszuschließen – etwas historisches Blattgold für die Ära Honecker.

Zwei bedeutende Ereignisse ließen jedoch schon bald erkennen, dass die Musterrepublik der «sozialistischen Gemeinschaft» auf neuartige Konflikte nicht vorbereitet war. In beiden Fällen handelte es sich um Außenseiter, die sich in ihrem gesellschaftlichen Umfeld mitnichten ungeteilter Zustimmung erfreuten. So handelte etwa der evangelische Geistliche Oskar Brüsewitz, der mehrmals gegen die kommunistische Kirchenpolitik protestierte, nicht im Sinne seiner Vorgesetzten. Vielmehr bemühten sich diese seit Jahren im Zeichen ihres Slogans «Kirche im Sozialismus» um einen Modus Vivendi mit dem atheistischen Staat. Ebenso fand Wolf Biermanns ketzerischer Kommunismus, fanden seine frechen Lieder auch in Kreisen der kritischen Literaten oft nur wenig Verständnis – die Kulturschaffenden verharrten seit der Wachablösung an der SED-Spitze lange in einer gedämpften Vormärzstimmung, wie anno 1840 nach der Thronbesteigung des Preußenkönigs Friedrich Wilhelm IV., von dem man bis zum Beweis des Gegenteils die Aufhebung der Pressezensur erwartet hatte. Die untertänigsten Hoffnungen in Bezug auf Honecker waren einzig durch die Annahme «neue Besen kehren gut» begründet. Mitte der Siebzigerjahre war die Luft zum Bersten voll von bitteren Enttäuschungen, die sich jederzeit in einer Explosion entladen konnten.

Als sich Pastor Brüsewitz im August 1976 öffentlich verbrannte und das *Neue Deutschland*, Parteiorgan der SED, den Toten als einen Geisteskranken bezeichnete, der «nicht alle fünf Sinne beisammen» gehabt habe, brach eine Welle der Empörung aus. Christen und Marxisten verurteilten in Petitionen und Privatbriefen die üble Nachrede und forderten, die Schuldigen für diese Pietätlosigkeit zur Verantwortung zu ziehen. Drei Monate später wurde der Liedermacher Biermann während seiner Westtournee nach einem Konzert in Köln über Nacht ausgebürgert. Gegen diese Maßnahme erhoben an die 100 Vertreter der künstlerischen Elite, unter ihnen auch hochdekorierte Staatskünstler sowie SED-Mitglieder, ihre Stimme: *Wolf Biermann war und ist ein unbequemer Dichter – das hat er mit vielen Dichtern der Vergangenheit gemein. (...) Wir identifizieren uns nicht mit jedem Wort und jeder Handlung Wolf Biermanns und distanzieren uns von den Versuchen, die*

Vorgänge um Biermann gegen die DDR zu missbrauchen. Biermann selbst hat nie, auch nicht in Köln, Zweifel darüber gelassen, für welchen der beiden Staaten er bei aller Kritik eintritt. Wir protestieren gegen seine Ausbürgerung und bitten darum, die beschlossenen Maßnahmen zu überdenken.

Die hier geschilderten dramatischen Vorgänge des Jahres 1976 bedeuteten keine Systemkrise. Sie machten nur sichtbar, dass trotz des Einsatzes eines gewaltigen Unterdrückungs- und Bespitzelungsapparats (200000 offizielle und inoffizielle Mitarbeiter des MfS), trotz allumfassender Zensur und trotz Meinungsmonopol die Staatsmacht keinen Augenblick vor unangenehmen Überraschungen gefeit war. Kaum hatten sich die Wellen um die Ausbürgerungsaffäre geglättet, so meldete sich ein ehemaliger Parteisekretär der Gummifabrik namens Rudolf Bahro mit einer vernichtenden Kritik an der Parteiherrschaft zu Wort. Die Aufregung über sein im Westen gedrucktes Buch «Die Alternative» war noch frisch in Erinnerung, als eine Gruppe von Autoren den unter Hausarrest gestellten Physiker Robert Havemann vor kleinlichen urheberrechtlichen Schikanen der Behörden in Schutz nahm. Als Nebeneffekt der Unterschriftensammlungen zeichneten sich bereits Anfang 1977, gleichzeitig mit der Prager Charta und der ungarischen Opposition, erste Konturen einer demokratischen Bewegung ab. Kirche, Kultur und Dissens – mit diesen drei Strömungen mussten die Machthaber rechnen, und aufgrund des Helsinkiprozesses durften sie nicht mehr ausschließlich repressiv reagieren, während gleichzeitig ihr Informationsmonopol durch die Präsenz der Westmedien jeden Tag ad absurdum geführt wurde. Im Grunde konnten sie nun keinen öffentlichen Schritt mehr unternehmen, den man nicht irgendwann zu ihren Ungunsten interpretierte.

Als fatales Instrument der «Befriedung» von Andersdenkenden erwies sich die Ausweisungs- und Ausbürgerungspraxis. Ein Staat, der seinen Bürgern elementare Bewegungsfreiheiten systematisch untersagte und ihnen förmlich um die Ecke liegende Reiseziele mit der Waffe in der Hand verwehrte, praktizierte jetzt zunehmend den Hinauswurf als Bestrafung oder als Teil von Sanktionen. Gleichzeitig wurde die Ausreise von Hunderttausenden heiß begehrt. Während loyale Antragsteller allein für die Absicht, die DDR zu verlassen, mit sofortigem Verlust ihres Arbeitsplatzes und den Tantalusqualen des «Laufzettels», der bürokra-

tischen Restriktion par excellence, gestraft wurden, kamen kritische
Autoren, Oppositionelle oder manche verurteilte «Straftäter», zum Beispiel Wehrdienstverweigerer, auf einen Wink der Staatssicherheitsdienste
hin oft gegen ihren erklärten Willen binnen 24 Stunden «frei». Dabei
liefen Willkür und Großzügigkeit, Hinauswurf und Hinauslassen durch
ein und denselben trüben Kanal – den des zwischenstaatlich ausgehan-
delten Kopfgeldes, mit dem die «BRD» den unstillbaren Devisenhunger
der «DDR» zu stillen suchte. Daraus entstand ein unauflösbarer Widerspruch, der die spätere Gruppen- und Massenflucht in westdeutsche diplomatische Vertretungen geradezu provozierte, ob in der DDR selbst
oder in den erreichbaren Nachbarländern. Auch die «Zusammenrot-
tung» von Ausreisewilligen in Budapest und am Plattensee im heißen
Sommer 1989 war diesem Umstand geschuldet.

Bekämpfung der Kirchen, Unterdrückung der Kultur, Reiseverbote und
willkürliche Abschiebungen gab es auch anderswo in Mittel- und Südosteuropa – mancherorts viel schlimmer als in der DDR. Doch nur hier
gab es den spezifischen Zusammenhang, der jede Frage automatisch in
eine «deutsche Frage» bzw. in *die* deutsche Frage verwandelte. So wurde
der im Osten vollends tabuisierte und im Westen aus politischer Höflich-
keit verdrängte nationale Komplex jederzeit mit frischer Nahrung ver-
sorgt. Die SED-Führung erkannte schon früh, dass der kommunistische
Kollektivismus in einem mehrheitlich nichtkommunistisch gesinnten
Land der Gesellschaft nur wenig Kohäsionsmöglichkeiten anbot. Vor
allem nach dem Mauerbau versuchten sich die offiziellen Ideologen des
Systems in einer Art DDR-Patriotismus, indem sie mit Stolz auf das bessere, weil konsequent antifaschistische Deutschland verwiesen. Sie entwickelten sogar die Begrifflichkeit einer «DDR-Nation», die entlang der
Geschichtsauffassung von Marx und Engels nach und nach den deutschen Bauernkrieg, die Reformation, die Aufklärung, die Revolution
von 1848 und sogar die «objektiv fortschrittliche» Reichsgründung
1871 als historisches Erbe für sich in Anspruch nahm. Hinzu kam der
Geist des etwas einseitig zugunsten der KPD betrachteten Widerstands
gegen das NS-Regime. Dieses Konstrukt war teleologisch sorgfältig in
die Entstehung der DDR im Oktober 1949 eingebettet. Die ursprünglich
sogar in der Staatshymne besungene deutsche Einheitsidee reduzierte
sich mit der Zeit auf die Rhetorik gegenüber den Bonner «Revanchis-

ten», «Spaltern» und «Separatisten»; diese hätten die hehren Hoffnungen des deutschen Volkes zugrunde gerichtet. Trotzdem lauerte hinter jedem politischen, sozialen und kulturellen Konflikt in der vierzigjäh-
rigen DDR-Geschichte das Gespenst der Wiedervereinigung.

*Der Stacheldraht wächst langsam ein, / tief in die Haut, in Brust und
Bein, / ins Hirn, in graue Zell'n./ Umgürtet mit dem Drahtverband/ ist
unser Land ein Inselland/ umbrandet von bleiernen Well'n,* sang Wolf
Biermann in seiner *Ballade vom preußischen Ikarus.* Nachdem das «In-
sellandgefühl» die einfachen Bürger in Form von Platzangst, Atemnot,
Klaustrophobie und Maueralbträumen immer wieder heimgesucht
hatte, machte es auch um die höchsten Entscheidungsträger der Republik
keinen Bogen mehr. Trotz weltweit gepflegter diplomatischer Kontakte
blieb die DDR bis zuletzt isoliert. Sie war und blieb ein sozialistisches
Halbland wie Nordkorea oder Nordvietnam, doch ohne die Möglichkeit, sich vom westlichen Konkurrenten hundertprozentig abschotten
oder diesen militärisch überrennen zu können. Das Land war geradezu
gespickt mit sowjetischen Militärobjekten, und sein Spielraum hing stärker, als dies in den Nachbarländern der Fall war, von der politischen
Großwetterlage ab.

Außenpolitisch stützte sich Honeckers Land direkt auf die Sowjetunion, von der zu lernen nach offiziellem Slogan gleichbedeutend war
mit «siegen lernen». Spätestens in den Achtzigerjahren mussten die Satellitenstaaten sich auch an den Kosten der Moskauer Pyrrhussiege beteiligen. Wenn sich zum Beispiel eine Politclique oder Offizierskaste
in Simbabwe oder Äthiopien in den Kopf setzte, die proletarische Diktatur unter tropischen Bedingungen auszuprobieren, oder wenn Bruderparteien in westlichen Metropolen in pekuniäre Schwierigkeiten gerieten
waren, dann durfte man ihnen die «internationalistische Hilfe» nicht
verweigern. Für die SED bedeutete dies vor allem, die künstliche Beat-
mung der DKP und ihrer Infrastruktur zu gewährleisten. Indessen war
die DDR ökonomisch immer mehr auf die Finanzspritzen des von der
DKP bekämpften westdeutschen Kapitalismus angewiesen, und das
Ausmaß ihrer Verschuldung ließ den Intimfeind zum zweitwichtigsten
Wirtschaftspartner werden. Diese Abhängigkeit ließ die unaufhörlichen
Klassenkampfparolen mit jedem Jahr hohler klingen.

Nach dem Eklat um Biermann handelte die Partei geschickter als zuvor. Gegenüber der noch in den Anfängen befindlichen Opposition praktizierte man offene Repression, inklusive Haftstrafe mit vorzeitiger Entlassung in Form von Abschiebung in den Westen. Die Kulturschaffenden behandelte man gemäß einem als «Relativierung» bezeichneten Verfahren vorsichtig: Neu war die Möglichkeit der skandalfreien Ausreise in die Bundesrepublik, fallweise sogar unter Beibehaltung der DDR-Staatsbürgerschaft. In Ausnahmefällen wurde den Verbannten ein Kurzaufenthalt in ihrer früheren Heimat erlaubt. Auf höherer Ebene lag der Kompromiss der Regierung mit der evangelischen Kirche vom März 1978. Ohne an der offenen und geheimen staatlichen Kontrolle zu rütteln, räumte man den Gottesdienern und ihren Institutionen mehr Autonomie in ihrer seelsorgerischen und sozialen Tätigkeit sowie eine in Teilen eigenständige Handhabung ihrer Westkontakte ein. Einige Jahre später erwies sich dieses halbherzige Zugeständnis als Bumerang: Infolge der spürbaren Schwächung des Systems begaben sich oppositionelle Strömungen zuhauf unter die Fittiche der evangelischen Kirche – kein Wunder in einem Land, zu dessen erfolgreichstem politischen Erbe die Reformation Martin Luthers gehörte.

Kernstück der als Krisenprophylaxe gedachten Strategie der Machthaber blieb jedoch die Doktrin von der «Einheit der Wirtschafts- und Sozialpolitik», durch die der Arbeiter-und-Bauern-Staat Konflikten mit Arbeitern und Bauern um jeden Preis vorbeugen wollte. Dabei rieb sich diese schubweise praktizierte, meist konzeptionslose Distribution – wahlweise Lohnerhöhungen, Verlängerungen der Urlaubszeit oder die Einführung eines 13. Monatsgehalts für einzelne Kategorien der Werktätigen zum Anlass einer Parteitagseröffnung – nicht nur an Binsenwahrheiten wie «wir können nur das verteilen, was wir produziert haben», sondern auch an direkten Planvorgaben. In der gesamten Zeit nach Ulbrichts Demission sank die Akkumulationsrate der DDR-Produktion, damit aber auch ihre Leistungsfähigkeit und letzten Endes der für Sozialausgaben noch verfügbare Teil des Nationaleinkommens. Dieser konnte nur über neue Anleihen aufgestockt werden. Allerdings wurde der DM-Hahn mit dem auf den polnischen Ausnahmezustand erfolgten Kreditboykott 1982 zugedreht, was neben Polen, Ungarn und Rumänien auch die DDR an den Rand der Zahlungsunfähigkeit brachte. Erst der vom bayerischen Ministerpräsidenten Franz Josef Strauß 1983 vermittelte Milliardenkredit konnte Ostberlin aus der Patsche helfen – als Gegenleistung waren die Selbstschussanlagen an der deutsch-deutschen Grenze entfernt und eine etwas freundlichere Behandlung der Besucher aus dem Westen in Aussicht gestellt worden. Diese Rettungsaktion, letztlich nur ein Strohhalm für den ertrinkenden Staat, war nicht zuletzt den Bemühungen des hohen Wirtschaftsapparatschiks Alexander Schalck-Golodkowski zu verdanken.

Das Wirken dieses Mannes in der untergehenden DDR erinnert in manchem an die Rolle des russischen Mönchs Grigorij Rasputin am Zarenhof. Dieser galt im engsten Kreis der Romanow-Herrscherdynastie als Wunderheiler per Handauflegen und übte über den Kopf von Regierung und Staatsduma hinweg einen nachhaltigen Einfluss auf die Politik aus. Schalcks Handauflegen bestand aus einer Reihe topgeheimer Transaktionen, die er am Außenhandelsministerium vorbei durchführte. Er handelte mit allem – mit politischen Gefangenen, Kunstwerken, Nazireliquien bis hin zu Panzern – und erwirtschaftete für seinen Zuständigkeitsbereich «Kommerzielle Koordinierung» rund 50 Milliarden DM, von denen zwei Milliarden auf dem «Generalsekretärskonto 627» standen, ein Betrag, über den Erich Honecker allein disponierte. Der Staatschef griff zum Scheckheft, wenn er zum Beispiel seiner Solidarität mit den Sandinisten in Nicaragua Nachdruck verleihen wollte oder wenn er anlässlich des Weihnachtsfestes wenigstens in Berlin die Versorgungsengpässe mit Südfrüchten zu lindern suchte. Auf der Suche nach immer neuen Quellen zum Stopfen der gähnenden Haushaltslöcher knüpfte der Geheimemissär von der Spree informelle Kontakte zu den Machthabern an Rhein und Isar – der in die Kunst der Konspiration eingeweihte Offizier des MfS machte einen sorgfältigen Bogen um die Große Sowjetunion. Trotzdem konnte der Wunderheiler Schalck-Golodkowski durch seine merkantilen Talente die Agonie der DDR allenfalls verlängern, da jedes produktive Wirtschaften inzwischen zunehmend durch parasitäre «Erwirtschaftung» ersetzt worden war.

Eine spektakuläre Form der Abschöpfung, in diesem Fall der Devisen von Millionen Westbesuchern sowie der eigenen Bevölkerung, stellte das ausgedehnte Intershopnetz mit mehreren 100 Läden dar. Hier roch es nach Kaffee, Tee, Tabak, Schokolade und Parfum. Das Angebot, zu dem auch Spirituosen, Spielzeug, Jeans, Fernseher und anderes gehörte, bestand teilweise aus westlich etikettierten Produkten made in GDR, zeichnete sich jedoch durch ein im westlichen Vergleich niedriges Preisniveau aus. Wer sich nach mehr sehnte und großzügige Verwandte im Westen hatte, nahm den Geschenkdienst der staatlichen Firma Genex in Anspruch, der praktisch jeden Käuferwunsch erfüllen konnte – inklusive der heiß begehrten Autos, die man sonst nur nach jahrelangem Warten erwerben konnte. Die massive Präsenz der kapitalistischen Warenwelt, ergänzt um die Fernsehwerbung, ließ eine materielle Differenzierung innerhalb der Bevölkerung sichtbar werden, die in krassem Widerspruch zur rigiden kommunistischen Gleichheitsmoral der früheren Jahrzehnte stand. Wie der Volkswitz kommentierte: *Wer galt unter Ulbricht als asozial? Wer über Westwährung verfügte. Und wer ist asozial unter Honecker? Wer keine Westwährung besitzt.*

Zwar erreichte das System der DDR mit seiner Annäherung an den Westen keine Stabilisierung seiner ökonomischen und damit innenpolitischen Lage, löste dafür aber den Argwohn des Großen Bruders aus. Sowjetische Staatsraison brachte die DDR allein im Jahre 1984 zweimal in eine sehr peinliche Situation: Zuerst wurde die Regierung gezwungen, sich am Boykott der Olympischen Spiele in Los Angeles zu beteiligen, was für die Sportsupermacht DDR einen enormen Prestigeverlust mit sich brachte. Und dann verhinderte der Kreml im August die seit 1981 geplante Visite des Partei- und Staatschefs Honecker in die Bundesrepublik. Bei den Verhandlungen der aus Politbüromitgliedern bestehenden Delegationen über dieses Thema sprach Moskau mit seinem treuesten Verbündeten in ebendem ätzenden Ton, der gegenüber den jeweiligen Ketzern des Kommunismus üblich war. Die Sowjets bewerteten in Anbetracht der gespannten Weltlage die von ihnen zuvor akzeptierte Besuchsreise plötzlich als einen illoyalen Schritt und verlangten, von diesem Vorhaben Abstand zu nehmen.

Es ist anzuerkennen, dass es der ostdeutschen Seite in dieser von vornherein verlorenen Schlacht noch gelang, ihre Würde zu wahren. Generalsekretär Erich Honecker, Chefideologe Kurt Hager, MfS-Chef Erich Mielke hörten sich die erpresserischen Anschuldigungen der Kremlführer an, namentlich des Generalsekretärs Konstantin Tschernenko, des Verteidigungsministers Dmitrij Ustinow, des KGB-Vorsitzenden Wiktor Tschebrikow und des tatsächlichen Parteichefs Michail Gorbatschow (Tschernenko war bereits todkrank), und wiesen diese höflich zurück. Der SED-Chef konterte: *Was die zwischen uns behandelten Fragen be-*

trifft, so denke ich, dass wir zu Schlussfolgerungen kommen können, dass es Sache der SED ist, über die Frage des Besuches in der BRD zu entscheiden. Erst als die Sowjets mit Anspielungen auf das verräterische Polen kamen, überschlug sich Honeckers Stimme in ein beleidigtes Falsett: *Liebe Genossen! Im Namen unseres ganzen Politbüros und unseres Zentralkomitees bitte ich, keine Vergleiche zwischen Polen und uns anzustellen. Alle, wie wir hier sitzen, haben dafür gekämpft, dass die Konterrevolution in Polen nicht durchkommt. Wir wissen Bescheid in Polen. Mehr als eine Milliarde Valuta an materieller und finanzieller Unterstützung hat allein die DDR für Polen gegeben. Ich möchte auch an die Kinderaktionen erinnern, die von großer politischer Wirksamkeit waren und noch sind. Und schließlich sollten wir auch nicht den materiellen Schaden vergessen, der uns aus der Lage in Polen entstanden ist. Das sind nicht weniger als vier Milliarden Mark. Als die konterrevolutionäre Entwicklung 1980 ausbrach, kam es uns darauf an, alles zu tun, dass die DDR fest steht, und das ist uns gelungen. Wir haben es nicht mit einem Sender «Freies Europa», sondern mit 35 Sendern zu tun, die stündlich auf unsere Bevölkerung einhämmern. Wir gehen davon aus, die DDR ist stabil.* Noch am selben Tag flog die geschlagene Truppe nach Ostberlin zurück, in den Medien fand die übliche Propagandakampagne gegen die Bonner Revanchisten statt, und am 3. September wurde die Staatsreise abgesagt.

Spätestens zu diesem Zeitpunkt musste der SED-Führung klar sein, dass jede halbwegs eigenständige ostdeutsche Initiative reine Illusion bleiben musste, solange das höchste Gremium der KPdSU in der gegebenen Zusammensetzung existierte. Ohne an eine Reform des sowjetischen Systems zu glauben, waren sie direkt an einer pragmatischen Moskauer Politik interessiert, die sie von dem verzweifelten Dilemma befreite, treue Genossen bleiben zu wollen und gleichzeitig jener anderen Abhängigkeit entsprechen zu müssen, von der sie sich das Lebenselixier für ihre dahinsiechende Ökonomie erhofften. Als dieses Dilemma kaum ein Jahr später durch Gorbatschows «Neues Denken» aufgelöst wurde, war es für Ostberlins eingeschüchterte Herren bereits zu spät.

Ein für den engsten Führungskreis bestimmter Bericht der Zentralen Auswertungs- und Informationsgruppe des Ministeriums für Staatssicherheit vom 1. Juni 1989 schildert die in der Republik tätigen «feindlichnegativen Kräfte» wie folgt: *Gegenwärtig bestehen in der DDR ca. 160 derartige Zusammenschlüsse. Unter diesen befindet sich eine größere Anzahl, von der kontinuierlich bzw. anlassbezogen feindlich-negative bzw. anderweitige, gegen die sozialistische Staats- und Gesellschaftsordnung gerichtete Handlungen ausgehen. Sie gliedern sich in knapp 150 sogen. kirchliche Basisgruppen, die sich selbst, ausgehend von dem demagogisch vorgegebenen «Ziel» und «Inhalt» ihrer Tätigkeit bzw. ihrer personellen Zusammensetzung, bezeichnen als «Friedenskreise» (35), «Ökologiegruppen» (39), gemischte «Friedens- und Umweltgruppen» (23), «Frauengruppen» (7), «Ärztekreise» (3), «Menschenrechtsgruppen» (10) (...). Darüber hinaus existieren über 10 personelle Zusammenschlüsse mit spezifisch koordinierenden Funktionen und Aufgabenstellung wie der «Fortsetzungsausschuss – Konkret für den Frieden», der «Arbeitskreis Solidarische Kirche» (in 12 Regionalgruppen), die «Kirche von Unten» (in 4 Regionalgruppen), das «Grün-Ökologische Netzwerk Arche», die «Initiative Frieden und Menschenrechte» und der «Freundeskreis Wehrdiensttotalverweigerer» (...). Das Gesamtpotential dieser Zusammenschlüsse (...) beträgt insgesamt ca. 2500 Personen. (...) Etwa 600 Personen sind den Führungsgremien zuzuordnen, während den sogen. harten Kern eine relativ kleine Zahl fanatischer, von sogen. Sendungsbewusstsein, persönlichem Geltungsdrang und politischer Profilierungssucht getriebener, vielfach unbelehrbarer Feinde des Sozialismus bildet. (...) Sie sind die maßgeblichen Inspiratoren/Organisatoren politischer Untergrundtätigkeit und bestimmen mit ihren Verbindungen im Inland, in das westliche Ausland und zu antisozialistischen Kräften in anderen sozialistischen Staaten die konkreten Inhalte der Feindtätigkeit personeller Zusammenschlüsse und deren überregionalen Aktionsradius.*

Diese Beschreibung der politischen Opposition ist zu stark durch die Begrifflichkeit und die Sprache der Stasi geprägt, um Motive und Strukturen der Gruppen von Andersdenkenden realitätsgetreu wiedergeben zu können. Die häufigen Anführungsstriche und wiederholten «sogen.» suggerieren die Vorstellung, dass sowohl die Bezeichnungen als auch die vorgegebenen Motive der einzelnen Organisationen nur eine Tarnfunktion hätten, denn es handle sich eigentlich um Agenturen, die im Auftrag des äußeren Feindes bewusst die Gesellschaftsordnung beschädigen wollten und zu diesem Zweck ihre Tätigkeit fortsetzten. In der Tat hatten sich die meisten der in dem Bericht genannten Gruppen und Zirkel im Rahmen der legalen evangelischen Kirche praktisch halblegal organisiert und waren von den Behörden systematisch in die Illegalität gezwungen worden. Ihre Tätigkeit richtete sich darauf, für Themen wie Frieden, Ökologie, Glaubensfreiheit oder Menschenrechte einen öffentlichen Raum zu schaffen bzw. die Einengung ihrer Aktivitäten durch die Staatsgewalt zu verhindern. Selbst die 1985 um Gerd Poppe, Bärbel Bohley, Werner Fischer, Ralf Hirsch, Reinhard Weißhuhn, Ulrike Poppe und Wolfgang Templin entstandene *Initiative Frieden und Menschenrechte*, die am ehesten mit dem osteuropäischen Dissens geistig verwandt und strukturell verbunden war, verfolgte keine umstürzlerischen Ambitionen, obwohl ihre wichtigsten Vertreter kein Hehl daraus machten, dass die polnischen und ungarischen Reformprozesse sie inspiriert hatten.

Die aufkeimende Bürgerbewegung war ein genuines DDR-Phänomen, vielleicht ein verspätetes Beispiel freiwilliger Identifizierung von sozial relevanten Gruppen mit diesem Land als Gemeinwesen, teilweise sogar mit einigen Elementen des realsozialistischen Selbstverständnisses – hier zu nennen vor allem die antifaschistische Tradition. Das Zeitgefühl der Beteiligten ging davon aus, dass der Demokratisierungsprozess, was auch immer man darunter verstand, lange dauern würde und, wenn überhaupt, im Fahrwasser der Perestrojka und unter westlichem Druck vollzogen würde. Die illegalen Publikationen – «Grenzfall», «Ostkreuz», «Umweltblätter», «Glasnost», «Art. 27» – zeugen von einem relativ ruhigen Diskurs sowohl über aktuelle Fragen, wie zum Beispiel über Repressalien gegen Menschenrechtler (auch der Nachbarstaaten), als auch über eher theoretische Probleme (das Verhältnis zu Glasnost in der UdSSR, die Sprache der offiziellen Propaganda etc.).

Die angekündigten Veranstaltungen lassen auf ein gewachsenes Milieu und eine gewisse Normalität schließen. Das Programmangebot der «Umweltblätter» vom Herbst 1987 sah folgendermaßen aus: *19.9. Akademie Worbis: Zwischen Anpassung und Verweigerung – Lebensmuster heute. 26.9. Magdeburg: Homosexuelle 1987 – Fortgesetzte Versuche zur Verständigung. 26.10. Merseburg: Demokratie – Herrschaft des Volkes – Demokratiebegriff. 10.9. Berlin-Buch: Pässe, Parolen. Stefan Krawczyk und Freya Klier.* Die Atmosphäre der durchschnittlich von 150–200 Personen besuchten Veranstaltungen wird in einer fast biederen Berichterstattung festgehalten: *Es ist voll. Voll gestopft. Von irgendwo Musik. Hindurchdrängeln. Menschen, Menschen, Menschen und Tabakqualm, von Zigaretten zumeist (ihr kennt die Sorte). Alles redet und trinkt. Warum aber dies in der Umweltgalerie der Umweltbibliothek? Was hat das mit Umwelt zu tun? Ist bei diesem Publikum eine wie immer geartete Umwelt von Interesse? (...) Warum haben es eine Umweltbibliothek, Galerie und deren Mitarbeiter noch immer nicht geschafft, Rauchverbot in ihren Räumen auszusprechen? Haben sie Angst, Publikum zu verlieren? Wird auch hier bereits nach der Masse gerechnet?*

Im November 1987 stürmten MfS-Mitarbeiter die Umweltbibliothek, sieben Anwesende wurden festgenommen, Drucksachen und Technik konfisziert. Aufgrund der überraschend massiven Protestaktionen – Gebete und Mahnwachen in und vor der Zionskirche – sowie der Empörung der bundesdeutschen Öffentlichkeit machte die Parteiführung einen schnellen Rückzieher und ließ alle Verhafteten frei. Offensichtlich brauchte man Revanche für diese erlittene Prestigeeinbuße, als man im Januar 1988 120 Personen festnahm, unter ihnen führende Gestalten der Opposition: Bärbel Bohley, Wolfgang und Regina Templin, Vera Wollenberger, Ralf Hirsch, Werner Fischer sowie das Künstlerehepaar Krawczyk/Klier. Anlass bot das offizielle Gedenken an den 80. Jahrestag der Ermordung von Karl Liebknecht und Rosa Luxemburg durch Freikorpssoldaten. Eine kleine Gruppe von Ausreisewilligen trug dort ein Transparent mit dem berühmten Satz der Revolutionärin: «Freiheit ist auch immer Freiheit der Andersdenkenden.» Das geflügelte Wort der «roten Rosa» entstammt ihrer 1918 geschriebenen *Kritik der russischen Revolution*, deren Veröffentlichung in der DDR bis 1976 auf sich warten lassen musste. Dieses Glaubensbekenntnis zum politischen Pluralismus wurde während des genannten Kölner Konzerts von Wolf Biermann melodramatisch verlesen.

Besonders in Kenntnis der tatsächlichen Bankrottsituation des Regimes, deren Ausmaß vor der westlichen und erst recht vor der eigenen Öffentlichkeit verheimlicht wurde, fällt die panisch-hysterische Haltung auf, mit der die Staatsführung diesen von ihr selbst ausgelösten Konflikt zu behandeln suchte. Das «Neue Deutschland» und seine Satellitenblätter spien Gift und Galle und behaupteten landesverräterische Beziehungen der Verhafteten, gegen die noch nicht einmal ein Verfahren eingeleitet worden war. PEN-Präsident Heinz Kamnitzer sah im Gebrauch des Luxemburgzitats ein «Sakrileg», und es gab jede Menge empörte Leserbriefe der «einfachen Werktätigen», ganz im Stil der Blütezeit. Man schoss mit Kanonen auf Spatzen, gerade so, als wäre eine DDR-Solidarność am Horizont erstanden oder als habe jemand die Machtfrage gestellt. Währenddessen erfasste der landesweite Protest auch Kirchenkreise, die bisher neutral das Dissidententreiben beobachtet hatten. Dieser deutliche Stimmungsumschwung sowie das ungünstige internationale Echo veranlassten das Politbüro, die Affäre möglichst schnell zu beenden. Während die in ihren Gefängniszellen isolierten Oppositionellen mit absurden Anklagen konfrontiert und gleichzeitig zur Ausreise ermuntert wurden, schmiedete man eine «Koalition der Vernunft», in der Pfarrer, Stasiagenten, Pflichtverteidiger und sogar profilierungssüchtige bundesdeutsche Politiker gemeinsam nach einer akzeptablen «Lösung» suchten. Die teilweise mit Stipendien versüßten befristeten Ausweisungen mit Zielen wie Cambridge, London, Dortmund und Westberlin hatten zum Ziel, die Bürgerbewegung zu enthaupten, diskreditierten jedoch durch ihre Operettenhaftigkeit die enervierte Staatsmacht. Hatte Herbert Marcuse für westliche Herrschende den Begriff «repressive Toleranz» geprägt, so übten die Spitzenkader der SED eine Art «depressiver Intoleranz» aus – zunächst gegenüber einem kleinen Kreis der Opposition, später auch gegenüber dem größten Teil der immer unzufriedener werdenden Bevölkerung.

Ein beredtes Beispiel dafür, wie wild und sinnlos die Parteispitze kurz vor dem Systemkollaps um sich schlug, war das berüchtigte Kassieren der deutschen Ausgabe des sowjetischen Digestjournals *Sputnik* – wegen kritisch-historischer Texte nicht zuletzt über das Schicksal deutscher Kommunisten zu Stalins Zeiten. Durch diese Maßnahme wurde die ansonsten kaum gelesene Propagandazeitschrift zum Geheimtipp und garantierte einen guten Erlös für jedes womöglich über Westberlin eingeschmuggelte Exemplar. Offensichtlich aber wollte man mit diesem Schritt lediglich ein Zeichen setzen. Als Chefideologe Kurt Hager, Urheber dieses DDR-Verbots für verspätetes Moskauer Freidenken, nach einer Stellungnahme zu Perestrojka und Glasnost gefragt wurde, begegnete er den insistierenden Redakteuren des westdeutschen Magazins «Stern» mit der berühmt gewordenen Gegenfrage: *Würden Sie, wenn Ihr Nachbar seine Wohnung neu tapeziert, sich verpflichtet fühlen, Ihre Wohnung ebenfalls neu zu tapezieren?* Gerechtigkeitshalber sei bemerkt, dass hinter diesen irritierenden Worten begründete Einwände der SED-

Führer gegenüber den Sowjets standen, die ihren Verbündeten in der Vergangenheit jeden taktischen Winkelzug zur Nachahmung aufgezwungen hatten. Allerdings hätte Hager genau wissen müssen, dass es bei seiner «Wohnung» zu dieser Zeit um etwas mehr als ums Tapezieren ging. Der historischen Baufälligkeit konnte man nicht mehr begegnen, indem man etwa Tengis Abuladses herrschaftskritisches Kinodrama *Die Reue* ignorierte. Dieses lief ohnehin im Westfernsehen und war damit nicht ganz aus der Welt zu schaffen. Wie ein damals oft zitiertes ostdeutsches Bonmot behauptete: *Es wäre höchste Zeit, auch bei uns Reue zu zeigen.*

Die Feiern zum Andenken Liebknechts und Luxemburgs verliefen in Leipzig weniger turbulent als in Berlin. Zwar versuchte eine Gruppe von 150–200 Personen, am 15. Januar 1989 eine parallele Veranstaltung abzuhalten, wurde jedoch bald aufgelöst, und im Übrigen, so beruhigte Horst Schumann, Erster Sekretär des Stadtkomitees der SED, in einem Fernschreiben seinen obersten Vorgesetzten, *war all das kaum öffentlichkeitswirksam, da an diesem Sonntag auch im Zusammenhang mit dem Wetter eine große Personenbewegung in der Innenstadt vorhanden war.* Zwei Monate später, nach einem Friedensgebet in der Nikolaikirche während der Leipziger Buchmesse, *rotteten sich ca. 300 Personen, mehrheitlich Antragsteller auf ständige Ausreise (...) zusammen.* Diese waren bei aller Beschönigung kaum mehr mit gewöhnlichen Passanten zu verwechseln, denn sie empfingen die sie zahlenmäßig weit *übertreffenden 850 Angehörigen der Schutz- und Sicherheitsorgane sowie gesellschaftlichen Kräfte mit verleumderischen Rufen wie «Stasi raus», «Stasischweine»* sowie *«Freiheit – Menschenrechte».* Die «Öffentlichkeitswirksamkeit» gewährleisteten diesmal die zur Messe akkreditierten Journalisten und Kcamerateams.

Die Antragsteller, zu dieser Zeit weit mehr als 100 000, von den Dissidenten, die für das Dableiben optierten, immer argwöhnisch beäugt, schlugen nun als Erste radikalere Töne an. Dies entsprang einerseits einer taktischen Erwägung: Wenn sie für das Regime unbequem wurden, so würde womöglich der Bearbeitungsverlauf ihrer Anträge beschleunigt. Andererseits demonstrierte dieses neuerdings selbstbewusste, herausfordernde Auftreten «das Ende der Feigheit», um es mit den Worten des Schriftstellers Jürgen Fuchs zu sagen – den Abschied von jener Phantomangst, die als Erbe der Fünfziger- und Sechzigerjahre die Seelen immer noch beherrschte und die Diktatur in den Augen der Bevölkerung viel mächtiger erscheinen ließ, als sie tatsächlich war. In dem Aufbegehren der Bürger mischten sich Mut, Unzufriedenheit und ängstliche Zurückhaltung.

Die Idee, den Verlauf der für den 7. Mai ausgeschriebenen Kommunalwahlen zu kontrollieren, kam aus den legalistischen Kreisen um die evangelische Kirche, während andere Gruppen am liebsten zum Boykott der üblichen Schmierenkomödie aufgerufen hätten. Unabhängig von dem Entlarvungsvorhaben der Opposition hegte Honeckers Kronprinz Egon Krenz, oberster Zuständiger für den ordnungsgemäßen Verlauf, ernsthafte Befürchtungen: Bei den Wahlversammlungen auf kommunaler Ebene konnte es aufgrund der Ausreisewelle brenzlig werden, und die Frustration der Bürger konnte sich auch im Abstimmungsergebnis niederschlagen. Ein Rückgang der Wahlbeteiligung wie in Polen – 78 Prozent im Oktober 1985, 56 Prozent im April 1988 – wäre für die SED einer vernichtenden Niederlage gleichgekommen, und das bei einem Wettlauf ohne Rivalen. Erst nach der Schließung der Wahllokale zeigte sich Krenz erleichtert über das gewöhnliche triumphale Ergebnis, wie es zu den eindrucksvollen, fetten Schlagzeilen des Parteiorgans nicht besser passen konnte: 98,85 Ja-Stimmen bei einer Beteiligung von 98,78 Prozent – *ein Zeichen der Stabilität.*

Die zivilen Kontrolleure sahen das anders. Ihre Tätigkeit an diesem Tag, die recht wenig mit der professionellen und genehmigten Wahlbeobachtung zu tun hatte, beruhte teilweise auf optischen Eindrücken und Informationen aus zweiter Hand. Möglicherweise war ihre Schlussfolgerung, die Beteiligung habe zwischen 70 und 85 Prozent gelegen, wobei 7–8 Prozent der Beteiligten entgegen der offiziellen Version mit Nein gestimmt hätten, nicht einmal weit entfernt von der Realität. Allerdings lässt sich im Nachhinein die Zweckmäßigkeit ihrer Aktion, die für viele von ihnen die Unannehmlichkeiten einer «Zuführung», das heißt eines Verhörs, mit sich brachte, infrage stellen. Die Wahlfälschung als Beleg dafür, dass der kommunistischen Oligarchie jedes Mittel inklusive des Betrugs recht war, um ihre Macht zu erhalten, war im Mai 1989 völlig obsolet, zumal Manipulation, Stimmenkauf, Wahlzetteldiebstahl und Urnenverbrennung auch in waschechten Demokratien vorkommen.

Gleichzeitig steckte hinter der beabsichtigten Entlarvung logischerweise die abstruse Suggestion, ohne diese massiven, direkten Politschweinereien sei das Wahlverfahren an sich schon in Ordnung.

Zum Zeitpunkt des letzten ostdeutschen Urnengangs unter einem Einparteiensystem, die Kulissenparteien der Volkskammer nicht gerechnet, war bereits eine andere, immer massiver werdende Abstimmung voll im Gange – die Abstimmung mit den Füßen. Die Fluchtbewegung suchte sich sowohl legale als auch illegale Wege. Die Hälfte der zwischen August 1961 und Dezember 1989 eingereichten Ausreiseanträge, mehr als eine halbe Million, fiel in das Jahr 1989, und auch der Straftatbestand «ungesetzliches Verlassen der DDR» kulminierte mit ca. 200 000 Fällen in derselben Zeitspanne. Die Zahl der bearbeiteten Anträge wuchs von Monat zu Monat (Januar: 3741, Oktober: 30 598 Genehmigungen), konnte jedoch mit den illegalen Grenzüberquerungen nicht Schritt halten (Januar: 4627, Oktober: 57 024 Flüchtlinge). Völlig neu bei dem «rechtsfreien» Weg war die Akzentverschiebung von der individuellen Flucht zu den Versuchen, sich gleich in Gruppen von der alten Heimat zu verabschieden, die schließlich zu einer Massenbewegung wurden. Am dramatischsten äußerte sich der Wunsch nach Loslösung vom eigenen Staat in den turbulenten Besetzungen westlicher Botschaften, denen gegenüber sowohl Ostberlin als auch die betroffenen diplomatischen Vertretungen völlig machtlos waren. In den späten Sommermonaten gingen die Ausreisewilligen in Anbetracht der erschöpften Aufnahmekapazitäten der Gesandtschaften zu wildem Camping über, einer streikartigen Verweigerung der Rückkehr, und füllten die eilends errichteten Flüchtlingslager.

Neben der ökonomischen Pleite, der wachsenden Unzufriedenheit in der Bevölkerung und der verstärkten Aktivität der Opposition spielte der Exodus zweifellos eine wichtige Rolle für den moralischen Niedergang der SED-Herrschaft. Um dieses Phänomen zu erklären, war die auf Parteischulungen erlernte gewöhnliche «dialektische» Rabulistik unzureichend. Auch Hinweise auf westliche Verschwörungen halfen nicht, hier musste das Problem eben als Problem wahrgenommen werden. Stasichef Mielke monierte in seinem unnachahmlich plumpen Stil bei einer nicht enden wollenden Dienstbesprechung der Bezirksleiter seiner Firma: *Ein großer Teil derer, die jetzt weggehen, sind große Drecksäcke. Das ist*

*wirklich so. Ich übertreibe vielleicht etwas damit. Aber trotzdem ist ein
Unterschied. Die Anzahl, die da weggeht, das ist empfindlich. (sic!) Auch
wenn es so miese Säcke sind, die da weggehen, bleibt die Tatsache, dass
Arbeitskräfte weggehen.*

Nun begann, erst am 9. September, als die ungarisch-österreichische
Grenze bereits halb geöffnet war, die Suche nach *Hinweisen auf wesentliche motivbildende Faktoren im Zusammenhang mit Anträgen auf
ständige Ausreise nach dem nichtsozialistischen Ausland und dem
ungesetzlichen Verlassen der DDR.* Trotz des im Sowjetbarock formulierten Titels fanden die Auswerter schon einige zutreffende Gründe für
die Migration: *Unzufriedenheit über die Versorgungslage, Verärgerung
über unzureichende Dienstleistungen, Unverständnis für Mängel in der
medizinischen Betreuung, eingeschränkte Reisemöglichkeiten innerhalb
der DDR und nach dem Ausland, unbefriedigende Arbeitsbedingungen
und Diskontinuität im Produktionsablauf, Unzulänglichkeiten bei der
Anwendung des Leistungsprinzips sowie Unzufriedenheit über die Entwicklung der Löhne und Gehälter, Verärgerung über bürokratisches Verhalten von Leitern und Mitarbeitern staatlicher Organe (...) sowie über
Herzlosigkeit im Umgang mit den Bürgern, Unverständnis über die
Medienpolitik.* Hierauf folgt die detaillierte Schilderung des ganzen
Übels.

Dieses redundante Lamento voller «Undinge» wirft trotz seines ein-
drucksvollen Anspruchs auf Vollständigkeit die Frage auf: Was hätte das
Ministerium für Staatssicherheit mit einem Autor angestellt, der die
Minuspunkte des Arbeiter- und Bauernstaates in dieser Akribie für die
Öffentlichkeit aufgezeichnet hätte?

«Motivbildend» für die Fluchtwelle mochten sicherlich die im zitierten Bericht aufgelisteten negativen Erfahrungen sein, aber entscheidend fiel ins Gewicht, dass die Flüchtlinge, die einen vom MfS statistisch
präzise registrierten Querschnitt der DDR-Bevölkerung darstellten,
keine Hoffnung mehr auf Besserung dieser unsäglichen Zustände hatten. Noch weniger rechneten sie damit, in den Gesundungsprozess ihrer
Gesellschaft einbezogen zu werden. Als sie die Grenze bei Hegyeshalom,
Cheb oder Treffurt hinter sich ließen, konnten sie kaum daran zweifeln,
dass das sozialistische Vaterland sie längst abgeschrieben hatte. Die
Stimmung konnte man vom Bildschirm ablesen – alte Leute schauten
resigniert, jüngere eher hoffnungsvoll. In Passau angekommen, beugten

sie sich aus dem Zugfenster mit der Bierflasche in der Hand, zeigten ein zuversichtliches V-Zeichen und beantworteten die Frage der Reporter, wie es ihnen gehe, volltönend mit: «Alles okay.»

In gewissem Sinne kann man behaupten, dass die Ausreisewilligen durchaus zu Hause blieben: Sie stellten das größte innenpolitische Problem der DDR seit der Fluchtwelle der späten Fünfziger- und frühen Sechzigerjahre dar. Als die Belagerung der Auslandsvertretungen in Prag, Warschau und Budapest unerträglich wurde, das internationale Ansehen des Landes den Tiefpunkt erreicht hatte und das Politbüro sich entschloss, den Schlagbaum zu hissen, musste den im Lande gebliebenen Getreuen und denen, die geduldig auf ihr Visum warteten, erklärt werden, wieso diese als humanitäre Geste dargebotene Maßnahme ausgerechnet die «Illegalen» begünstigte. Die entsprechende Mitteilung von Wolfgang Meyer, Pressesprecher im Außenministerium, wurde von einem anonymen Kommentar ergänzt, dessen markanteste Sätze angeblich von Erich Honecker stammten:

Nun werden einige Bürger an uns mit Recht die Frage stellen, warum wir diese Leute über die DDR in die BRD ausreisen lassen, obwohl sie grob die Gesetze der DDR verletzten. Die Regierung der DDR ließ sich davon leiten, dass jene Menschen bei Rückkehr in die DDR, selbst wenn das möglich gewesen wäre, keinen Platz mehr im gesellschaftlichen Prozess gefunden hätten. Sie haben sich selbst von ihren Arbeitsplätzen und von den Menschen getrennt, mit denen sie bisher zusammen lebten und arbeiteten. (...) Hinzu kommt, dass sich nach bisherigen Feststellungen unter diesen Leuten auch Asoziale befinden, die kein Verhältnis zur Arbeit und auch nicht zu normalen Wohnbedingungen haben. Sie alle haben durch ihr Verhalten die moralischen Werte mit Füßen getreten und sich selbst aus unserer Gesellschaft ausgegrenzt. Man sollte ihnen deshalb keine Träne nachweinen.

Hier tritt der Staat in der Rolle des beleidigten Vaters auf, der seine ungezogenen Kinder verstoßen hat und ihnen die Rückkehr in das elterliche Haus verweigert. Wie die Enterbung im Einzelnen aussehen sollte, erfuhren die Zeitungsleser bald aus einer in Petit gesetzten Nachricht: *Wohnungen ehemaliger DDR-Bürger werden umgehend neu vergeben. Den örtlichen Organen wird anheimgestellt, frei gewordene Wohnungen umgehend an neue Mieter, die daran Interesse haben, zu übergeben.* Besonders angesichts der Berliner Wohnungsnot konnte diese «soziale Maßnahme» auf vielfache Zustimmung stoßen.

Verfügte aber die Führung der DDR über Möglichkeiten, die Abwanderung ihrer Bürger aufzuhalten? Zu diesem Zeitpunkt gewiss nicht mehr. Angesichts der relativ lockeren Reisemöglichkeiten in die noch als sozialistisch firmierenden Nachbarstaaten Polen, Ungarn und ČSSR hätten die Politiker in Pankow bereits Anfang 1987 über ein liberales Reisegesetz nachdenken und wegen des speziellen deutsch-deutschen Aspekts Verhandlungen mit Bonn aufnehmen müssen. Dringend wurde die Sache im Januar 1988, als Ungarn den sogenannten Weltpass für seine Bürger einführte. Nun stellte sich folgerichtig die Frage, ob die Demarkationslinie zwischen Ungarn und Österreich noch im Sinne der Doktrin des Warschauer Vertrags zu der gemeinsamen Grenze des sozialistischen Lagers gehörte. Beantwortete man diese Frage positiv, dann galt auch das Geheimabkommen von 1969 zwischen dem Ungarischen Innenministerium und dem MfS, dem zufolge ostdeutsche Bürger, die etwa bei Hegyeshalom die Grenze überquerten, von den Ungarn festzunehmen und den Behörden der DDR auszuliefern waren. Dieses barbarische Verfahren praktizierte der ungarische Grenzschutz, wie erwähnt, noch 1988.

Im Januar 1989 jedoch schloss sich die Donaurepublik der Internationalen Flüchtlingskonvention an, die den Mitgliedstaaten ausdrücklich untersagt, Menschen, die aus politischen Gründen um Asyl bitten, an Länder auszuliefern, in denen sie möglicherweise bestraft werden können. Am 27. Juni zerschnitten die Außenminister Ungarns und Österreichs, Gyula Horn und Alois Mock, den Eisernen Vorhang – damals bereits ein rein symbolischer Akt, dessen Medienwirksamkeit jedoch bei der SED-Führung alle Glocken auf Sturm hätte stellen müssen. Doch auch in diesem Fall erwiesen sich die Funktionäre als instinktlos, was sie in Bezug auf die Bedürfnisse ihrer Bürger ohnehin waren: Ein DDR-Tourist durfte bei der Staatsbank jährlich 2054 Forint für Reisezwecke erwerben, was nominell ungefähr 500 DDR-Mark entsprach. Gleichzeitig hatte die ungarische Währung bereits ihre Talfahrt begonnen. Das erhöhte die sozialen Spannungen in Budapest und erst recht am Balaton, weil die Leute schlicht viel zu wenig Geld zur Verfügung hatten. Hinzu kamen im Sommer 1989 die Gerüchte über ein bevorstehendes Reiseverbot für DDR-Bürger nach Ungarn. Dementis erwiesen sich, wie immer im Osten, als kontraproduktiv und schürten noch das Misstrauen gegenüber den offiziellen Stellen. Dieses war jedoch ebenso chronisch wie die Unfähigkeit der Behörden, den wahren Motiven der Bürger Glauben zu schenken. Selbst Anhänger des Systems konnten nicht umhin, der Diagnose zuzustimmen, die von der am 10. September gegründeten Sammelbewegung *Neues Forum* in ihrem Aufruf gestellt wurde: *In unserem Lande ist die Kommunikation zwischen Staat und Gesellschaft offensichtlich gestört.*

Das Manifest der demokratischen Opposition, initiiert von der Malerin Bärbel Bohley, dem Naturwissenschaftler Jens Reich und dem Juristen Rolf Henrich, war kein Programm, sondern lediglich ein Dokument des Minimalkonsenses für all diejenigen, die einen Aufbruch von einem absolut toten Punkt befürworteten. Aufgefordert zum Dialog waren alle – SED-Mitglieder, Parteilose, kritische Intellektuelle und Dissidenten. Demgemäß artikulierten sich die Wünsche: *Auf der einen Seite wünschen wir uns eine Erweiterung des Warenangebots und bessere Versorgung, andererseits sehen wir dessen soziale und ökologische Kosten und plädieren für die Abkehr von ungehemmtem Wachstum. Wir wollen Spielraum für wirtschaftliche Initiative, aber keine Entartung in eine Ellenbogengesellschaft. Wir wollen das Bewährte erhalten und doch Platz für Erneuerung schaffen, um sparsamer und weniger naturfeindlich zu leben. Wir wollen geordnete Verhältnisse, aber keine Bevormundung. Wir wollen freie, selbstbewusste Menschen, die doch gemeinschaftsbewusst handeln. Wir wollen vor Gewalt geschützt sein und dabei nicht einen Staat von Bütteln und Spitzeln ertragen müssen. Faulpelze und Maulhelden sollen aus ihren Druckposten vertrieben werden, aber wir wollen dabei keine Nachteile für sozial Schwache und Wehrlose. Wir wollen ein wirksames Gesundheitswesen für jeden, aber niemand soll auf Kosten anderer krankfeiern. Wir wollen an Export und Welthandel teilhaben, aber weder zum Schuldner und Diener der führenden Industriestaaten noch zum Ausbeuter und Gläubiger der wirtschaftlich schwachen Länder werden.*

Die vorsichtige Vision eines Dritten Weges mit sozialdemokratischem, grünem und christlichem Akzent war der spezifisch deutsche Beitrag zur Wendeideologie. Die präzise ausgewogenen Leitsätze dienten einerseits dazu, niemanden abzuschrecken, andererseits gaben sie die tief empfundene Intention der Bürgerbewegung wieder, die Veränderungen nicht durch Verschärfung, vielmehr durch Minimalisierung der Konflikte zu erreichen. So forderte das *Neue Forum* weder den Rücktritt der Regierung, noch stellte es die Frage nach der Verantwortung für die krisenhafte Situation. Es war keine umstürzlerische Plattform, aber plausibel genug, um binnen kurzer Zeit zweihunderttausend Unterzeichner auf sich zu vereinen. Nur wenige Menschen mit besser ausgeprägtem Politikverständnis sprach die am 12. September konstituierte Bürgerbewegung *Demokratie jetzt!* an – zu ihr gehörten vor allem ehemalige Dissidenten und kirchennahe Intellektuelle wie Ulrike Poppe, Wolfgang Ullmann, Ludwig Mehlhorn und Konrad Weiß. In ihren *Thesen für eine demokratische Umgestaltung der DDR* übernahmen sie klassische Kriterien der bürgerlichen Demokratie wie *die strikte Trennung von Legislative (Volksvertretungen) und Exekutive (Räte)*. In verklausulierter Form befürworteten sie das Mehrparteiensystem: *Es muss möglich sein, über verschiedene politische Programme und ihre Vertreter zu entscheiden. (...) Die volle Freiheit zur Bildung gesellschaftlicher Vereinigungen muss gewährleistet werden.*

Gleichzeitig enthielt dieses Programm aus heutiger Sicht erstaunliche linksutopische Züge. Den der sowjetischen Perestrojka verwandten Umgestaltungsprozess definierten die Autoren wie folgt: *Wir wollen, dass die sozialistische Revolution, die in der Verstaatlichung stehen geblieben ist, weitergeführt und dadurch zukunftsfähig gemacht wird.* Geradezu verblüffend erscheint ihre Zuversicht, mit der sie den radikalen Wandel der DDR in die gesamtdeutsche Agenda einreihten: *Wir laden die Deutschen in der Bundesrepublik ein, auf eine Umgestaltung ihrer Gesellschaft hinzuwirken, die eine neue Einheit des deutschen Volkes in der Hausgemeinschaft der europäischen Völker ermöglichen könnte. Beide deutschen Staaten sollten um der Einheit willen aufeinander zu reformieren.* Mit diesem recht naiven Appell wurde zum ersten Mal während der Wendezeit das heiße Thema der Wiedervereinigung aufgegriffen.

Den kecken Ton gegenüber der mächtigen Bundesrepublik, die rein finanziell ihren ostdeutschen Partner in die Tasche gesteckt zu haben meinte, konnten sich die Bürgerrechtler deshalb erlauben, weil sie in jenen warmen Herbsttagen ihre eigene Legitimität zu spüren begannen.

Beflügelt von einer Situation, die Hannah Arendt «das republikanische Moment», d. h. die Geburtsstunde der Demokratie nannte, fühlten sie sich als Schöpfer der eigenen Geschichte, in deren Köpfen die Konturen eines zukünftigen Gemeinwesens entstanden. Die Euphorie des möglich gewordenen Handelns paarte sich mit dem allmählichen Herauskommen der Massen aus ihrer Anonymität. Das historische Phänomen vom 25. September 1989 wird in den trockenen Worten des MfS-Berichts erfasst: *Nach Beendigung der Veranstaltung* [des Montagsgebets] *vereinten sich die Teilnehmer mit auf dem Vorplatz* [der Nikolaikirche] *versammelt gewesenen Personen zu einer auf ca. 3500 Personen angewachsenen Menschenansammlung, die sich gegen 18.20, initiiert durch eine ca. 300-köpfige Personengruppe, durch das Stadtzentrum in Leipzig in Richtung Georgring bewegte. Diese Gruppe initiierte außerdem Sprechchöre mit Rufen wie «Freiheit» und den Gesang der Internationale sowie des Liedes «We Shall Overcome».*

Unter den Slogans, welche die Eroberung der Straße begleiteten, dominierte zunächst der Satz «Wir bleiben hier!». Das patriotische Pathos dieser Losung richtete sich ursprünglich gegen die Ausreisewilligen, enthielt jedoch auch die Anmeldung eines Anspruchs. Hatten sich nämlich die Flüchtlinge nach offizieller Darstellung durch ihren Schritt über die Grenze selbst ausgegrenzt, dann musste den Daheimgebliebenen im Sinne dieser Logik aufgrund ihrer Heimattreue besondere Wertschätzung entgegengebracht werden. Diese Fiktion, sich selbst Rechte erworben zu haben, steigerte von Montag zu Montag das neue Bürgerbewusstsein, bis es letztendlich in den weltweit bekannt gewordenen Satz «Wir sind das Volk!» mündete, durch den wiederum der sich als «Volksmacht» gerierenden Herrschaft die Legitimation entzogen wurde.

In dieser immer turbulenter werdenden Konstellation mühte sich die Führung, wenn schon nicht die Deutsche Demokratische Republik, so doch mindestens den 40. Jahrestag ihrer Gründung zu retten. Der unter dem wenig fantasievollen Decknamen *Jubiläum 40* kodierte Aktionsplan der Sicherheitskräfte konstatierte *die außerordentliche Kompliziertheit der politisch-operativen Lage*. Kompliziert war vor allem die Aufgabe, während der bedeutsamen Woche vom 2. bis 8. Oktober in der Hauptstadt des zerrütteten Landes den Schein der Normalität aufrechtzuerhalten. Von langer Hand geplante zentrale Feierlichkeiten wie der Festakt im Palast der Republik, die Parade der Volksarmee oder der Fackelzug der FDJ sollten ebenso gewährleistet werden wie die Sicherheit der 4000 Ehrengäste und der 70 ausländischen Delegationen. All dies durfte weder durch systemfeindliche Zusammenrottungen gestört werden noch durch den besonders gefürchteten Versuch, die Mauer zu durchbrechen. Bei eventuellen Zusammenstößen zwischen Polizei und Demonstranten sollten ausländische Delegierte, unter ihnen der Bulgare Schiwkow und der Rumäne Ceauşescu, nichts mitbekommen, was die Idylle hätte stören können. Am wichtigsten schien jedoch, auf die sowjetische Formation mit Michail Gorbatschow an der Spitze einen guten Eindruck zu machen. Gerade er sollte sich selbst davon überzeugen, dass das Volk der DDR trotz alledem geschlossen hinter der SED-Führung stand.

Doch ein Ausbleiben von Zwischenfällen allein hätte den sowjetischen Chef kaum mehr beeindrucken können. Im fünften Jahr der Perestrojka war die UdSSR bereits Schauplatz von blutigen nationalen Konflikten und heftigen Arbeitskämpfen – zuletzt des Massenstreiks der Bergarbeiter. Demonstrationen gehörten zum Moskauer Alltag. Außerdem wusste die Kremlführung über das Ausmaß der Krise aus den Berichten des Botschafters Wjatscheslaw Kotschemassow sowie aus KGB-Quellen längst Bescheid. Hohe Funktionäre wie Werner Krolikowski hatten zudem jahrelang Zuträgerdienste geleistet. Das Ziel der Visite bestand darin, einen protokollarischen Minimalbeitrag zur Wahrung des Gesichts der Verbündeten zu leisten, gleichzeitig aber sollte die Stimmung im Politbüro der SED in Hinblick auf personelle Veränderungen sondiert werden. Derweil lauerten die Medien auf Gorbatschows Äußerungen und stilisierten eine von ihnen – «Wer zu spät kommt, den bestraft das Leben» – sogar zum legendären Menetekel. In Wirklichkeit dachte er nicht daran, an diesem stürmischen Wochenende jemandem die Leviten zu lesen, geschweige denn Honeckers ohnehin wankende Autorität in Zweifel zu ziehen.

Als Polizei- und Sicherheitskräfte in den Abendstunden des 7. Oktober hysterisch und brutal auf die verzweifelt nach «Gorbi!» rufenden Demonstranten einschlugen und einige hundert von ihnen abtransportierten, taten sie dies auch als Reaktion auf den Frust der letzten Monate, als der Exekutive die Kontrolle immer mehr aus der Hand glitt. Nicht zuletzt waren sie erbost, dass es der Opposition gelungen war,

trotz eines Spaliers von 360 000 «gesellschaftlichen Kräften» einen Protestmarsch auf der Karl-Liebknecht-Straße zustande zu bringen. Was sie
aber, ohne es zu wissen, wirklich verteidigten, war ein emotional gefärb-
tes Gespräch am Rande des Abendempfangs. Egon Krenz teilte Walentin
Falin ungeschminkt seine Enttäuschung über Honeckers soeben gehaltene Festrede mit. Falin war derzeit Leiter der Internationalen Abteilung
des ZK der KPdSU, ein Mann, auf den die sowjetische Nr. 1 in deutschen
Fragen vorbehaltlos hörte. So konnte dieser Anfall von Ehrlichkeit als
Weichenstellung zu baldigen Veränderungen auf dem Marx-Engels-
Platz, Sitz der Volkskammer und der Regierung, gedeutet werden.

Honeckers Kronprinz war erst kurz vor Beginn der Jubiläumsfeierlichkeiten, am 3. Oktober 1989, aus Peking nach Berlin zurückgekehrt. In
der chinesischen Hauptstadt hatte er an einer ähnlichen Zeremonie teilgenommen: Auch die fernöstliche Volksrepublik wurde Anfang Oktober
40 Jahre alt und feierte ihren Gründungstag mit großem Pomp. China
war von den Führern der kleinen osteuropäischen Staaten in den späten
Achtzigerjahren «wiederentdeckt» worden. Infolge des Bruchs zwischen
Chruschtschow und Mao in den Sechzigerjahren hatte die «fernöstliche
Bastei der Weltrevolution» lange als Reich des Bösen gegolten. Nach
Gorbatschows Machtantritt wurde die Aufnahme wirtschaftlicher, diplomatischer und sogar zwischenparteilicher Beziehungen wieder möglich, und die Ostblockpolitiker der älteren Generation hatten nun ein
Erlebnis, das ihnen seit den späten Fünfzigerjahren verwehrt geblieben
war: Begegnungen mit Vertretern eines sozialistischen Staatskolosses,
die sie höflich behandelten und zu nichts zwingen wollten. Mitunter kritisierten sie sogar den Großmachtchauvinismus der UdSSR, was den
Gästen aus Mitteleuropa sicherlich wie Öl hinunterging. 20 Jahre nach
der Kulturrevolution hatte China das damit verbundene Chaos hinter
sich gebracht und eine radikale Wirtschaftsreform vollzogen, ohne dass
an den Grundlagen der Machtstruktur gerüttelt worden wäre. So war
es kein Zufall, dass sowohl Honecker als auch Kádár danach trachte-
ten, ihren politischen Lebensabend mit einer Pilgerfahrt nach Peking zu
versüßen.
    Auf zwei ostdeutsch-chinesische Gipfeltreffen 1986 und 1987 folgte
eine Reihe von Reisen hoher Funktionäre wie Hermann Axen, Günter
Mittag, Günter Schabowski nach China, wobei die Verhandlungen sich

hauptsächlich um wirtschaftliche Themen drehten. Bei der Visite von
Krenz, dem zweiten Mann der DDR-Hierarchie, handelte es sich ebenfalls um Geschäfte: Man wollte den durch massenhafte Abwanderung
verschärften Arbeitskräftemangel durch die Einbeziehung von chinesischen Vertragsarbeitern lindern. Die politische Dimension solcher Gespräche lag in der Tatsache, dass sowohl die SED-Führung als auch die
Medien der DDR die blutige Niederschlagung des Studentenprotestes
am Tian'anmen-Platz im Juni 1989 ohne Wenn und Aber begrüßt hatten, was das offizielle China als eine besonders freundschaftliche Geste
zu goutieren wusste. Diese Solidaritätsbekundung wiederholte nun Krenz
bei verschiedenen Anlässen während seiner Chinareise, zumal die Feierlichkeiten des 40. Jahrestags teilweise auf ebendem Platz des Himmlischen Friedens stattfanden, dessen Boden vom Blut der Opfer befleckt
worden war.

Es ist verständlich, dass in Berlin, Leipzig und Dresden, wo es in diesem Spätsommer von wilden Gerüchten nur so wimmelte, die Angst vor
einer «chinesischen Lösung» weit verbreitet war. Es hätte nicht viel
Fantasie dazugehört, dem aus China heimgekehrten Emissär, der unter
anderem durch die Wahlfälschungsaffäre kompromittiert worden war,
eine ähnliche Verfahrensweise zuzutrauen – von Erich Honecker, der zu
den Baumeistern der Mauer gehörte, erwartete man ebenfalls nichts Besseres. Glücklicherweise blieb eine Tragödie aus. Rückblickend müssen
wir davon ausgehen, dass der relativ friedliche Verlauf der entscheidenden Wendephase keine monokausale Erklärung erlaubt. Dies ist
wichtig zu betonen, denn die nachträglichen Interpretationen sind sehr
unterschiedlich. Dass sich Krenz als Retter der Situation feiern ließ, ist
ebenso wenig überraschend wie die beharrlichen Beteuerungen Honeckers, ein Blutvergießen nach Pekinger Modell von vornherein ausgeschlossen zu haben. Es gibt keine Veranlassung, die beiden Versionen in
ihrer relativen Glaubwürdigkeit nicht als gleichrangig anzusehen.

Die Erinnerungen des Egon Krenz zeigen einen gewaltbereiten, gleichzeitig altersschwachen Honecker, dessen Initiative zum harten Durchgreifen in Leipzig er bereits am 9. Oktober bewusst hintertrieben habe,
um ihn schließlich am Vorabend des 16. Oktober unter Druck zu setzen und zur Unterzeichnung des von Krenz und General Fritz Streletz,
stellvertretenden Verteidigungsministers der DDR, formulierten Befehls
Nr. 9/1989 zu nötigen, der eine direkte Absage an das Pekinger Rezept

enthielt: *Der aktive Einsatz polizeilicher Kräfte und Mittel erfolgt nur bei Gewaltanwendung der Demonstranten gegenüber den eingesetzten Sicherheitskräften bzw. bei Gewaltanwendung gegenüber Objekten auf Befehl des Vorsitzenden der Bezirkseinsatzleitung Leipzig. Der Einsatz der Schusswaffe im Zusammenhang mit möglichen Demonstrationen ist grundsätzlich verboten.* Da der Text zweifelsohne Honeckers Unterschrift trägt, darf man auch seine Lesart nicht völlig außer Acht lassen: *Zur damaligen Zeit konnten Befehle nur von mir als Vorsitzendem des Nationalen Verteidigungsrates gegeben werden. Alles andere ist ein Märchen und soll zur Glorifizierung einiger Personen dienen, die inzwischen schon alle Glorie verloren haben.*

Gemeinsam ist beiden Varianten der Geschichte die mangelhafte Erklärung für das Motiv des Handelns. Dabei geriet Egon Krenz' Schilderung des Geschehens in geradezu gefährliche Nähe zur Wahrheit: *Unmittelbar nach der Unterzeichnung des Befehls rufe ich gegen 18.00 Uhr über die Fernsprechanlage für geheime Regierungsverbindungen den Botschafter der UdSSR in der DDR, W. I. Kotschemassow, an. (...) Jetzt sage ich ihm, teils auf Deutsch, teils auf Russisch: «Wjatscheslaw Iwanowitsch, gerade haben wir einen Befehl, unterschrieben von Erich Honecker, gegeben. Bei Demonstrationen ist jede Gewalt untersagt. Die Schusswaffe darf auf keinen Fall angewendet werden. Genosse Streletz wird den Oberkommandierenden der Sowjetischen Streitkräfte der Westgruppe in Wünsdorf bitten, dass die sowjetischen Truppen in ihren Kasernen bleiben. (...) Ich bitte Sie, unseren Vorschlag (...) zu unterstützen!» (...) Danach sage ich: «Am Dienstag wird Willi Stoph im Politbüro vorschlagen, Genossen Honecker von seinen Funktionen abzusetzen und mich zum Generalsekretär zu wählen.»* Wenn man noch hinzufügt, dass der SED-Funktionär den Botschafter direkt darum bat, dies alles Gorbatschow mitzuteilen, dann entsteht doch der Eindruck, dass er mit den Sowjets bereits als der neue, von ihnen akzeptierte Boss verhandelte.

Ob diese Merkwürdigkeiten auf einen von Moskau gesteuerten Staatsstreich hinweisen, sei dahingestellt. Jedenfalls ist klar, dass keine Entscheidung für oder gegen Waffengebrauch ohne Abstimmung mit Moskau möglich gewesen wäre. Es ist auch sicher, dass eine militärische Niederschlagung der friedlichen Demonstration in Leipzig erst dann «Sinn» gehabt hätte, wenn die aus dieser Situation sich logisch erge-

bende Machtstabilisierung auf einer soliden politischen und wirtschaftlichen Grundlage beruht hätte. Das wäre nur durch den erneuten vollen
Einsatz des sowjetischen Schutzpatrons, also realistischerweise überhaupt nicht mehr, denkbar gewesen. Dies alles mochte Egon Krenz durch
den Kopf gegangen sein, als er während der Jubiläumsfeierlichkeiten in
Berlin an die in Peking zurückdachte. Anders als die DDR war China ein
souveräner Staat, weder von den Capricen Moskaus noch von der Gunst
Taiwans abhängig. Dort hatte man nicht zu befürchten, dass Grausam-
keiten der Führungsschicht auf die Kreditwürdigkeit des Landes zurück-
schlagen könnten.

Aber der friedliche Weg war auch nicht ohne Risiko für die Machthaber. Unterlassung der Gewaltanwendung bei einer Montagsdemo bedeutete automatisch den sprunghaften Zuwachs von Demonstranten
am nächsten Montag, und jeder Rückzieher der sich verbal noch als
stark gerierenden Parteiführung zeugte von deren Schwäche. Da Erich
Honecker mit dem harten Kurs identifiziert wurde, beförderte jedes Zeichen einer Kompromissbereitschaft seine persönliche Demontage. Während Krenz die intimen Gespräche über den Sturz seines Ziehvaters mit
den sowjetischen Gönnern und seinen Verbündeten innerhalb der DDR-
Machtspitze fortsetzte, war Honeckers bevorstehende «Abdankung» in
aller Munde. Die *Bild*-Zeitung titelte bereits am 11. des Monats: *Der
18. Oktober soll Erich Honeckers letzter Arbeitstag sein!* Nur der Be-
troffene wollte nichts davon geahnt haben.

Die Bedeutung der auf der Politbürositzung beschlossenen und auf dem
ZK-Plenum des nächsten Tages abgestimmten Wende bestand darin,
dass sie überhaupt proklamiert wurde. Weder kam es dadurch zu einer
Legitimierung der Oppositionsgruppen, noch wurde prinzipiell das
Recht auf Reisefreiheit anerkannt, wozu sich im Übrigen die DDR,
ebenso wie alle Mitgliedstaaten des Warschauer Vertrags, seit 1975 verpflichtet hatte. Liest man die Zeitungen und schaut die Fernsehaufzeich-
nungen jener Tage an, so entsteht der Eindruck, dass die SED genauso
weiter agierte wie seit Oktober 1949 – nur hatte der Triumphzug an
Tempo gewonnen, der Weg war weniger steinig, und die Lust am Marschieren war viel größer geworden. Zwar hatten einige kompromittierte
Kader wie Hermann Matern, Günter Mittag, Harry Tisch, Gerald Göt-
ting sowie zahlreiche lokale Funktionäre in den Bezirken ihren Rücktritt

angeboten, doch zum Beispiel dachte MfS-Chef Erich Mielke gar nicht daran, den Hut zu nehmen. Was das brennende Problem der Fluchtwelle betraf, so war auch diesbezüglich wenig Umdenken erkennbar. Man beschränkte sich auf hohle Phrasen wie: *Wir brauchen jeden Bürger und sind gewillt, gemeinsam die Ursachen zu beseitigen, die dazu geführt haben, dass so viele uns den Rücken kehren.*

Das waren am 18. Oktober die Worte von Wolfgang Meyer, Sprecher des Außenministeriums – des Beamten, der Ende September die Ausreise der Flüchtlinge aus Prag verkündet hatte. Nun ließ er die Menschen davonziehen, die sich in der bundesdeutschen Botschaft in Warschau aufhielten, konnte sich aber nicht verkneifen, ihnen Dreck nachzuwerfen: *Diese Entscheidung betrifft jene Bürger der DDR, die, auch beeinflusst vom Rummel westlicher Medien der letzten Wochen, ihre Heimat, ihre Verwandten und Bekannten (…) im Stich ließen. (…) Ich möchte hinzufügen, dass diese Entscheidung nur zeitweiligen Charakter trägt.* Es ist nachvollziehbar, dass nach solchen Worten die Menge der Ausreisewilligen in und vor westdeutschen Auslandsvertretungen nicht kleiner, sondern größer wurde. Die absurdeste Erklärung betraf jedoch das Symbol der bedrückenden Reiseunfreiheit, die Mauer. Auf einer Pressekonferenz am 1. November beantwortete Krenz die Frage, ob die in Aussicht gestellte Reisefreiheit die Abschaffung der Mauer bedeute, dahingehend, *solche Gründe, die zur Errichtung der Grenze geführt haben, bestünden weiter. Man müsse reale Schritte tun und keinen Träumen nachhängen.* Es war, als höre man Erich Honecker, der noch ein paar Monate zuvor dem obskuren Bauwerk weitere 100 Jahre prophezeit hatte. Eine strukturell erstaunlich ähnliche Unwahrheit lag auch in einem anderen berühmten Satz. Walter Ulbricht hatte am 15. Juni 1961 versichert, ebenfalls vor Journalisten: *Niemand hat die Absicht, eine Mauer zu errichten.* Lügen haben eben manchmal lange Beine.

Trotzdem brachte die kurzlebige Ära Krenz in einem Punkt eine tatsächliche Wende mit sich: Diese betraf die Versammlungsfreiheit. In den letzten Oktoberwochen wurde das Land von einer Welle von Demonstrationen erfasst. In immer mehr Städten, in Dresden, Eisenach, Halle, Karl-Marx-Stadt, Magdeburg, Plauen, Rostock, Schwerin, Stralsund, Suhl, Zwickau und mehreren tausend weiteren Kommunen forderten Menschen, aus dem Schatten der Kirche hervortretend, den Kampf gegen die

Willkür der Mächtigen, die Errichtung demokratischer Institutionen, die Einführung der Selbstverwaltung und die Freiheit der Medien. Spitzenreiter des Straßenprotestes blieb weiterhin das inzwischen von der Öffentlichkeit nach dem sowjetischen Ausdruck *gorod-geroj* zur «Heldenstadt» gekürte Leipzig. Die Zahl der Demonstranten erreichte dort am 23. Oktober mit 320 000 Teilnehmern ihren Höhepunkt. Gegenüber dieser unaufhaltsamen Aktivität hatte die Hauptstadt der DDR zunächst nicht viel zu bieten. Diesen Mangel zu beheben betrachteten zahlreiche Kulturschaffende – Mitglieder der Akademie der Künste, Theaterleute und Schriftsteller – als ihre Aufgabe. Am 17. Oktober, dem Tag von Honeckers Sturz, meldeten sie ihre Absicht bei der Volkspolizei Mitte an, eine Versammlung im Stadtzentrum für die Freiheit der Medien abzuhalten. Zu den Organisatoren und vorgesehenen Rednern gehörte die Crème de la Crème der Kunstszene. Das kühne Projekt sprach sich trotz der bescheidenen Möglichkeiten der Mundpropaganda schnell herum und zog auch Repräsentanten der kritischen Intelligenzija und Oppositionelle an. Geworben wurde in den Kirchen. Der enorme Erfolg des Vorhabens musste inzwischen selbst den Initiatoren unheimlich vorkommen. In einem Bericht des MfS vom Vorabend der für den 4. November geplanten Veranstaltung hieß es:

Internen Hinweisen zufolge befürchten Organisatoren der Demonstration, durch die breite Popularisierung könnten Ordnung und gewaltloser Charakter nicht in Eigenverantwortung gewährleistet werden. In einer Beratung der Gewerkschaftsvertrauensleute der Theaterschaffenden Berlins am 24. Oktober 1989 wurde deshalb festgelegt, eine weitere Bekanntmachung größeren Stils – z. B. in Massenmedien – zu unterbinden, weil sonst die Teilnehmerzahl zu hoch ansteigen könnte. Einige Organisatoren brachten die Befürchtung zum Ausdruck, die Teilnehmerzahl könnte 500 000 Demonstranten erreichen, falls die Werbung nicht gestoppt werde.

Angst hatte man wohl nicht nur vor der Menge, sondern auch vor Einzelnen – zum Beispiel vor Bärbel Bohley, die den vor 13 Jahren ausgebürgerten Wolf Biermann einladen wollte. Man konnte sich die Panik der im Bericht zitierten «progressiven Kräfte unter Theaterschaffenden» vorstellen, wenn sie daran dachten, dass eine halbe Million Menschen am Alexanderplatz das berühmte Lied singen würde: *Du, lass dich nicht erschrecken/, in dieser Schreckenszeit./ Das wolln sie doch bezwecken, /*

dass wir die Waffen strecken/ schon vor dem großen Streit! Dies hatten
sie allerdings nicht zu befürchten: Als der Barde in Begleitung von Jürgen Fuchs an der Grenzübergangsstelle Friedrichstraße erschien, wurde
ihm die Einreise verweigert.

Die SED-Führung verhielt sich ähnlich wie einige Monate zuvor die
ungarische Bruderpartei im Hinblick auf die Trauerfeier für Imre Nagy
und seine Kampfgefährten, die sie nicht mehr verhindern konnte. Die
Taktik hieß: Beeinflussung durch Teilnahme. Über den entsprechenden
Plan erstattete Egon Krenz bei seinem Moskauer Besuch am 1. November Gorbatschow unmittelbar Bericht. Er tat dies im Stil eines Kultur-
managers, der den gesamten Verlauf seiner eigenen Veranstaltung unter
Kontrolle haben will.

KRENZ *Das bevorstehende Weekend wird für uns sehr ernsthaft sein –
für den 4. November, Samstag, ist in Berlin eine Großkundgebung angesagt. Teilnehmer sind die Vertreter von 17 Verbänden der Kulturschaffenden. Mag sein, dass eine halbe Million Menschen kommen werden.
(…) Unter den vorgesehenen Rednern tritt auch Schabowski auf. Für uns
wird es eine Art Experiment sein* (die deutschsprachige Fassung des Protokolls enthält etwas anderes in indirekter Rede: *Unter den 17 Rednern
werde auch Genosse Schabowski sein, um zu verhindern, dass die Opposition auf dieser Demonstration unter sich bleibe*).
GORBATSCHOW *Die Partei muss dort sein, wo sich die Massen befinden.*
KRENZ *Wir gehen davon aus, dass nicht alle Demonstranten unsere
Gegner sind. Trotzdem unternehmen wir Vorsichtsmaßnahmen gegen
einen etwaigen massenhaften Durchbruch der Mauer. Da wird die Polizei sein. Wenn versucht wird, nach Westberlin durchzubrechen, dann
entsteht eine äußerst schwierige Situation: Man muss den Ausnahmezustand einleiten. Aber ich glaube nicht, dass es so weit geht* (deutsche
Fassung: *Durch eine Maßnahme sollte verhindert werden, dass ein Mas-
sendurchbruch durch die Mauer versucht werde. Das wäre schlimm,
denn dann müsste die Polizei eingesetzt und müssten Elemente eines
Ausnahmezustandes eingeführt werden*).
GORBATSCHOW *Man muss alles tun, um dies auszuschließen, obwohl
richtig ist, dass man auch die schlechtere Variante im Auge behalten
muss.*

KRENZ *Während der Demonstration werden folgende Losungen ver-kündet: Die Verantwortlichen für die krisenhafte Lage müssen benannt werden, Abtritt der Alten* (Deutsche Fassung: *Nieten des Politbüros*), *Kaderänderungen in der Regierung, freie Ausreise aus dem Land, Ände-rungen in Gewerkschaft und Jugendverband, neues Wahlgesetz, Lega-lisierung der Opposition, Aufhebung der Privilegien, Pressefreiheit, Ver-besserung der Versorgung der Bevölkerung, Garantierung des Rhythmus der Produktion.*

Der Causeur Krenz war sicher zufrieden, so leicht in den Plauderton des Kremlchefs hineingekommen zu sein. Gemeinsam war beiden Gesprächs-partnern die staatsmännische Arroganz gegenüber jeglicher, selbst der von ihnen manipulierten Volksbewegung. Zwei Tage später auf seiner Freitagssitzung verhandelte das Politbüro der KPdSU unter dem Tages-ordnungspunkt «Über Krenz» die zu erwartende Schicksalswende des Bruderlandes, das sich seit vierzig Jahren keinen Millimeter ohne Mos-kaus Erlaubnis bewegen durfte, in denkwürdiger Knappheit.

KRJUTSCHKOW [Chef des KGB] *Morgen geht eine halbe Million auf die Straße in Berlin und anderen Städten...*
GORBATSCHOW *Hoffst du, dass sich Krenz halten kann? Egal, ohne Hilfe der BRD können wir sie trotzdem nicht über Wasser halten.*
SCHEWARDNADSE [Außenminister] *Besser wäre, sie räumen die Mauer selbst weg.*
KRJUTSCHKOW *Räumt man sie weg, wird es für die Ostdeutschen schwer sein.*
GORBATSCHOW *Der Westen will keine Vereinigung Deutschlands, möchte aber dies mit unseren Händen machen, um uns mit der BRD in Konflikt zu treiben, um einen «Kuhhandel» zwischen der UdSSR und Deutschland auszuschließen.*

Schauspieler brachten sich in entscheidenden Momenten des ostmittel-europäischen Systemwechsels auch anderswo maßgeblich ein, etwa in der ČSSR oder in Rumänien. Da die ursprüngliche Idee zur größten Demonstration in der Geschichte der DDR aus den Kreisen um die *Volks-bühne*, das *Berliner Ensemble*, das *Deutsche Theater* und das *Maxim-Gorki-Theater* stammte, war die hohe Repräsentanz der Theaterleute folgerichtig. Und dennoch: Die Tatsache, dass von den 27 Rednern neun von der Bühne oder aus der Unterhaltungsbranche kamen – darunter zweifellos hervorragende wie Ekkehard Schall, Ulrich Mühe oder Steffie Spira –, verlieh der Versammlung den Charakter einer Inszenierung. Die zweitgrößte Kategorie bildeten Schriftsteller aus dem regimekritischen Milieu: Christa Wolf, Heiner Müller, Stephan Heym und Christoph Hein. Die Machtseite schickte drei Redner – außer Günter Schabowski den pensionierten MfS-General Markus Wolf und den LDPD-Chef Manfred Gerlach. Hinzu kamen zwei Oratoren aus dem reformkommunistischen Spektrum: der Rechtsanwalt Gregor Gysi und der Kulturwissenschaftler Lothar Bisky. Außerdem wurden drei Repräsentanten der demokratischen Opposition zugelassen: Marianne Birthler von der *Initiative Frieden und Menschenrechte*, Jens Reich vom *Neuen Forum* und Friedrich Schorlemmer vom *Demokratischen Aufbruch*.

Betrachtet man diese Liste losgelöst von den damaligen Streitigkeiten über ihre Zusammensetzung, so fällt im Nachhinein der ungewollt tragikomische Koalitionscharakter der Versammlung auf. Als Minimalkonsens galt das «Denken in DDR»: Alle Redner waren aus unterschiedlichen Gründen am Fortbestand des Staates interessiert. Die Machthaber hätten ihren Einfluss nur in der Staatsform der DDR, und sei es auch in einer durch die Perestrojka veredelten Gangart, über die Zeiten retten können. Die Oppositionellen betrachteten ihre Art der Demokratie, für die sie so viel geopfert hatten, nur in ebendiesem Land als realisierbar. Die Reformkommunisten wollten an keiner anderen Partei als der SED herumbasteln, und die Künstler fühlten sich durch ihr Stammpublikum bzw. ihre Leserschaft und ihre traditionelle Rolle ebenfalls der 40-jährigen Geschichte der Republik verpflichtet. Selbst die über 500 000 Menschen – Schätzungen gingen bis zu einer Million – demonstrierten gegen die *eigene* Regierung, versuchten ihre *eigene* Tyrannei zu stürzen und behandelten *ihre* Revolution als eine *innere* Angelegenheit, die mehr mit Polen und Ungarn als mit der Bundesrepublik Deutschland zu tun hatte. Keine Frage, diese Menge wäre imstande gewesen, die Mauer in wenigen Minuten hinwegzufegen, und kein Ausnahmezustand hätte sie daran hindern können. Dass sie es nicht taten, zeugt davon, dass ihnen in diesem Augenblick die Freiheit in den Grenzen des Landes vielversprechender erschien als ein Spaziergang auf dem Kurfürstendamm mit 100 DM Begrüßungsgeld.

Neben poetischen Worten und frommen Wünschen, die garantiert
Gefallen finden mussten, erklangen auch einige Sätze der Kritik an die
Adresse der Parteiführung. Marianne Birthler – für das *Neue Deutschland* war sie lediglich *Angehörige der Berliner Kontakttelefongruppe* –
forderte die Aufklärung der Polizeiübergriffe vom 7. und 8. Oktober.
Jens Reich – das Parteiorgan bezeichnete ihn als «Prof.» – verlangte
Wahlen, die diesen Namen verdienen. Heiner Müller verlas den Aufruf einer soeben gegründeten Gewerkschaftsinitiative und sprach von
Gefahren der Inflation und Arbeitslosigkeit. Christoph Hein versuchte
die Triumphstimmung einzudämmen, indem er an Unbequemes erinnerte:

*Unser Gedächtnis ist nicht so schlecht, dass wir nicht wissen, wer da-
mit begann, die übermächtigen Strukturen aufzubrechen, wer den Schlaf
der Vernunft beendete. Es war die Vernunft der Straße, die Demonstrationen des Volkes. Ohne diese Demonstrationen wäre die Regierung
nicht verändert worden, könnte die Arbeit, die gerade erst beginnt, nicht
erfolgen. Und da ist an erster Stelle Leipzig zu nennen. (…) Wir haben
uns an den langen Titel «Berlin – Hauptstadt der DDR» gewöhnt, ich
denke, es wird leichter sein, uns an ein Straßenschild «Leipzig – Heldenstadt der DDR» zu gewöhnen.* Dieser Teil von Heins Ansprache wurde
im Parteiblatt nicht gedruckt.

Die oben erwähnten berühmten Schauspielerpersönlichkeiten, die das
Publikum aus Shakespeares *Coriolanus* oder Brechts *Galilei*, als Clara
Zetkin aus dem Film *Thälmann – Sohn seiner Klasse* oder als Caroline
aus dem Streifen *Tödlicher Irrtum* kannte, waren gewissermaßen Er-
satzbelege für die Authentizität des Geschehens. Neue Gesichter zu
zeigen – dazu fehlte es den Parteibonzen an Mut und Fantasie. Bei dem
bereits erwähnten Dialog mit Gorbatschow monologisierte Honeckers
Nachfolger gegenüber seinem väterlichen Freund: *Sehr vorsichtig muss
man die Frage derartiger Organisationen – wie das Neue Forum – ange-
hen. Es besteht die Gefahr, dass sie sich in eine Art polnischer Solidarność
verwandeln* (Deutsche Fassung: *Die Frage der Anerkennung des Neuen
Forums sei noch nicht entschieden. Bisher kann man deren Orientierung
noch nicht voll einschätzen. Es müsse verhindert werden, dass sich etwas
Ähnliches entwickle wie Solidarność Polen*). Da die Einschätzungs-
schwierigkeiten der SED bereits drei Monate andauerten und das *Neue*

Forum mittlerweile die größte politische Kraft des Landes war, entsteht der Eindruck, dass die Verweigerung der Zulassung einzig dem Ziel diente, die Massenbewegung von den Medien fernzuhalten. Wer die Medien lenkt, der lenkt auch den Diskurs – so dachten die SED-Oberen und wollten bereits am Montag, dem 6. November, das Thema der Woche bestimmen.

Der in allen Blättern der Republik zur öffentlichen Debatte vorgelegte *Entwurf des Gesetzes über Reisen ins Ausland* war ein hektisch verfasstes Dokument, das offenbar dem obsoleten Zweck diente, in diesen Tagen der sich überschlagenden Ereignisse Zeit zu gewinnen. Auf die verbale Anerkennung der Auslandsreise als Bürgerrecht folgten Bestimmungen auf dem Niveau der Siebzigerjahre. Erstens war eine Reisegenehmigung grundsätzlich befristet. Zweitens konnte sie in den Fällen *versagt werden, wenn dies zum Schutz der nationalen Sicherheit, der Öffentlichen Ordnung, der Gesundheit oder der Moral oder der Rechte und Freiheit anderer notwendig ist.* Diese Begünstigung der Behördenwillkür versuchte man mit einem ebenso beschwichtigenden wie nichtssagenden Satz zu relativieren: *Die Versagung der Genehmigung für Reisen in das Ausland trägt Ausnahmecharakter.* Damit, dass die Antragsprozedur für Touristen 30 Tage, für Ausreisewillige 90 Tage dauern sollte, hätte man sich noch abfinden können, aber der § 5/1 war in keinem Fall akzeptabel: *Die Genehmigung einer Privatreise begründet keinen Anspruch auf den Erwerb von Reisezahlungsmitteln.* Dies empfand man in der Öffentlichkeit als Schlag ins Gesicht. Auf der aktuellen Montagsdemo in Leipzig mit 500 000 Teilnehmern fand man den passenden Reim darauf: *Visa ohne Geld: / da lacht die ganze Welt!* Eine anarchistisch anmutende Forderung gehörte dazu: *Wir wollen keine Gesetze! Wir wollen Reisefreiheit!*

Am folgenden Tag lehnte der Rechtsausschuss der Volkskammer den Gesetzentwurf als unzureichend ab – eine Art demokratischer Verhaltensübung. Kaum gelangte diese Entscheidung über die Nachrichtenagentur ADN an die Öffentlichkeit, wurde sie bereits von einer größeren Sensation übertroffen: Die gesamte Regierung Stoph hatte ihren Rücktritt erklärt und war nur noch geschäftsführend tätig. Als nächster Regierungschef war Hans Modrow vorgesehen, der frühere Bezirkssekretär der Dresdener SED. Einen Tag später löste das ZK-Plenum das gesamte Politbüro ab und wählte ein neues, selbstverständlich mit Egon

Krenz an der Spitze. Diese Änderungen gehörten zwar noch zu der in Moskau besprochenen Agenda, hingen aber bereits mit den ungelösten Fragen zusammen – die empfindlichste und schmerzhafteste war das Flüchtlingsproblem, das wie eine unversorgte Wunde klaffte.

Die ergänzende Mitteilung über den missratenen Gesetzentwurf enthielt unter anderem die höfliche Bitte um Verständnis dafür, *dass die vom Ministerrat in Auftrag gegebenen komplizierten Untersuchungen zur Art und Weise der Bereitstellung von Finanzmitteln in anderen Währungen für Auslandsreisen noch nicht abgeschlossen werden konnten.* Dies konnte als eine Entschuldigung des Staates gegenüber den Bürgern verstanden werden, aber in dem Satz war auch ein ehrliches Geständnis verborgen: Die Kassen sind leer! Wir haben keine müde Mark, um unsere eigene Großzügigkeit zu finanzieren. Gleichzeitig kann man eine verklausulierte Bitte um Verständnis vermuten, die sich an die westdeutschen Partner richtete: Sie sollten doch bitte für ihre Schwestern und Brüder im Osten in die Bresche springen. In der Tat befand sich Honeckers Geheimdiplomat und Devisenbeschaffer Schalck-Golodkowski bereits auf dem Weg nach Bonn, wo er mit Rudolf Seiters, Bundesminister für besondere Aufgaben, und Bundesinnenminister Wolfgang Schäuble verhandelte. Diese richteten im Namen von Bundeskanzler Kohl eine Botschaft an den frischgebackenen Staatsratsvorsitzenden der DDR, Egon Krenz:

Der Verlauf der gestrigen Demonstrationen in Leipzig und die sich in den letzten Stunden entwickelnde Bewegung von spontanen Ausreisen aus der DDR in die BRD haben in der Öffentlichkeit der BRD und zunehmend besonders auch in Kreisen der SPD die Forderung hervorgerufen, dass man in der DDR, wenn man entsprechende materielle und finanzielle Unterstützung der BRD in Anspruch nehmen möchte – das bezieht sich auch auf finanzielle Regelungen zum Reiseverkehr –, bereit sein sollte, öffentlich durch den Staatsratsvorsitzenden zu erklären, dass die DDR bereit ist, die Zulassung von oppositionellen Gruppen und die Zusage zu freien Wahlen in zu erklärenden Zeiträumen zu gewährleisten. Dabei ist zu beachten, dass dieser Weg nur möglich wäre, wenn die SED auf ihren absoluten Führungsanspruch verzichtet. (...) Unter diesen Bedingungen hält der Bundeskanzler vieles für machbar und möglich.

Durch das ultimative Finanzangebot musste sich die Führung der SED förmlich an die Wand gedrückt fühlen. Kaum eine Woche zuvor hatte Krenz in Anwesenheit Gorbatschows auf eine Journalistenfrage hin feierlich erklärt, er sei durchaus gewillt, alles dafür zu tun, dass *der in der Verfassung verankerte Führungsanspruch* der Partei realisiert werde. Man rechnete damit, durch die genehmigte Demonstration in Berlin und das Versprechen auf baldige freie Reisen schon zu Weihnachten die Gemüter einigermaßen beruhigt zu haben und das bevorstehende ZK-Plenum vor unangenehmen Begleiterscheinungen schützen zu können. Nun platzte Kohls Vorschlag, von dem bisher keine Rede gewesen war, plötzlich in das Geschehen hinein. Die «führende Rolle» preiszugeben erschien den Parteiführern undenkbar, obwohl diese schon längst nicht mehr existierte. Wie sollten sie den gordischen Knoten zerschlagen? Wie sollten sie verfahren, um endlich vor dem nächsten und übernächsten Montag, vor Leipzig, vor Berlin, vor dem *Neuen Forum*, vor den Flüchtlingen in Prag, vor den Pfarrern, Schauspielern, Bühnenautoren, Reformkommunisten, Arbeitern und Bauern und endlich sogar vor sich selbst Ruhe zu haben? Was hatten sie anzubieten? Das Einzige, was sie noch in die Waagschale werfen konnten, war die Mauer.

Der amtierende Ministerrat der DDR beschließt mit sofortiger Wirkung neue Regelungen für Privatreisen und ständige Ausreisen von Bürgern der DDR ins Ausland. Damit wird zahlreichen Anträgen, Kritiken und Vorschlägen aus der Bevölkerung entsprochen, die in der öffentlichen Diskussion des Reisegesetzentwurfes unterbreitet wurden. Die neuen Regelungen sehen vor, dass ab sofort alle Volkspolizeikreisämter Anträge auf Privatreisen in das Ausland, besonders in die BRD und Westberlin, entgegennehmen und kurzfristig entscheiden, Reiseanlässe und Verwandtschaftsverhältnisse müssen nicht mehr vorgelegt werden. Gleiches gilt für Anträge zur ständigen Ausreise aus der DDR. Das Visum für Privatreisen wird in den Pass oder, sofern die Bürger noch nicht über einen solchen verfügen, aber die Reise sofort antreten wollen, in den Personalausweis eingetragen.

Die Beamten in der Klosterstraße 47, Sitz des Ministerrats, versuchten sichtlich, die Dramatik der historischen Entscheidung abzuschwächen, indem sie den Anschein erweckten, sie reagierten nur, wie sie das immer schon getan hatten, auf «Hinweise aus der Bevölkerung». In Wirklichkeit waren alle in Panikstimmung – Egon Krenz, als er das wichtige

Papier dem ZK-Plenum quasi nebenbei vorlegte, ebenso wie die 200 Genossen, die in die erste offene Debatte ihres Lebens vertieft waren und das Dokument kaum wahrnahmen, und schließlich der Informationssekretär Günter Schabowski. Als er im Internationalen Pressezentrum in der Mohrenstraße genau um 18.53 Uhr auf eine Journalistenfrage hin leicht stotternd behauptete, die Bestimmungen seien ab sofort geltend, löste er damit ungewollt den fröhlichsten Karneval der deutschen Nachkriegsgeschichte aus. Daran war aber auch die Formulierung des Textes nicht ganz unschuldig.

Die redundante Wiederkehr des Wortes «sofort» und «kurzfristig» sprach dafür, dass es die höchsten Entscheidungsträger sehr eilig hatten. Zumindest auf offizieller Ebene hatten sie vorher weder Moskau noch die Alliierten konsultiert. Angeblich hatte Krenz in der Nacht versucht, seinen sowjetischen Patron anzurufen, war jedoch an dem hartnäckigen Widerstand der Moskauer Telefonzentrale gescheitert, Michail Sergejewitsch wegen solcher Lappalien zu wecken. Als das Kind bereits in den Brunnen gefallen war, rief der Parteichef den Botschafter Kotschemassow an und bat ihn um Erlaubnis zur Öffnung des Brandenburger Tors, das als Militärobjekt kein ziviler Grenzübergang war. Der schockierte Diplomat probierte vergeblich, seinen Vorgesetzten Schewardnadse in Moskau zu kontaktieren, und verfügte schließlich eigenständig die Öffnung des Tores. Moskaus Zustimmung sollte er einige Tage später erhalten. Augenscheinlich ließen sich die Sowjets nicht drängen, und angesichts ihrer notorischen Unerreichbarkeit kann sogar der Verdacht aufkommen, dass das Gespräch zwischen Krenz und Gorbatschow vom 1. November 1989 nicht nur das beinhaltete, was die beiden voneinander abweichenden Protokolle anbieten.

Falls die Maueröffnung in der Tat die Beibehaltung der «führenden Rolle der Partei» zum Ziel hatte, dann verlängerte sie diesen bereits rein fiktiven Anspruch nur um genau 30 Tage, bis zur Volkskammersitzung am 1. Dezember 1989, als der Satz mit den Stimmen der SED-Fraktion aus der Verfassung gestrichen wurde. In dieser Zeit gewann die Bürgerbewegung noch einmal an Schwung, das *Neue Forum* wurde offiziell anerkannt, in Leipzig wurde weiter demonstriert, und die Regierung Modrow begann mit ihren Gehversuchen auf dem schlüpfrigen Boden einer von niemandem finanzierten Wirtschaftsreform. In dieser Zeit hielt Erich Mielke eine senile Rede vor der Volkskammer («Ich liebe euch

alle ...»), das MfS wurde zum *Amt für Nationale Sicherheit* umbenannt –
«Stasi – Nasi», spöttelte die Straße, während Mitarbeiter entlassen und
Akten vernichtet wurden. Selbst in der Auflösungsphase kümmerte sich
der Geheimdienst noch um seine Inoffiziellen Mitarbeiter und erfand
mitunter kuriose Formen, um deren Aufwandsentschädigung zu gewährleisten. Der Fall des IM «Achim Öser», wie er ihn selbst darlegte, steht
für viele ähnliche:

*9. 11. 89. Am heutigen Tag erhielt ich vom Ministerium für Staatssicher-
heit einen Geldbetrag in Höhe von 30 000 Mark (Dreißigtausend). Für
dieses Geld habe ich mir einen PKW zu kaufen, um den mir übertra-
genen Auftrag des MfS zu der Person Boettger Martin aus Cainsdorf bei
Zwickau und anderen Führungskräften des politischen Untergrundes zu
erfüllen. Diesen PKW kann ich auch für meine persönlichen Belange
nutzen. Ich werde ihn als persönliches Eigentum pflegen. Es sind zu diesem PKW vor mir alle Versicherungsanschlüsse zu tätigen. Für Reparaturen und andere Schäden komme ich selbst auf. Ich bin mir des großen
Vertrauens bewusst, das mir vom MfS entgegengebracht wird, und ver-
pflichte mich erneut, alle mir gestellten Aufgaben ehrlich und gewissen-
haft mit großer Einsatzbereitschaft zu erfüllen.* Das Engagement des
solcherart ausgezeichneten Spitzels erwies sich allerdings als kurzlebig:
Einige Tage später wurde er enttarnt. Und während das «Objekt» *Neues
Forum* legalisiert wurde, drifteten Mielkes eifrige Diensteinheiten nach
und nach in den «politischen Untergrund» ab.

*Eine Nacht und ein Tag hüben und drüben. Zu Besuch bei der Tante.
Stippvisite zur Reeperbahn und wieder zurück zur Arbeit.* – Drei Triumph-
reportagen mit Bildzeitungstiteln aus dem Zentralorgan der SED. Vielleicht meinte Bärbel Bohley genau das mit ihrem Verzweiflungsschrei: *Das
Volk ist verrückt, und die Regierung hat den Verstand verloren!* Dies war
als Behauptung unzutreffend, aber als seismische Reaktion authentisch.
Ein Flugblatt des *Neuen Forums* listete bereits die aktuellen Gefahren
des Mauerfalls auf: *Jagd nach der durch schiefes Preissystem überbewer-
teten DM, die zur Leitwährung für Dienstleistungen, Reparaturen und
Mangelware wird; Ausverkauf unserer Werke und Güter an westliche
Unternehmer (direkt oder indirekt); Grenzgängertum, Schwarzhandel
und Devisenschmuggel (insbesondere in Berlin). Unsere Erholungsgebiete*

werden vom Westmarktourismus überfüllt werden, sicher auch die Sana-
torien und Spezialkrankenhäuser von Westmarkpatienten. Unser Geld,
das durch Tausch abfließt, wird wiederkehren, preisgestützte Waren auf-
spüren und die Inflation aufheizen. All das bedroht die sozial schwächere
Hälfte der Bevölkerung, während die Westgeld-Löwen oben schwim-
men und immer reicher werden. Ludwig Mehlhorn von der Gruppe
Demokratie jetzt! sah ebenfalls schwarz: *Die neue Situation wird die*
gewaltigen wirtschaftlichen Probleme der DDR weiter verschärfen und
soziale Konflikte hervorbringen. Es gibt warnende Stimmen, die ein wei-
teres Ausbluten der DDR und eine Kolonialisierung in Glanz und Glim-
mer befürchten, ohne dass wir in diesen Prozessen eine Möglichkeit der
Mitsprache haben werden.

Schließlich meldeten sich die führenden Intellektuellen der DDR zu
Wort mit ihrem Aufruf *Für unser Land.* Dieser Appell stellte die zu seiner Unterzeichnung aufgeforderten Bürgerinnen und Bürger vor eine
Entweder-oder-Entscheidung. Auf der einen Seite stand die vermeint-
liche Möglichkeit der Aufrechterhaltung des Staates *mit allen unseren*
Kräften und in Zusammenarbeit mit denjenigen Staaten und Interessen-
gruppen, die dazu bereit sind, in unserem Land eine solidarische Gesell-
schaft zu entwickeln, auf der anderen wurde angekündigt, dass *ein Aus-*
verkauf unserer materiellen und moralischen Werte beginnt und über
kurz oder lang die Deutsche Demokratische Republik durch die Bundes-
republik Deutschland vereinnahmt wird. Um diesem historischen GAU
der deutschen Wiedervereinigung vorzubeugen, bat man um Unterstützung der Petition. Die Schwäche des Vorhabens lag darin, dass zum
Zeitpunkt der Publikation des von Christa Wolf redigierten Textes bereits die Stimmung in der Gesellschaft umgeschlagen war. Irgendwann
zwischen zwei Montagsdemonstrationen stellte sich jener mystische
Augenblick ein, in dem die ursprünglichen revolutionären Energien ab-
nahmen und das heikle Gleichgewicht zwischen Hoffnung und Angst
zugunsten der Letzteren kippte. Die Protestler skandierten plötzlich
statt des plebejischen «Wir sind das Volk!» das beruhigend gesamt-
deutsch klingende «Wir sind ein Volk!» – ein Slogan, den sie vielleicht
um den resignierten Spruch jener Tage ergänzten: «Wir sind auch nur
ein Volk.»

Obwohl es dem Volk der Deutschen Demokratischen Republik gelungen war, in den heißen Sommer- und Herbsttagen 1989 eine deutsche und demokratische Republik aus der Taufe zu heben, geriet diese soziale und politische Selbstbestimmung sehr bald in Konflikt mit den wenig beachteten nationalen Komponenten der ostmitteleuropäischen Wende. Mit der SED-Herrschaft ging ein Konstrukt unter, das durch die künstliche Spaltung des ehemaligen «Dritten Reichs» entstanden war und der von den Supermächten 1975 in Helsinki abgesegneten europäischen Nachkriegsordnung entsprach. Das Jahr 1989 erschütterte diese Nachkriegsordnung und führte zur Bildung neuer Nationalstaaten, die jedoch alle in der eigenen jahrhundertelangen Tradition verwurzelt waren. Diese Tradition hatte die DDR mit der Bundesrepublik gemeinsam, und eine Verdoppelung der Staatlichkeit hätte lediglich mit der Aufrechterhaltung des Sozialismus gerechtfertigt werden können. Doch gerade diese Gesellschaftsform war nach 40 Jahren materiell erschöpft und moralisch verbraucht, während den sicher nicht sympathischen, aber dynamischen Kapitalismus weder Ochs noch Esel in seinem Lauf aufhalten konnten.

Konkret fehlte dem DDR-Sozialismus in den verbleibenden zehn Monaten seines Bestehens die sowjetische Unterstützung. Dies war bereits Anfang November klar, als Egon Krenz im Kreml die Frage nach der Zukunft seiner gewendeten Republik stellte und an die Verantwortung des Großen Bruders appellierte: *Wir gehen davon aus, dass die DDR ein Kind der Sowjetunion ist, jedoch müssen anständige Leute ihre Vaterschaft anerkennen oder wenigstens dem Kind seinen Vatersnamen belassen.* Gorbatschow lachte und wich der impliziten Frage ebenso aus wie der Bitte, wenigstens die gültigen Verträge über die Erdöllieferungen einzuhalten. Am 30. Januar 1990 bat ihn Hans Modrow inständig um dasselbe und brachte den Bankrott seines kleinen unrentablen Perestrojkabetriebes auf den Punkt: *All unsere Sozialpolitik konnte nur unter den Bedingungen geschlossener Grenzen wirksam sein. Jetzt wenden sich alle unsere sozialen Errungenschaften gegen uns.* Gorbatschows Reaktion: *Ich schätze die Ehrlichkeit Ihrer Information. Wir folgen demselben Prinzip: die Dinge real zu sehen, sie real einzuschätzen, ob sie angenehm sind oder nicht.* Modrow kehrte, ebenso wie seinerzeit Krenz, mit leeren Händen nach Berlin zurück.

Die Gründe hierzu konnten im November noch in Moskaus tatsächlich vorhandenen Rohstoffproblemen liegen, doch Ende Januar galten ganz andere. Nach dem gemeinsam mit Präsident Reagan verkündeten Ende des Kalten Krieges fühlte sich die östliche Supermacht nicht mehr auf ihren westlichsten Stützpunkt angewiesen. Vier Tage vor Modrows Besuch war das Schicksal der DDR von sowjetischer Seite besiegelt. KGB-Chef Krjutschkow sagte dazu knapp auf der Politbürositzung vom 26. Januar 1990: *Die Tage der SED sind gezählt. Sie ist weder Hebel noch Stütze für uns. Modrow ist eine Übergangsfigur, hält sich aufgrund von Zugeständnissen, bald aber wird es nichts mehr geben, was man noch zugestehen kann. (...) Allmählich müssen wir unser Volk auf Deutschlands Wiedervereinigung vorbereiten. (...) Es ist notwendig der aktive Auftritt zum Schutz unserer Freunde – ehemaliger Mitarbeiter des KGB und unseres Innenministeriums in der DDR.*

Auf der anderen Seite wuchs mit jedem Tag der sich verschärfenden Krise in der DDR die Bereitschaft der Bundesrepublik, eine pauschale Lösung anzubieten. Ursprünglich war die Wiedervereinigung kein Thema – wenigstens sprach man nicht darüber, sondern von «Verantwortungsgemeinschaft über Vertragsgemeinschaft». Als Helmut Kohl am 28. November sein 10-Punkte-Programm zur Föderation der beiden deutschen Staaten verkündete, sah dieses eine Laufzeit von mehreren Jahren vor – der «Zugang der DDR an die DM» sollte beispielsweise etwa 1992 erfolgen. Außerdem war das Föderationskonzept in den europäischen Kontext eingebettet und beinhaltete den sofortigen Beitritt der Ostblockstaaten in die EU. Begriffe wie «NATO» oder «Warschauer Vertrag» wurden im Dokument gemieden.

Im Vorfeld der freien Volkskammerwahlen begann man mit offenen Karten zu spielen und die künftige DDR-Regierung bereits als potenzielle Partnerin für die Einigungsverhandlungen zu betrachten. Forcierend auf die Wiedervereinigungspläne wirkten sich mehrere Faktoren aus: Die ostdeutschen Strukturen drohten im Chaos unterzugehen und ein Vakuum zu hinterlassen; wegen der innersowjetischen Konflikte schienen die Tage der Präsenz von 400 000 in der DDR stationierten Sowjetsoldaten gezählt; im Herbst 1990 standen Bundestagswahlen bevor, und schließlich sehnten sich die Investoren nach dem DDR-Markt, der trotz des katastrophalen Zustands der Ökonomie lukrative Geschäfte versprach. Sicherlich gab es auch subjektive Politikergründe für ein beschleunigtes Verfahren. Man wollte, wie Bismarck sagte, «den Mantel der Geschichte ergreifen» und in diesem Sinne dem ersten deutschen Einheitskanzler ebenbürtig scheinen.

Obwohl die Revolutionswelle bereits im Dezember ihren Zenit erreicht und eindeutig nachgelassen hatte, liefen die von ihr ausgelösten Prozesse weiter. Radikaler als in anderen Ostblockstaaten begann die strafrechtliche Verfolgung von einzelnen hohen Funktionären wegen Korruption, Machtmissbrauchs und anderer unter dem Sammeltatbestand «Regierungskriminalität» erfassten Delikte. Später, aber ähnlich wie in Polen und Ungarn, erzwang die Opposition gleichberechtigte Verhandlungen mit den Machthabern. Der am 7. Dezember im Bonhoeffer-Haus begründete Zentrale Runde Tisch bildete eine Art Kontrollinstanz und bestand einerseits aus Vertretern der etablierten Organisationen, andererseits aus den Mitgliedern der «neuen Kräfte» auf Paritätsgrundlage. In der kurzen Phase seiner Existenz wurde hier ein Verfassungsentwurf erarbeitet und die Volkskammerwahlen am 18. März 1990 vorbereitet. Wichtiger scheint, dass diese Form der demokratischen Mitbestimmung in fast allen Kreisen und Bezirken der damaligen DDR Schule machte.

Als Stein des Anstoßes zwischen dem Runden Tisch und der Regierung erwies sich die Frage nach der Rolle der alten Sicherheitsdienste. Nachdem diese in kaum veränderter Zusammensetzung und, wie wir heute wissen, fortgesetzter Funktion von Stasi zu Nasi gewendet worden waren, versuchte man den verhassten «VEB Horch & Guck» nun als «Verfassungsschutz» über die Zeiten zu retten. Indessen arbeiteten die Reißwölfe in der Normannenstraße auf Hochtouren. Mit Entrüstung reagierten die Leute nicht nur auf den Aktenschwund, sondern auch auf die ersten Berichte, die das Ausmaß von Stasiwillkür und Bespitzelung offenbarten. Der Skandal um den «Verfassungsschutz» in einem Lande, das noch über kein den demokratischen Normen entsprechendes Grundgesetz verfügte, fiel zudem zeitlich mit der Volkskammerdebatte über Korruption und Machtmissbrauch zusammen. Die Flucht des ehemaligen Chefs der *Kommerziellen Koordination*, Schalck-Golodkowski, vor den Ermittlungen der DDR-Generalstaatsanwaltschaft nach Westberlin goss noch einmal Öl ins Feuer. Schalck war nicht zuletzt Oberst und OibE – Offizier im besonderen Einsatz – des MfS, das nun ins Kreuzfeuer der Leidenschaften geriet. Bei der Empörung über die geheimen

Milliarden des KoKo-Imperiums spielte auch der Unmut wegen der immer übleren Wirtschaftslage eine Rolle.

Nachdem einige Kreisverwaltungen und Dienststellen des MfS bereits im Dezember von Demonstranten besetzt worden waren, organisierte das Neue Forum für den 15. Januar 1990 einen Protest vor der Stasizentrale in Lichtenberg. Die Teilnehmerzahl von 50 000 konnte man aufgrund der bereits abebbenden Massenbewegung eindrucksvoll nennen. Allerdings verhielt sich diese Menge nicht mehr so brav und diszipliniert wie zuvor. Das schwere verriegelte Tor und die sich dahinter versteckende, lange gefürchtete Geheimmacht provozierten einen Bastilleeffekt. Weder die Polizei noch die mit ihr in Sicherheitspartnerschaft kooperierenden Aktivisten des Neuen Forums und Mitglieder der Bürgerkomitees konnten verhindern, dass die Demonstranten in den Gebäudekomplex eindrangen und plündernd, verwüstend, johlend ihrem Unmut freien Lauf ließen. Erst in den frühen Nachtstunden gelang es, die Ruhe wiederherzustellen. Um diese Ruhe zu bewahren, verzichtete die Regierung Modrow auf die Wiederherstellung von Mielkes Firma – egal, in welcher Form. Damit hatten die Demonstranten etwas erreicht, was sonst in keinem Ostblockland gelungen war: die Zerschlagung der Staatssicherheit.

Allerdings war dies das letzte Aufflackern des Bürgerprotestes, der im Herbst 1989 begonnen hatte. Wie das Fanal vom 25. September fiel auch das Finale, der 15. Januar, auf einen Montag.

Bei den freien Wahlen zur Volkskammer am 18. März 1990 erlitt die demokratische Opposition der DDR, nunmehr *Bündnis 90*, eine vernichtende Niederlage. Sie erhielt nicht einmal drei Prozent der Wählerstimmen – abgestraft wurde ihr Unwille, sich der Realität der bevorstehenden Wiedervereinigung zu stellen. Allerdings hatte dieses Desaster auch einen anderen Grund: Die beiden großen Parteien der Bundesrepublik gestalteten die Wahlkampagne nach westlichem Muster und krempelten die bunte Parteienlandschaft der DDR völlig um. In das klassische bundesdeutsche Klischee – konservativ – sozialdemokratisch – liberal – passten ausgerechnet die Gruppen am wenigsten, die seinerzeit Honeckers Diktatur die Stirn geboten hatten. Der Sieg der konservativen *Allianz für Deutschland* (CDU) und die Bildung einer großen Koalition mit Lothar de Maizière als Ministerpräsident gehört schon nicht mehr wirklich zur Geschichte der DDR, sondern eher zu der des wiedervereinigten Deutschlands.

Bulgarien: Echter Kollaps, imitierte Revolution

Das Balkanland mit einer Fläche von 110 000 Quadratkilometern und einer Bevölkerung von achteinhalb Millionen Menschen wurde in den Achtzigerjahren von gigantischen Umweltschäden heimgesucht. Die Donau, nördlicher Grenzfluss des Landes, wurde von einer rumänischen Chemiefabrik verpestet, ein Kupferaufarbeitungsbetrieb in der Kleinstadt Srednogorje leitete 16 000 Tonnen Arsenschlamm ungefiltert in einen nahe gelegenen See ein, und das sozialistische Metallwerk *Dimitar Blagoew* am Stadtrand von Plovdiv vergiftete Boden und Luft, sodass Blutuntersuchungen an Kindern eine ärztlich nicht mehr vertretbare Bleikonzentration aufwiesen. Stickstoff, Abwasser und Abgase gefährdeten Tag um Tag die Qualität menschlichen Lebens, ohne dass die Öffentlichkeit über die drohenden Gefahren informiert, geschweige denn alarmiert worden wäre. Selbst die durch die sowjetische Reaktorkatastrophe von Tschernobyl im Mai 1986 verursachte radioaktive Belastung des Schwarzen Meeres hielt man in den staatlich kontrollierten Medien nicht für erwähnenswert. Die Informationspolitik des Systems hätte sogar die biblische Sintflut oder die zehn Plagen zu einem streng gehüteten Staatsgeheimnis gemacht.

Die Normalbürger nahmen den bereits spürbaren ökologischen Notstand apathisch wahr und leisteten durch Energieverschwendung sowie durch Entsorgung ungeklärter tensidverseuchter Abwässer direkt in die Flüsse einen nicht unwesentlichen Beitrag dazu. In ähnlich ahnungsloser Weise profitierten sie von den finanziell kaum gedeckten Sozialleistungen, den bescheidenen, aber wachsenden Konsummöglichkeiten und dem mit Ach und Krach aufrechterhaltenen Preisniveau. Hätte ihnen irgendwer in den Achtzigerjahren verraten, dass auf ihnen allen ein Pro-Kopf-Schuldenanteil von rund 429 Dollar bei westlichen Gläubigern lastete, so hätten sie darauf nur mit einem erstaunten Nicken reagiert – in Bulgarien ein Zeichen der Verneinung. Auf die Frage wiederum, ob das Regime, in dem sie lebten, stark genug sei, um sich noch lange halten zu können, hätten sie mit einem melancholischen Kopfschütteln, also mit Ja geantwortet.

Mehrere Jahre nach seinem Sturz behauptete Todor Schiwkow (1911 bis 1998) von sich selbst bei einem Pressegespräch: *Ich war nie ein Diktator.* Sollte dieser Begriff mit dem persönlichen Format eines Herrschers zu tun haben, so könnten wir die Behauptung voll akzeptieren. Der bulgarische Staats- und Parteichef zeichnete sich nicht durch persönliche Besonderheiten aus, die ihn zur Rolle des Diktators prädestiniert hätten. Diesen «Mangel» hatte er allerdings gemeinsam mit beinahe allen Vertretern der zweiten Garnitur der Ostblockführer: Erich Honecker im Unterschied zu Walter Ulbricht, Gustav Husak gegenüber Klement Gottwald, János Kádár verglichen mit Mátyás Rákosi zeugten von einem gewissen «Niveauverlust» der Tyrannei. Sie waren Männer zweiter Wahl und blickten auf ihre legendären Vorfahren mit heiligem Schrecken oder gar mit Bewunderung. Zudem war Schiwkows Über-Ich nicht irgendwer gewesen, sondern Georgi Dimitrow, KP-Gründer, Held des Reichstagsprozesses und langjähriger Vorsitzender der *Kommunistischen Internationale.* Sein einbalsamierter Leichnam war 1949 in Sofia im Mausoleum bestattet worden, was ihm ein wenig von Lenins halbgottähnlichem Status verlieh.

Todor Schiwkow, Bauernsohn aus dem westbulgarischen Prawez, errang die ungeteilte Macht 1956, drei Jahre nach Stalins Tod, auf dem Aprilplenum der Bulgarischen Kommunistischen Partei, das im Zeichen des 20. Parteitags der KPdSU stand. Obwohl Schiwkow von Anfang an zum harten Kern des KP-Regimes gehört und an dessen despotischer Machtausübung teilgenommen hatte, war er nun von Chruschtschow dazu auserkoren, die krassesten Äußerungen des «Personenkults» und die schlimmsten Fehlleistungen des Systems zu korrigieren. Dabei ging es um die stalinistischen Schauprozesse, die um jeden Preis forcierte Produktion von Maschinen und den Bau von Fabrikgebäuden auf Kosten des individuellen Konsums, die gewaltsame Kollektivierung ohne Berücksichtigung der privaten Interessen der Bauern, außerdem um die brutale Verfolgung jeglicher Religionsausübung, gleich welcher Konfession, sowie um eine lückenlose Kontrolle des geistigen Lebens. Die bisherige sklavische Nachahmung des sowjetischen Modells musste einer auf nationale Eigenheiten besser ausgerichteten, flexibleren Politik weichen. Dieses mit dem Slogan «Rückkehr zu den Lenin'schen Normen» kodierte Erneuerungswerk weckte in weiten Kreisen der Bevölkerung zunächst die Hoffnung, einen neuen, liberaleren Landesvater erhalten zu haben. Dabei diente das ganze Spektakel – ebenso wie zehn Jahre später die anfängliche Freimütigkeit des rumänischen Kollegen Ceauşescu – der Schaffung von Popularität, um mit deren Hilfe die persönliche Macht besser ausbauen zu können. Beide bedienten sich dabei einer uralten Herrschaftstechnik: Bereits die Tyrannei des Kaisers Nero begann mit Zugeständnissen an das gemeine Volk, sodass er zum Hoffnungsträger wurde.

Über die intellektuellen Fähigkeiten und die Mentalität Schiwkows gingen die Meinungen der Zeitgenossen auseinander. Für den Mitstreiter János Kádár war er – laut Gyula Horn, Kádárs Dolmetscher und zeitweise Diplomat in Sofia – ein politischer Banause und Sturkopf ohne Situationsgefühl, während der Verhandlungspartner und Jagdfreund Franz Josef Strauß für ihn geradezu hymnische Worte fand: *Dieser alte Revolutionär, der einen langen Lebensweg und ebenso viele Wandlungen – zurzeit vielleicht seine letzte – hinter sich hat, hat Verständnis für offene Worte und Sinn für Humor – auch dort, wo dies für einen kommunistischen Spitzenfunktionär nicht unbedingt angenehm ist.* Der Veteran des Kalten Krieges teilt des Weiteren mit, er habe dem bulgarischen Kollegen politische Witze erzählt, unter anderem über ihn selbst, was dieser mit dröhnendem Gelächter quittiert habe. Der Genuss des Rheinweins, vom Bajuwaren als Geschenk mitgebracht, mag ein Übriges dazu beigetragen haben. Fazit des CSU-Chefs: *Schiwkow gehört zu jenen Politikern im Ostblock, die wissen, dass es ohne grundlegende Veränderungen nicht weitergehen kann. Er will den langen Weg der Reformen gehen.* Für die Jagdsaison 1987/88 ist dies ein erstaunlich schmeichelhaftes Zeugnis.

Der bulgarische Führer war der Einzige unter den osteuropäischen KP-Chefs, der in den wechselvollen Jahrzehnten des sozialistischen Lagers keinen nennenswerten Konflikt, nicht einmal Reibungen mit dem Großen Bruder hatte. Er verdammte immer als Erster ohne Wenn und

Aber alle Abweichungen im Weltkommunismus: den jugoslawischen Revisionismus, die ungarische Konterrevolution, das chinesische Sektierertum, die tschechoslowakische Ketzerei, die rumänische Sonderstellung, den Eurokommunismus, die Rebellion der Polen. Jeden Parteitag der KPdSU würdigte er als historisch, jeden Wechsel an der Kremlspitze als genial und plapperte jede Phrase des Moskauer Jargons eifrig nach. Diese Musterschülerhaltung, die sämtliche Sowjetführer von Chruschtschow bis Tschernenko gerne an ihm sahen, zeugte zwar nicht gerade von einem weiten Horizont, aber von einem wachsamen Machtinstinkt und einer gewissen Bauernschläue.

Vielleicht wollte er wirklich «kein Diktator» werden. Wenn aber jemand wie er über eine Zeitspanne, die von der Pferdekutsche bis zum Computer ging, sich so viel Macht aneignen konnte, musste er notwendigerweise das Proporzgefühl verlieren. Zudem kanonisierte ein Beschluss des Zentralkomitees zum dreißigsten Jahrestag von Schiwkows Machtantritt die Phase seit April 1956 als *neues goldenes Zeitalter der Entwicklung der bulgarischen Wissenschaft, Kultur und Bildung* – die Wirtschaft wurde sicherlich nicht aus Bescheidenheit ausgeklammert. Auch kokettierte der Chef wahrscheinlich mit dynastischen Plänen und hievte seine Familienmitglieder in hohe Positionen: Tochter Ljudmila ließ er in Oxford studieren und später zur Kulturministerin ernennen, Sohn Wladimir begann seine Karriere in der Jugendorganisation *Dimitrowscher Komsomol*, Schwiegersohn Iwan Slawkow leitete in den Siebzigerjahren das staatliche Fernsehen. Wahrscheinlich lag es an dem tödlichen Autounfall der Tochter im Jahre 1981 oder an Schiwkows vorsichtigem Charakter, aber letzthin folgte er doch nicht dem Beispiel seines nördlichen Nachbarn. Anders als der rumänische Conducator verzichtete er auf die höheren Weihen und ließ sich nicht zum «Genius des Balkans» oder zur «Sonne des Vaterlands» küren.

Ansonsten mangelte es nicht an Ähnlichkeiten des bulgarischen mit dem rumänischen System, vor allem was die historische Legitimierung anbetraf. Beide Staaten befanden sich in den Vierzigerjahren zunächst auf Seiten Nazideutschlands und stiegen erst kurz vor dem Zusammenbruch des «Dritten Reiches» durch einen Staatsstreich aus dem bereits verlorenen Krieg aus. Beide stilisierten diesen Frontwechsel bzw. den Einmarsch der Roten Armee in ihre Hauptstädte als nationale Befreiung. Sowohl das offizielle Rumänien als auch Bulgarien betrachteten die sozialistische Entwicklung als logische Weiterführung und als Höhepunkt ihrer *nationalen* Geschichte, der sui generis aus dem jahrhundertelangen Kampf für die Unabhängigkeit gefolgt war. Indessen richtete sich die Staatsdoktrin Nicolae Ceauşescus klandestin gegen die Sowjetunion, während das Selbstverständnis der bulgarischen Kommunisten eng und verkrampft an die Schutzmacht und deren historische Vorläufer gebunden war. So galt die Überschreitung der Donaulinie durch die Divisionen der 3. Ukrainischen Front Anfang September 1944 als Pendant zur russischen Offensive gegen das Osmanenreich 1877/78, und Stalin erschien aus dieser Perspektive als Reinkarnation des «Zar-Befreiers» Alexander II., dessen Denkmal Sofias Zentrum schmückte. Der kleine Unterschied zwischen den beiden Befreiungsfeldzügen bestand darin, dass Bulgarien 1878 nicht das russische System aufgezwungen wurde, während nach dem Herbst 1944 eine eindeutige Sowjetisierung des Balkanlandes erfolgte.

Das magische Datum war der 9. September, als die kommunistisch dominierte *Nationale Front* die nationalkonservative Übergangsregierung und die Monarchie durch einen Staatsstreich stürzte. In der Geschichtsschreibung galt das Ereignis als sozialistische Revolution, sodass das Land die in der Historiografie anderer Ostblockstaaten als «volksdemokratisch» bezeichnete Phase übersprungen hatte – ähnlich wie die Mongolei den Kapitalismus. Die kurzlebige Koalitionsregierung, der Ausbau des kommunistischen Terrors, die Zerschlagung der Opposition und die Vernichtung der freiheitlichen Strukturen wurden somit als unbedeutende Episoden vernachlässigt. Die Ereignisse sollten zudem als rein bulgarische Initiative gelten; auch die kommunistische Partei bezeichnete sich als «heimisches Phänomen», Nachfolgerin der 1903 gegründeten sogenannten Partei der «engen Sozialdemokraten», frühe Verbündete Lenins, im selben Jahr ins Leben gerufen wie die Sozialdemokratische Arbeiterpartei Russlands (Bolschewiki). Nach diesem Muster wurde die gesamte Vergangenheit neu geordnet, vom Altbulgarischen Reich bis zu der 1878 international anerkannten Monarchie. So entstand ein kastrierter Staatsnationalismus mit einer Fülle unausgesprochener territorialer Träume, ethnischer und sprachlicher Eifersüchteleien, deren Schärfe nach außen vor allem gegen die Türkei, nach innen potenziell gegen die türkische Minderheit gerichtet war.

Bulgariens strukturelle Probleme wurzelten in der zu schnellen und radikalen Industrialisierung der Fünfziger- und Sechzigerjahre sowie in der
konzentrierten Landwirtschaft des staatlichen Sektors mit etwa eintau-
send großen Agrarbetrieben. Vor allem kleine Wirtschaften wurden
massenhaft vernichtet, andererseits hinkte die Infrastruktur der durch
massenhafte Dorfflucht begünstigten urbanen Entwicklung chronisch
hinterher. Die zentrale Bürokratie beanspruchte vollständige Kontrolle
über die Produktion und war gleichzeitig nicht imstande, deren normalen Rhythmus zu gewährleisten. Die kontinuierliche Mangelwirtschaft
rief einen blühenden Schwarzmarkt ins Leben – Informalität und Korruption bestimmten ohnehin die Beziehungen zwischen Bürgern und
Behörden. Außerordentlich begehrt und häufig durch Schmiergelder er-
kauft waren zum Beispiel die Aufenthaltsgenehmigungen in den Großstädten, für die aufgrund ihrer Übervölkerung ein Zuzugsstopp verordnet worden war. Um in Sofia wohnen zu können, wurden zahllose
Scheinehen geschlossen. Dabei waren die begehrten Neubauwohnungen
alles andere als attraktiv. In den oft nicht beheizbaren Badezimmern mit
den aus der Wand ragenden Röhren – sowjetische Modelle niedrigster
Kategorie – wurde das Abfließen des Wassers einfach durch einen abge-
schrägten Fußboden ermöglicht. Sogar dieser karge Komfort zählte
schon zum Luxus, die durchschnittliche Wartezeit auf eine Wohnung
betrug zehn Jahre.

Die allgemeine Warenknappheit bei gleichzeitiger Preisstabilität
führte zwangsläufig dazu, dass die Bevölkerung kein Geld ausgab. Zwischen 1970 und 1985 registrierte die bulgarische Staatsbank ein fünf-
faches Anwachsen der Sparanlagen – von vier auf 20 Milliarden Lewa.
Dieses enorme Kapital sollte einige Jahre später bei der ersten Berührung
mit dem Kapitalismus wie Schnee in der Sonne schmelzen. Zuvor aber
war die Gesellschaft geprägt von einem anscheinend unstillbaren Kon-
sumhunger – begehrt war alles, was nach Qualität aussah. Besonders
verlockend war das Angebot des Valutengeschäftsnetzes *Korecom* mit
dem offiziellen Wechselkurs 1 Lew = 1 DM, das allerdings nur für Aus-
erwählte zugänglich blieb. Transaktionen mit dem realeren Wechselkurs
vier zu eins fanden in den Toreinfahrten neben den Interhotels oder an
der Sonnenküste statt.

Zu den Erfolgen staatlicher Wirtschaftspolitik gehörten die zahlreichen
lukrativen Außenhandelsunternehmen, die seit Anfang der Sechziger-

jahre im westlichen Ausland ihre Zelte aufgeschlagen hatten, um dort zwecks Devisenbeschaffung meist undurchsichtige Geschäfte zu tätigen – etwa so wie das KoKo-Imperium der DDR, nur in kleinerem Umfang. Gut funktionierten außerdem die den Bauern anvertrauten «persönlichen Hilfswirtschaften», ohne deren Produktion die Lebensmittelversorgung von Europas einstiger Speisekammer nicht hätte gesichert werden können. Dieser verschämt als «bourgeoises Überbleibsel» apostrophierte Sektor lieferte in den Achtzigerjahren 40 Prozent der Fleisch-, 23 Prozent der Milch-, 45 Prozent der Obst- und 50 Prozent der Eierproduktion.

Die eigentliche Achillesferse des ökonomischen und damit politischen Systems bestand jedoch in der speziellen Bindung des Landes an die Sowjetunion. Die ganze monströse Industrie hing von den Rohstofflieferungen und der technischen Ausrüstung aus dem Bruderland ab. Das Verhältnis zwischen Eigenleistung und Import war Ende der Fünfzigerjahre in einem Witz festgehalten worden – ob ihn der Parteichef seinem bayerischen Gast erzählt hat, sei dahingestellt: *Die Bulgaren wollen nach sowjetischem Muster einen Sputnik ins All schicken. Die Parteizeitung schreibt jeden Tag über das zu erwartende historische Ereignis, und ganz Sofia ist festlich beflaggt. Einen Tag vor der geplanten Unternehmung schickt Schiwkow ein Telegramm nach Moskau: «Hund ist vorhanden – wir bitten um Sputnik.»*

Zweifelsohne ließen sich die Machthaber in Moskau ihr Imperium einiges kosten. Im Dienste der Machtpolitik standen unter anderem ihre schier unerschöpflichen Ressourcen an Rohstoffen und Energieträgern. Sie verwendeten astronomische Beiträge darauf, die wirtschaftliche und soziale Stabilität ihrer Satelliten aufrechtzuerhalten. Ideologische Ketzereien bestraften sie manchmal mit dem Abzug von technischen Einrichtungen und Fachleuten aus dem abtrünnigen Land, wie in China 1960, oder drohten wenigstens damit – in Ungarn 1973, in Polen 1981. Ansonsten aber subventionierte Moskau jahrzehntelang die ökonomischen Mechanismen seiner Verbündeten, selbst wenn sich diese als völlig ineffizient erwiesen. Und die Verbündeten dachten nicht einmal in ihren bösesten Albträumen daran, dass diese Quelle versiegen könnte.

In den Flitterwochen der europäischen Entspannung – vor, während und nach der KSZE-Konferenz von Helsinki 1975 – machten westliche

Regierungen und Firmen nach und nach den kleinen ost- und mitteleuropäischen Ländern Kreditangebote, die diese, sicherlich mit Moskaus Segen, gerne wahrnahmen. Die Sowjets verbanden damit keinerlei
Befürchtungen, denn selbst die höchsten dieser Anleihen waren nur ein
winziger Bruchteil dessen, was sie selbst in die marode Ökonomie der
Nachbarn hineinpumpten. Doch sehr schnell erwies sich die Westwährung für die kommunistischen Oligarchien als harte Droge, und die Verschuldung des Ostblocks erreichte gegen Ende der Siebzigerjahre ein erstaunlich hohes Ausmaß. Zudem gab es unerwartete Nebenwirkungen:
Neue Kreditaufnahmen bzw. Rückzahlungsstundungen wurden von
westlicher Seite immer häufiger mit dem Unwort «Menschenrechte»
verknüpft.

In dem unausgesprochenen Wettbewerb zwischen den Mitgliedstaaten des Warschauer Vertrags um die Gunst der Kreditgeber hatte Sofia
die allerschlechtesten Karten. Die Bulgaren verfügten weder über eine
eigensinnige Diplomatie wie Bukarest noch über eine der Váci utca ver-
gleichbare Einkaufsstraße mit schmucken kleinen Schaufenstern wie
Budapest. Umso berüchtigter war die Balkanrepublik als Standort der
gefürchteten Geheimpolizei *Derschawna Sigurnost*, deren Agenten im
September 1978 in London am helllichten Tage den Exilautor Georgi
Markow ermordeten. Die Tatwaffe, ein mit Gift präparierter Regen-
schirm, war in der internationalen Öffentlichkeit so oft mit Bulgarien
identifiziert worden, dass für das Image des Landes ein dauerhafter
Schaden entstand. Kaum hatte sich die Empörung über diesen Realthril-
ler ein wenig gelegt, als einige Jahre später im Kontext des Attentats gegen Papst Johannes Paul II. im Mai 1981 die italienische Untersuchungs-
behörden auf eine «pista bulgara», eine «bulgarische Spur», stießen, die
vermuten ließ, dass die Hintermänner des Mordversuchs in der Balkanrepublik zu suchen seien.

Eine der Spezialitäten der spätkommunistischen bulgarischen Gesellschaft war ihr hoher, wenn auch rein formeller Organisationsgrad. Fast
jeder Erwachsene besaß irgendein Mitgliedsbuch. 930000 Bürger gehörten der «Avantgarde der Arbeiterklasse» an, der *Bulgarischen Kommunistischen Partei*, 120000 dem *Bauernbund*, einer Frontorganisation,
die aus der großen Agrarpartei der Vorkriegszeit konstruiert worden war
und deren Mitgliederzahl jahrzehntelang auf diesem Niveau gehalten

wurde. Schließlich gehörten 4,4 Millionen Bulgaren der *Vaterländischen Front* (Otetschestven Front) an, ohne ihr jemals beigetreten zu sein, einem Dachverband für alle möglichen «Massenorganisationen», der in anderen Ostblockländern lediglich als Phantomorganisation existierte. Die einzig relevante politische Kraft im Staate war selbstverständlich auch in Bulgarien die KP, wobei die wirklichen Entscheidungen von einem ganz engen Kreis im und um das Politbüro getroffen wurden.

Das tiefe Dilemma der bulgarischen Führung, hervorgerufen durch Glasnost und Perestrojka, bestand darin, dass jede Reaktion auf diese Herausforderung unvorhersehbare Folgen nach sich ziehen konnte. Wenn sie das Moskauer Rezept beherzigt und die inneren Widersprüche der Gesellschaft öffentlich gemacht, kleine Kooperativen in Handel und Handwerk genehmigt hätte und Andersdenkende hätte zu Wort kommen lassen, dann wären damit möglicherweise Konflikte ausgelöst worden, deren Ausgang für die ganze Machtstruktur höchst riskant war. Hätten die Machthaber sich aber frontal gegen die Moskauer Reformen gestellt, so wäre dies einer Kündigung der traditionellen Loyalität gegenüber den Sowjets gleichgekommen – zudem hätte dies jeder Oppositionsgruppe die Möglichkeit geboten, sich bei ihrer staatsgefährdenden Tätigkeit auf die KPdSU zu berufen.

In seinen 1997 veröffentlichten «Erinnerungen» behauptet der ehemalige Staats- und Parteichef, dass er sich bereits Mitte Oktober 1987 über die bösen sowjetischen Absichten im Klaren war und auch gewisse Schritte tat, um den drohenden Prozess zu bremsen: *Es war abzusehen, dass Gorbatschow nichts anderes betreiben würde als die völlige Aufgabe der Positionen, die Liquidierung des Sozialismus. Ich habe einen letzten Versuch unternommen, um die Abwehr der ersten Führer der sozialistischen Länder zu organisieren. Ich wusste, dass mein Handeln gleichbedeutend war mit einem politischen Selbstmord, aber das hinderte mich nicht. Kádár, Husak und Honecker waren einverstanden, dass man etwas tun muss. Im Gespräch waren sie sich einig, als es jedoch zum Handeln kommen sollte, haben dies alle vermieden. Sie haben sich in ihr Schneckenhaus zurückgezogen.*

Die Chancen einer solchen Ablehnungsfront waren zum gegebenen Zeitpunkt vor allem wegen der auserkorenen Verbündeten eher geringfügig: János Kádár war nicht der Mann, der bereit gewesen wäre, unter welchem Vorwand auch immer, gegen die Sowjetunion zu rebellieren, obwohl er das Geschehen in der SU mit wachsender Skepsis verfolgte. Gustav Husáks Abdankung vom Posten des Parteichefs, bei gnadenvoll gewährter Beibehaltung des einflusslosen Präsidentenamtes, war zu dieser Zeit bereits beschlossene Sache. Und was Erich Honecker anbelangt, so aalte er sich soeben im Talmiruhm des deutsch-deutschen Gipfeltreffens und fühlte sich auf dem Höhepunkt seiner internationalen Akzeptanz. Ob resigniert oder empört – sie alle waren jenem Wohltäter ausgeliefert, dem sie ihre langjährige Macht und Würde zu verdanken hatten. Ohne Moskaus direkte Instruktionen schlugen die machtmüden Cäsaren um sich und suchten ihre Rettung manchmal in verzweifelten, aberwitzigen Aktionen – so auch Todor Schiwkow.

Es war mehr als ein Verbrechen, es war ein Fehler, sagte der Polizeiminister Joseph Fouché, als Napoleon Bonaparte den Herzog von Enghien erschießen ließ. Dieser Satz passt eins zu eins auf die Vorgehensweise der unter Reformdruck geratenen bulgarischen Führung in der heikelsten Frage des Landes: dem Zusammenleben unterschiedlicher Ethnien, Kulturen, Konfessionen und Traditionen. Es war zu erwarten, dass die 1981 mit den Feiern des 1300. Jahrestages der Bulgarischen Reichsgründung verbundenen nationalen Emotionen manche alten Leidenschaften neu beleben würden, zumal ein Drittel dieser bewegten Historie von den Osmanen beherrscht war. Das Verhältnis der kommunistischen Machthaber zu den 900 000 Menschen starken türkischen Minderheit und den 200 000 Pomaken – bulgarischsprachigen Muslimen – war von Antireligiosität und systematischem Argwohn gegenüber jeglichem Anderssein geprägt. In diesem ideologischen Kontext erschien die als «Wiedergeburt» kodierte Kampagne wenn schon nicht logisch, so doch zumindest folgerichtig. Ausgerechnet im Orwelljahr 1984 kam die Regierung in Sofia auf die Idee, anlässlich des Austauschs der Personalausweise türkisch klingende Namen zu slawisieren. «Ideologisch», wenn man dieses Wort auf eine Mischung von wahnwitzigen Ressentiments und böswilligem Rachegeist anwenden kann, begründete die Partei diese Maßnahme damit, dass die Betroffenen keine Türken, sondern Bulgaren seien, deren Vorfahren die osmanischen Herrscher seinerzeit ihre Identität und sogar ihre Namen genommen hätten.

Die Umbenennung wurde mit brutaler Gewalt durchgeführt, der öffentliche Gebrauch der türkischen Sprache war verboten. Zahllose

Moscheen wurden geschlossen, Gläubige wegen Befolgung religiöser Bräuche, wie zum Beispiel der Beschneidung ihrer Söhne, hart bestraft. Proteste wurden von den Behörden mit Verhaftungen, Zwangsumsiedlungen und, laut *amnesty international*, auch mit Hinrichtungen geahndet. Das Schicksal der ihrer Namen beraubten Jussufs, Alis, Najdes oder Leylas, die nach der offiziellen Sprachregelung nun Iwan, Ilja, Nadja oder Ljudmila heißen sollten, wäre der europäischen Öffentlichkeit kaum bekannt geworden, wenn es unter den Betroffenen nicht einige namhafte Spitzensportler gegeben hätte – etwa den Gewichtheber Naum Schalamanow alias Naim Süleimanoglu oder den Amateurboxer Iwajlo Marinow, eigentlich Ismail Mustafow. In welcher Atmosphäre diese Kampagne verlief, erzählte mir seinerzeit ein befreundeter bulgarisch-jüdischer Journalist, Jossif K.: Im Sommer 1984 fuhr er von Sliwen nach Sumen, wo er eine Familienangehörige im Krankenhaus besuchen wollte. Unterwegs wurde er mehrmals von Soldaten angehalten und um seinen Ausweis gebeten. Sie fanden seinen Namen «türkisch» und ließen ihn nur aufgrund seiner Korrespondentenkarte weiterreisen. Den Grund der Schikanen verstand er erst vor dem Hospital, auf dessen Fassade in großen Buchstaben die Inschrift stand: *Tuk ne se govori na tschusdy jezicy* (Hier spricht man keine Fremdsprachen).

Dieser Namensterror war kein isoliert bulgarisches Phänomen: In Rumänien, Griechenland und der Türkei war er gegenüber Minoritäten bereits früher praktiziert worden, von der Sowjetunion mit ihrer Einführung der russischen Vatersnamen für nichtslawische Völker wie Esten, Tadschiken, Tataren, Letten, Ungarn, Burjaten, Deutschen und anderen gar nicht zu reden. Dadurch entstanden passgerechte Namensmonster wie Otto Wolfowitsch, Emese Árpádowna oder Mahmud Nasreddinowitsch. Die autoritäre Staatsraison akzeptierte überall ungern die Identifizierungswünsche der Minderheiten. Aber dass eine Regierung mitten in Europa bereit war, wegen der nationalen Doktrin eine fast bürgerkriegsähnliche Kollision mit großen Teilen der Bevölkerung zu riskieren – das war ein Skandalon ersten Ranges oder hätte eines werden können, hätte die westliche Welt sich nicht weitgehend indifferent gegenüber dieser armen, gottverlassenen, korrupten Ecke des Kontinents verhalten.

Die Krise um das Projekt «Wiedergeburt» schwelte nach ihrer akuten Phase 1984/85 jahrelang besonders in den türkisch bewohnten Bezirken Nordbulgariens und an der Grenze zur Türkei weiter, doch wie alle kommunistischen Kampagnen verlor auch der Bulgarisierungsfeldzug mit der Zeit an Intensität. Den Neugeborenen wurden heimlich traditionelle türkisch/arabische Zweitnamen verliehen, und die Gottesdienste fanden im vertrauten Kreis statt. Man hoffte auf Besserung durch die internationale öffentliche Meinung, später auf Gorbatschow, aber am meisten auf die Türkei. Die überwältigende Mehrheit der im Namen des «sozialistischen Patriotismus» gegängelten und gedemütigten Minorität dachte damals noch keineswegs an Exodus. Erst im März 1989 kam es vor allem in Kleinstädten und Dörfern mit starkem türkischen Anteil zu einer neuen Protestwelle. Zuerst begannen die Menschen das sprachliche Tabu zu brechen, indem sie an öffentlichen Orten miteinander türkisch redeten; auf der Straße erschienen sie in Nationaltracht. Im April traten einige Aktivisten in den Hungerstreik, und Anfang Mai begannen friedliche Kundgebungen mit der Aufforderung an die Regierung, den Dialog aufzunehmen. Doch diese ließ die rebellischen Bezirke abriegeln, Panzer auffahren und schließlich das Feuer auf die Menge eröffnen. Die Bilanz der blutigen Zusammenstöße: sieben Tote und Hunderte von Verwundeten.

Zeitlich fiel die dramatische Verschärfung dieser Situation mit einem anderen Ereignis zusammen: Am 9. Mai erließ die Nationalversammlung ein neues Passgesetz, dem zufolge ab dem 1. September 1989 jeder bulgarische Staatsbürger frei ins Ausland und auch wieder zurück reisen durfte. Das liberale, «helsinkigerechte» Gesetzeswerk sollte das schwer angeschlagene Image des Regimes aufpolieren. Doch das Gegenteil trat ein. Als die Behörden, darunter vor allem Einheiten der Staatssicherheit, einige Dutzend wirklicher oder vermeintlicher «Rädelsführer» der ethnischen Unruhen mit einem neuen Reisepass ausstatteten und sie in die türkische Provinz Edirne abschoben, ohne das Inkrafttreten des großzügigen Passgesetzes abgewartet zu haben, traten sie eine Lawine los.

Endlich reagierte nun auch die westliche Welt. Angesichts der ausländischen Proteste versuchte Parteichef Schiwkow in einer Rundfunk- und Fernsehansprache am 29. Mai, den Spieß umzudrehen, indem er die Schuld für den tragischen Konflikt gänzlich auf den südöstlichen Nachbarn abwälzte, dessen pantürkische Propaganda die bulgarischsprachigen

Muslime gegen ihre Heimat aufgestachelt haben sollte: *Aus diesem Anlass möchte ich mich im Namen der bulgarischen Muslime* (sic!) *und in meiner Eigenschaft als Vorsitzender des Staatsrates sehr eindringlich an die entsprechenden türkischen Machthaber wenden: Öffnen Sie die Grenzen für jeden bulgarischen Muslim, der zeitweilig in die Türkei gehen möchte oder dort bleiben und leben möchte. Die Türkei soll ihre Grenzen öffnen für die Welt* (sic!), *in Einklang mit den internationalen Normen und Verträgen, wie es auch die Volksrepublik Bulgarien macht* ... Nach dieser beispiellosen Rede, in der ein Staatschef 900 000 Einwohner seines Landes praktisch einem anderen Staat überließ, war es kein Wunder, dass «bulgarische Muslime» die Passämter stürmten, zumal ihnen die lokalen Behörden diesen Schritt nahegelegt hatten. Das Tempo der Antragsbearbeitung hätte diesmal jedem sozialistischen Wettbewerb zur Ehre gereicht.

Natürlich traf die Regierung in Ankara an der Entfaltung der Krise eine Mitschuld. Hohe türkische Würdenträger, unter ihnen Ministerpräsident Turgut Özal und Staatspräsident General Kevan Evren, hatten ihren Landsleuten versichert, sie alle, laut türkischer Hochrechnung anderthalb Millionen, seien willkommen, die Republik sei bereit, alle aufzunehmen und nach «anfänglichen Härten» in ihre altneue Heimat zu integrieren. Das war nicht einmal gelogen, denn die Machthaber waren auf eine Stärkung ihrer durch Putsch und blutigen Terror arg ramponierten nationalen Einheit angewiesen. Und tatsächlich bewirkten die Ereignisse ein Aufflackern des türkischen Patriotismus, der in einer hochemotionalisierten Istanbuler Solidaritätskundgebung am 24. Juni seinen Höhepunkt fand. Losungen wie «Schickt die Armee nach Sofia!» oder «Waffen gegen die Bulgaren!» beschworen alte Zerwürfnisse herauf. Sogar Moskau wurde in den anachronistischen Clinch zwischen seinem treuesten Verbündeten und seinem wichtigen südlichen Nachbarn einbezogen, als sei Europa plötzlich in die Zeit des russisch-türkischen Krieges von 1877 zurückkatapultiert. Indessen passierten 350 000 Auswanderer die völlig überforderten Grenzübergänge Kapikule und Dereköy bei brütender Hitze mit Autobussen, Pferdekutschen, Autos oder zu Fuß, mit wenigen Habseligkeiten, pro Person 500 Lewa (weniger als 100 DM) in der Tasche. Die Letzten von ihnen konnten bereits den Gegenzug der von der Türkei wegen der dortigen schwierigen Lebensbedingungen enttäuschten Landsleute erblicken. Am 22. August führte Ankara schließlich die Visumspflicht für bulgarische Staatsbürger ein, wodurch die Migrationsbewegung zunächst verlangsamt werden konnte.

Die Hauptschuldigen an dieser Tragödie saßen jedoch nicht in Ankara, sondern in Sofia. Wenn wir behaupten, dass in einem diesbezüglichen imaginären Prozess zweifelsohne Todor Schiwkow der Hauptangeklagte gewesen wäre, dann nur aus dem formalen Grund, weil er an der Spitze jener Hierarchie stand. Mitschuldig war der damalige Außenminister Petar Mladenow, der bis zuletzt große Anstrengungen unternahm, um auf dem Parkett der Diplomatie das Unvertretbare zu verteidigen. Er behauptete: *Bulgarien wendet lediglich die Schlussakte von Helsinki und die KSZE-Vereinbarungen von Wien strikt an, indem es Bulgaren, die sich aus persönlichen Gründen in die Türkei begeben wollen, die Ausreise erlaubt.* Auch der spätere Ministerpräsident Georgi Atanassow war mitverantwortlich, denn schließlich hatte er in den frühen Achtzigerjahren die Zwangsbulgarisierung zuerst reibungslos und unauffällig an 250 000 Roma erprobt, um diese Erfahrung dann auf die Pomaken und Türken anzuwenden. Ebenso wenig lässt sich die Rolle von Aleksandar Lilow rechtfertigen, der sich als Chefideologe in den Siebzigerjahren die Bekämpfung des «trüben Nationalbewusstseins» «der mohammedanischen Bulgaren» zum Ziel gesetzt hatte. All diese Namen sind deshalb erwähnenswert, weil ihre Träger nur ein paar Monate später zu den wichtigsten Protagonisten des Machtwechsels gehörten und unter anderem die vollständige Kehrtwendung auch im Umgang mit der türkischen nationalen Minderheit durchsetzten.

Der Massenexodus hatte neben diplomatischen Komplikationen und erheblichem Imageverlust schwerwiegende Folgen für die Wirtschaft. Die mit vorwiegend türkischen Arbeitskräften betriebene, Devisen einbringende Tabakindustrie drohte völlig zu kollabieren, in der Baubranche, dem Transportwesen und in der Lebensmittelindustrie fehlten plötzlich Hilfsarbeiter – und, was am bedrohlichsten war, die Ernte schien trotz der günstigen Wetterlage zu einer Katastrophe zu werden. Auch im Dienstleistungsbereich zeigten sich ähnliche Probleme wie bei der fast gleichzeitigen Massenflucht der DDR-Bürger, allerdings erwies sich die bulgarische Wirtschaft als labiler. Der Staatsrat der Volksrepublik veröffentlichte Anfang Juli einen Erlass mit *Maßnahmen zur Bereitstellung von Arbeitskräften in außergewöhnlichen Situationen*, was im Klartext bedeutete, dass Männer und Frauen ab dem 18. Lebensjahr zum Arbeitsdienst mobilisiert werden konnten. Das war das offene Eingeständnis, dass man sich in einem ökonomischen Ausnahmezustand befand. Neu an dieser Situation war, dass die führenden Zeitungen des Landes, so das KP-Organ *Rabotnichesko Delo*, die der Massenorganisationen der Werktätigen angehörende *Otetschestwen Front* und das Gewerkschaftsblatt *Trud* diesmal die Schwierigkeiten weder verschwiegen noch beschönigten.

Die Hoffnung auf eine bulgarische Reform nach dem Vorbild Moskaus, die noch in intellektuellen Kreisen oder einzelnen Gruppen der Parteielite gehegt wurde, blieb unerfüllt. Weder vom Politbüro noch vom Generalsekretär erfolgten entsprechende Initiativen, es wurden lediglich einige Kooperativen halbherzig «zur temporären Verwaltung» zugelassen, Kneipen verpachtet oder die Erlaubnis gegeben, in Varna Privatautos als Taxis zu betreiben, was seit eh und je auch ohne Genehmigung funktionierte. Das stolze Wort Perestrojka und seine bulgarische Entsprechung «preustrojstvo» löste nur noch eine müde Handbewegung aus, das gemeine Volk sprach sogar von «prestruvka» (Vortäuschung, Simulation). Das Land lebte in einem diffusen Erwartungszustand – wie in einem voll besetzten riesigen Theatersaal, in dem sich jeden Augenblick der Vorhang heben kann, aber das Publikum keine Ahnung hat, welches Stück gespielt wird und wer die Akteure sind. Drei Faktoren gab es, die in diesem Herbst Bulgariens Zukunft beeinflussen konnten: die demokratische Opposition, die Spitzenfunktionäre und die sowjetische Botschaft.

Ein Dissens à la Polen oder ČSSR konnte in Bulgarien niemals entstehen. Außer der massiven Angst vor der Geheimpolizei, die laut heutigem Erkenntnisstand 600 000 Staatsbürger mithilfe von 100 000 Informellen Mitarbeitern bespitzelte, spielte auch der Mangel an demokratischen Traditionen eine Rolle. Pluralismus hatte es auch in der Vorkriegszeit lediglich als ein schwer erkämpftes, zeitweiliges Gleichgewicht der politischen Lager gegeben, dank des persönlichen Muts einiger Journalisten der wenigen gelesenen Zeitungen. Doch auch diese Ansätze starben nach 1947 fast völlig aus, und der freie Geist blieb auf die Hoffnung der Literaten nach einer Lockerung der Zensur beschränkt. Als Nonplusultra des Fortschritts galt die Veröffentlichung eines Artikels in der Wochenzeitung *Literatura Front* über Tabuthemen wie Drogenkonsum, Prostitution oder Kriminalität. Dass noch viel mehr möglich sein könnte, übertraf die Vorstellungskraft der Intellektuellen. Als im Frühjahr 1989 auf dem Kongress des Schriftstellerverbands neben parteioffiziellen Kandidaten auch einige kritische Autoren ins Präsidium gewählt wurden, erschien dies manchen Beteiligten fast wie ein Triumph der Meinungsvielfalt.

Die Entfaltung des Dissenses in Bulgarien folgte der Richtung des geringsten Widerstands. Als Erstes wurde Ende September 1987 ein *Komitee zur Rettung der Stadt Russe* gegründet. Die Legitimation ökologischer Proteste konnten nach der Katastrophe von Tschernobyl nicht einmal die orthodoxen Betonköpfe der Partei infrage stellen, zumal diese in der UdSSR inzwischen nicht nur geduldet, sondern auch von prominenten Persönlichkeiten getragen wurden. Darunter war der auch in Bulgarien sehr populäre Romancier Walentin Rasputin, dessen Engagement zugunsten des bedrohten Baikalsees auch anderenorts ermutigend auf die Umweltschützer wirkte. Außerdem war die eigentliche Angriffsfläche der Russe-Bewegung in der rumänischen Grenzstadt Giurgiu zu finden, deren Industrie bulgarische Gewässer und bulgarischen Boden gefährdete. Der ökologische Vorwurf galt damit nicht der Sofioter Regierung, sondern dem ungeliebten Nachbarstaat, dem ein «chemischer Krieg» nachgesagt wurde. In diesem Sinne hatte der Kampf um die Reinheit der Natur auch patriotischen Charakter, ähnlich wie im Fall der gleichzeitigen ungarischen Bewegung gegen das Donaukraftwerk Nagymaros/Gabčíkovo, dessen Bau hauptsächlich von tschechoslowakischer Seite angestrebt wurde. Alle kommunistischen Regimes, die gegenüber der Anklage, undemokratisch zu sein, durchweg immun waren, reagierten viel sensibler, wenn die Treue zu ihrer Nation in Zweifel gezogen wurde. So fühlte sich die bulgarische Führung gezwungen, Verhandlungen mit Rumänien über die ökologischen Schäden aufzunehmen, während sie gleichzeitig einzelne Aktivisten der ungefähr achtzig Mitglieder zählenden Russe-Gruppe maßregelte.

Als im Frühjahr 1989 die *Gesellschaftliche Bewegung Ekoglasnost* in Sofia ins Leben gerufen wurde, vertrat sie bereits eine reife Programmatik, die weit über den Umweltschutz hinausging: *Die Ökologie ist kein isoliertes Problem. Ausgehend von der Feststellung, dass das Recht auf gesundes Leben und ökologische Sicherheit zu den grundlegenden Menschenrechten gehört, betrachten die Mitglieder ihre Bewegung als*

Teil einer breiteren demokratischen Bewegung für den Frieden, für Menschenrechte, Freiheit und Gerechtigkeit, welche in unserem Land noch in Entstehung begriffen ist (...). Ekoglasnost verteidigt das Recht aller bulgarischen Staatsbürger auf eigene demokratische Gesellschaften und Bewegungen und wird gegen jedwede Verletzung dieser Rechte protestieren. Die einzelnen Forderungen waren so formuliert, dass jeder begreifen konnte: Ihre Verwirklichung käme einer völligen Kehrtwende in der bisherigen sozialen und politischen Praxis gleich. So konnte die vollständige Publikation von Umweltdaten nur durch die Aufhebung der Zensur erreicht werden, die Zulassung von *Ekoglasnost*-Vertretern zu allen wichtigen internationalen Konferenzen hätte Reisefreiheit vorausgesetzt, und die Verurteilung und Bestrafung von Umweltverbrechen hätte in die Rechtsprechung den Terminus «Regierungskriminalität» einführen müssen. Schließlich erklärte *Ekoglasnost dem stagnierenden Monopolismus und demoralisierenden Befehlzentralismus in jedem Bereich der Gesellschaft, der mit Umweltfragen zu tun hat*, eine recht präzise Beschreibung der vorhandenen Diktatur, förmlich den Krieg.

Ekoglasnost verstand sich vor allem als legalistisch und stellte keine offenen Fragen nach dem Charakter der von ihr erwünschten Gesellschaft. Die andere große Organisation, der im Januar 1989 im akademischen Milieu gegründete *Club zur Unterstützung von Glasnost und Perestrojka*, war eher ein Forum der intellektuellen Parteireformer. Eine weitere Organisation war die im Februar 1989 in Plovdiv entstandene, von der polnischen Solidarność inspirierte *Podkrepa* (dt. Unterstützung). Sie verstand sich ursprünglich als Gewerkschaft der Kopfarbeiter, hatte jedoch auch politische Verbindungen zu den Repräsentanten der türkischen Minderheit. Unter den kleineren Organisationen ist besonders die *Unabhängige Gesellschaft zur Verteidigung der Menschenrechte* erwähnenswert, deren Mitgliedschaft teilweise aus ehemaligen politischen Gefangenen bestand. Sie übernahm die Rolle der in Polen und Ungarn bereits existierenden Opferverbände. Die Gruppe *Komitee 273* hatte ihren Namen nach dem berüchtigten Artikel 273 des bulgarischen Strafgesetzbuches. Dieser war, ähnlich wie die entsprechenden Gummiparagrafen zur «staatsfeindlichen Hetze» in den Bruderländern, so allgemein formuliert, dass er auf jeden Bürger, vom harmlosesten Witzeerzähler bis zum waghalsigsten Samisdatautor, beliebig angewendet werden konnte.

Diese lockeren Vereinigungen mit zahlreichen personellen Überschneidungen, wobei die Gesamtzahl der Beteiligten kaum tausend übertraf, waren kleine Dissidentengruppen, aber noch nicht einmal ansatzweise Parteien. Am meisten ähnelten sie den russischen «njeformali» (informellen Gruppen), deren Legalität sich hauptsächlich darauf stützte, dass die Behörden ihre Bildung nicht mehr verhindern beziehungsweise ihre Tätigkeit nicht unterbinden konnten. Bei der organisatorisch breit erfassten bulgarischen Gesellschaft war es kein Wunder, dass sich besonders in den größeren neuen Vereinigungen viele Mitglieder der KP einfanden und dass fast alle dieser politisch Engagierten mit dem schwächlichen Monstrum *Vaterländische Front* zu tun hatten. Außerdem wirkten an der Spitze der sich formierenden Opposition tonangebend berühmte Kulturschaffende, die einerseits einen gewissen Schutz für das Fußvolk garantierten, andererseits mäßigend auf dessen Forderungen einwirkten. Aber den zivilgesellschaftlichen Gruppen verblieb zu wenig Zeit, um ihre Infrastrukturen noch vor der entscheidenden Auseinandersetzung zu festigen und gleichzeitig die eigentliche Debatte über ihr Konzept zu führen. So entstand das Sammelbecken der bulgarischen Oppositionsbewegung *Union der demokratischen Kräfte* unter der Leitung des Philosophen Schelju Schelew erst Anfang Dezember 1989, als die Machtfrage an der Spitze gerade sozusagen hausintern gelöst wurde.

Die Partei besaß alles, nur keine Opposition, schrieb der exilbulgarische Autor Ilja Trojanow in seiner historischen Reportage *Die fingierte Revolution*. Tatsächlich hatte die BKP, nicht zuletzt aufgrund des hohen Organisationsgrades, die Gesellschaft nach ihrem Bilde geformt. Vor allem fehlte es an dialogfähigen Menschen in der Partei selbst. Der seit Ewigkeiten geführte Kampf gegen Abweichungen und Fraktionsbildungen im Namen der heiligen Einheit hatte dazu geführt, dass es in den Spitzengremien niemanden mehr gab, der mit einem Reformprojekt auftreten und wenigstens eine Million Kommunisten in diesem Sinne hätte orientieren können. Es fehlte nicht nur an Persönlichkeiten im Machtbereich wie dem ungarischen ZK-Mitglied Imre Pozsgay oder dem polnischen Premier Mieczyslaw Rakowski, sondern es fand sich nicht einmal ein berenteter Geheimpolizist à la Markus Wolf, der imstande gewesen wäre, seine übel riechende Vergangenheit mit dem Rosenwasser der Reformhoffnungen zu besprühen. Die einzige öffentliche Gegenstimme konnte man 1987 vom Politbüromitglied und angeblichen Kronprinzen Tschudomir Aleksandrow vernehmen, der seine Meinung über den Chef in eine unhöfliche Metapher kleidete: *Altes Holz muss vom Baum abgeschnitten werden* oder *Wenn sich die Vögel auf ihren langwierigen Flug nach Süden vorbereiten, müssen sie sich von den alten, schwachen und unfähigen Tieren befreien.* Ein paar Monate darauf wurde dieser politische Lyriker «vom Baum abgeschnitten», laut KP-amtlicher Redensart «auf eigenen Wunsch abgelöst», und Schiwkow konnte seinen «langwierigen Flug» zunächst ungestört fortsetzen. Allerdings nicht mehr lange.

Am 24. Oktober 1989 schrieb der Außenminister Petar Mladenow einen Brief an den Parteichef, in dem er den Führungsstil des Chefs kritisierte und seinen Rücktritt anbot. Diesem Schritt war angeblich ein heftiges Telefongespräch vorausgegangen, in dem Mladenow die Forderung Schiwkows abgelehnt hatte, der US-Regierung eine scharfe Protestnote zum Thema der türkischen Minderheit zuzusenden. Das Problem «Wiedergeburt» stand auf der Tagesordnung der für den 25. Oktober anberaumten Sitzung des Politbüros. Mladenow erschien nicht und schob Unwohlsein vor. Ebenfalls aus gesundheitlichen Gründen sagte er seine Teilnahme an dem Gespräch ab, das die bevorstehenden Verhandlungen mit dem türkischen Außenminister in Kuwait vorbereiten sollte.

Die Sabotage dieser äußerst heiklen Mission brachte die Führung in eine schwierige Lage. Zudem stand eine Reise Mladenows nach China unmittelbar bevor, von der man sich große wirtschaftliche Vorteile erhoffte. Offenbar wollten beide Seiten jede direkte Konfrontation zunächst vermeiden. Jedenfalls erörterte das Politbüro auf seiner Sitzung den Rücktrittsbrief nicht, und dieser spielte in der Geschichte auch keine direkte Rolle mehr. Man einigte sich auf den verwunderlichen Beschluss, dass der Text der Rede, die Schiwkow auf dem bevorstehenden ZK-Plenum am 10. November halten wollte, bereits am 31. Oktober in allen Tageszeitungen des Landes veröffentlicht werden würde – eine Geste, die seine nach wie vor starke Position demonstrieren sollte. Gleichzeitig forderte man Mladenow zur Weiterarbeit auf, und dieser trat daraufhin seine von langer Hand geplante Pekingreise an. Er kehrte in den späten Abendstunden des 8. November zurück. Am folgenden Tag nahm das Politbüro das Rücktrittsgesuch des Parteiführers Todor Schiwkow an und bestimmte seinen Kontrahenten Petar Mladenow zum Nachfolger.

Sowohl die Abdankung als auch die Kandidatur wurden am 10. November vom ZK-Plenum bestätigt.

Manches aus diesem Drehbuch erinnert an Erichs Honeckers Sturz. Ähnlich wie der DDR-Führer schätzte auch der Bulgare in der letzten Phase seiner Herrschaft die Kräfteverhältnisse in der Partei offenbar falsch ein und wurde im entscheidenden Augenblick von all seinen Anhängern im Stich gelassen. Während jedoch die Umsturzgeschichte in Ostberlin trotz mancher weißer Flecken relativ genau rekonstruiert werden kann, weisen die Erzählungen über die Wachablösung in Sofia erhebliche Lücken auf und werden von den Protagonisten nachträglich mystifiziert. So behauptet Schiwkows ehemaliger Kanzleichef Kostadin Čakurow, der diese Tage in unmittelbarer Nähe seines Vorgesetzten verbrachte, dass der aufmüpfige Außenminister ganz auf eigene Faust, ohne Hilfe von irgendwem gehandelt habe und dass der greise Parteichef, traurig und desillusioniert, tatsächlich selbst um die Entbindung von all seinen Funktionen gebeten habe. Jedenfalls habe er in keinem Augenblick daran gedacht, seinen Posten, dessen Gefährdung ihm durchaus bewusst war, mithilfe der Armee oder der Staatssicherheit zu retten.

Nach der Sitzung, so erzählte der Kanzleichef im Juli 1990 der Zeitung *Pogled, zog sich Todor Schiwkow ins Kabinett zurück, und Petar Mladenow, Dobri Džurow* [Verteidigungsminister]*, Georgi Atanassow* [Ministerpräsident]*, Andrej Lukanow* [Minister für Außenwirtschaft] *u. a. gingen zu ihm. T. Schiwkow bestellte Cognac und Wein (Petar Mladenow trank Whisky, die anderen hielten sich an Wein und Salami). Man sagte ihm, dass man sich auch in Zukunft sehen und gemeinsam Kaffee trinken werde. Derart zivilisiert, ruhig und ohne Exzesse verlief vor meinen Augen der 9. November 1989.* Angesichts der Tatsache, dass der illustre Kreis sich nach 19.45 Uhr im Kabinett des soeben abgetretenen Chefs versammelte, erscheint es uns geradezu verblüffend, dass die wichtigste Nachricht dieses historischen Abends aus der Erinnerung ausgeblendet blieb. Dramaturgisch ist völlig unvorstellbar, dass die Nachricht über den Fall der Berliner Mauer – besonders bei so viel Alkohol – die Gemüter nicht beeinflusst hätte. Zudem musste der Beschluss des Politbüros am folgenden Tag noch von dem ZK-Plenum abgesegnet werden.

Petar Mladenows Schilderung widerspricht direkt der des Schiwkow-Getreuen Čakurow. Für ihn sei die Auflehnung gegen den Herrscher ein bis zum Ende riskantes Unternehmen gewesen. Eingeweiht in den Plan habe er nur ganz wenige, unter ihnen allerdings den Parlamentspräsidenten Stanko Todorow und ein Mitglied der Akademie der Wissenschaften. Dies geschah am Abend des 24. Oktober auf der Geburtstagsfeier des Autors Jordan Radičkow unter quasi konspirativen Bedingungen: *Wir gingen auf den westlichen Balkon, ich gab ihnen eine Kopie des Briefs und bat sie, dafür zu sorgen, dass der Brief, sollte mir etwas geschehen, den Adressaten erreicht. Er war adressiert an das ZK der Partei, an das Politbüro und an die Revisionskommission.* Einen Tag darauf vertraute er eine Zweitkopie seinem Freund Lukanow an, der sich soeben auf eine Auslandsreise, die den Handel betraf, vorbereitete. *Ich sagte ihm, nimm ihn* [den Brief] *und pass auf, dass dir nichts passiert auf der Reise. (...) Ich ging in mein Stadtappartement und blieb die nächsten Tage dort. Hier war meine Enkelin, meine Tochter war schwanger mit ihrem zweiten Kind. Ich hatte Angst, dass, falls es zu irgendwelchen Gewaltmaßnahmen gegen mich kommen würde, auch sie Schaden nehmen könnten. Daher ging ich in meine Stadtwohnung (...) und nahm eine Pistole mit.*

Interessant neben der Dissidenten- und Pistolenromantik des ansonsten knochentrockenen Apparatschiks Mladenow erscheint uns die Tatsache, dass er, dessen Interview im *Pogled* unter dem Titel *Wahrheit, aber nicht die ganze* erschien, die Antwort auf einige Fragen über die Ereignisse von Oktober/November des Jahres zuvor strikt verweigert hatte. So wollte er unter anderem das Land, in das Freund Lukanow seinen Brief geschmuggelt hatte, auf keinen Fall nennen, denn, so die Erklärung, *ich möchte nicht andere Staaten da mit hineinziehen.* Des Weiteren behauptete Mladenow, dass seine Chinareise *Gelegenheit zu ergänzenden Kontakten* geboten habe. Als jedoch der Journalist nachhakte, ob er nichts Näheres über diese Kontakte verraten könne, entgegnete er: *Nein, ich werde nichts sagen.* Beide Aussagen legen den Verdacht nahe, dass der Spitzenpolitiker bis zuletzt den sowjetischen Hintergrund des Machtwechsels in Sofia decken wollte.

Zu den Ereignissen im Frühjahr 1988 zitieren wir aus Todor Schiwkows Memoiren: *Zum Botschafter in Bulgarien wurde Wiktor Scharapow ernannt – einer der bekannten Generäle des KGB; sehr intelligent, kennt mehrere Sprachen, allseitig vorbereitet mit Dienst in China und einigen anderen Ländern in der Vergangenheit. Mitarbeiter von Andropow, in letzter Zeit arbeitet er im Kabinett von Gorbatschow. Scheinbar waren unsere Gedanken einig, aber in der Tat unterschiedlich.* Ein General-major des KGB, zudem studierter Sinologe, als Botschafter – das war ein richtiges Artilleriefeuer der brüderlichen Diplomatie. Zweifellos hatte die sowjetische «Firma», der KGB, in jedem Ostblockstaat außer Rumä-nien beinahe offen seine Agentur ausgebaut und in einigen Fällen auch direkt bei den Machtintrigen mitgemischt – so im April 1988 in Bu-dapest, als KGB-Chef Wladimir Krjutschkow höchstpersönlich János Kádárs Rücktritt vorbereitete. Aber einen derart hochrangigen Ge-heimpolizisten mit einer Akkreditierungsurkunde in der Aktentasche zu einem Verbündeten zu senden bedeutete eine ungeheure Aufwertung der sowjetischen Sicherheitsinteressen in der Region. Mag sein, dass der ursprüngliche Auftrag darauf beschränkt war, durch die Autorität der sowjetischen Botschaft den Perestrojkadruck auf die Betonköpfe der Partei zu verstärken, aber letztendlich trug Scharapows Mission dazu bei, den unbeliebten Bulgaren Nr. 1 politisch zu isolieren und seinen Sturz, vorsichtig ausgedrückt, nicht zu verhindern. Dabei handelte An-dropows Zögling in aller vornehmen Zurückhaltung, höchstens für den engen Machtkreis wahrnehmbar, dessen Diskretion, wie wir sahen, selbst post festum garantiert schien.

Schiwkow selbst erwähnt zwei wichtige Gespräche mit dem Sowjet-botschafter, ohne sich genau des Zeitpunkts zu erinnern, was sowieso nicht zu seinen Stärken gehörte. Bei der ersten Begegnung soll Schara-pow ihm die Abdankung empfohlen und als Nachfolger den von Schiw-kow 1983 vom Posten des Chefideologen enthobenen und vielleicht des-halb reformverdächtigen Aleksandar Lilow vorgeschlagen haben. Beim zweiten Treffen teilte der Diplomat mit, Moskau habe andere Vorstel-lungen: *Der Kandidat muss unbedingt Politbüromitglied sein – eine Be-dingung, die im Grunde die Vorentscheidung für Mladenow bedeutete. In dieser Zeit «erschien» Petar Mladenows Brief an mich, was nichts anderes war als ein Antrag auf die Rolle der «reformerischen» Hand-lung. Man verstärkte die Bearbeitung der einfachen und führenden Funktionäre. Dieser Versuch richtete sich auch auf die Menschen meines Kabinetts, die sich aber nicht darauf eingelassen haben.* In seinem sprach-lich ziemlich konfusen Text bezeichnete er das Verfahren als «Palastre-volution» und «Komödie». Jedenfalls beließen ihm die Umstürzler zu-nächst das Auto mit Chauffeur, den Leibarzt und das Haus in Bojana.

Als Petar Mladenow seinen Vorstellungsbesuch im Kreml abstattete, empfing ihn der Vater der Perestrojka mit der üblichen internationalistischen Umarmung und fasste das Geschehene in ebenso pathetischen wie zynischen Worten zusammen: *Wir in Moskau haben den Mut von Petar Mladenow zu schätzen gewusst, wir wissen, was ihn der Brief mit der Rücktrittserklärung gekostet hat, wir haben ihn als mutigen Protest verstanden und unsere rückhaltlose Unterstützung erklärt. Schiwkows Bitte, nach Moskau kommen zu dürfen, um sich zu «beraten», haben wir abgewehrt. (…) Nicht dass uns die bulgarischen Angelegenheiten gleichgültig wären, Bulgarien steht uns natürlich sehr nahe, wir kennen unsere Freunde gut, aber uns in die inneren Angelegenheiten einmischen, das innere Heranreifen der Situation behindern – das geht nicht. Und so hat sozusagen der «Mladenow'sche Funke», mit dem die reale Erneuerungsbewegung einsetzte, nur gezeigt, dass die objektive Situation reif, ja überreif war. (…) Wir schätzen deinen Mut, Petar.*

Zu der oft erwähnten führenden Rolle der Partei in den einzelnen Ostblockstaaten gehörte auch die führende Rolle des jeweiligen Parteiführers in der eigenen Partei. Mit dieser tautologisch anmutenden Feststellung wollen wir betonen, dass der Kollaps des Systems in den späten Achtzigerjahren auch mit dem Verlust der Macht der Generalsekretäre und Staatsratsvorsitzenden zusammenhing – auch wenn sie diese Tatsache nicht wahrhaben wollten. Unabhängig davon, ob sie bei der Ausübung ihrer Funktionen im Einzelnen despotisch oder kollegial, irrational oder rational, richtig oder unrichtig verfuhren, besaßen sie in ihren Ländern eine Macht, die praktisch niemand kontrollierte. Der Verlust dieser außergewöhnlichen Befugnisse musste ihnen als ein Teil der eigenen Tragödie erscheinen, die zumindest einer vernünftigen Erklärung bedurfte. Nicolae Ceauşescus letzte wuterfüllte Äußerungen bezogen sich auf Verrat und Verschwörung, János Kádár konnte kurz vor seinem Tod wegen geistiger Umnachtung nur noch die Gespenster seiner Vergangenheit wahrnehmen, Gustav Husák soll am Krankenbett die Sterbesakramente genommen haben – falls er unter diesen Umständen etwas über den Sozialismus gesagt haben sollte, bleibt dies Geheimnis seines Beichtvaters. Erich Honecker beschuldigte als Ursache für seinen Sturz sowohl den westdeutschen Imperialismus als auch die Illoyalität des einstigen Kronprinzen Egon Krenz.

Umso interessanter erscheint das, was Schiwkow kurz vor seinem Rücktritt während eines internen Pressegesprächs in seiner Villa zu Bojana am 1. November vor bulgarischen Journalisten sagte. Der Text seiner etwas wirren Rede ist teilweise durch eine Videoaufnahme überliefert, welche zu seiner Homepage gehörte. Auf dem Bild sieht man ihn hinter einem improvisierten Rednerpult, auf dem eine Tasse steht. Er liest den Text energisch und eintönig vor, in der Tonart seiner Reden auf den Parteitagen der BKP, vor: *Die Geschichte verfügte, dass der Sozialismus in einem unterentwickelten Land erbaut wird, deshalb haben wir es mit einer noch nicht entwickelten Gesellschaft zu tun. Der Sozialismus ist eine Frühgeburt – das ist die Wahrheit: eine Frühgeburt. Wir bleiben hinter den kapitalistischen Ländern zurück, nicht um Jahre, sondern um Jahrzehnte.* Diese Töne klangen bereits in einem Gespräch Schiwkows mit seinem polnischen Gast, dem Ministerpräsidenten Mieczysław Rakowski, Anfang September 1989 an, als er den Sozialismus «ein missratenes Kind, eine Frühgeburt» nannte. Später wird er sogar von «Totgeburt» und «sündhaftem System» sprechen, Letzteres gerade aus seinem Munde doch ein wenig übertrieben.

Selbst bei nur oberflächlicher Kenntnis der Lenin'schen Lehre hätte der Parteichef bemerken müssen, dass seine These nichts als die Rückkehr zu einem Diskurs war, der bereits die Oktoberrevolution begleitet hatte. Die Abkehr von der Marx'schen Vision, dass der Sozialismus in den am meisten entwickelten Ländern entstehen würde, von der ersten Generation der Bolschewiki als ernst zu nehmendes theoretisches Problem gesehen, verkam hier zu einer Rechtfertigung aller eigenen Fehlleistungen. Nach vierzig Jahren Unfreiheit, Gewalt, Lüge und korrumpierter Macht genügte offenbar ein pauschaler Hinweis auf das berühmte Paradigma der ungleichen Entwicklung, um sich aus der Verantwortung zu stehlen.

Das Sofioter Umweltforum, das vom 16. Oktober bis 3. November 1989 stattfand, gehörte zu den Nachfolgekonferenzen der KSZE, die in verschiedenen europäischen Hauptstädten abgehalten werden sollten. Die potenziellen Gastgeber wurden aufgefordert, den jeweiligen Veranstaltungen die größtmögliche Öffentlichkeit zuzusichern – keine leichte Aufgabe für die Ostblockstaaten. So war das offizielle Ungarn im November 1985 gezwungen, der Teilnahme von einigen Exilautoren aus dem Be-

reich des Warschauer Vertrags am Budapester Kulturforum zuzustimmen und sogar eine von den Andersdenkenden organisierte alternative
Tagung zu tolerieren. In einer Rede am 12. Juni 1989 erörterte der bundesdeutsche Außenminister Genscher die dramatische Umweltsituation
auf dem Kontinent und fügte hinzu: *Daher sollten auf dem KSZE-Um-
weltforum in Sofia im Herbst mutige, zukunftsweisende Vorschläge erarbeitet werden, die der Größe dieser Aufgabe, die alle Grenzen sprengt,
tatsächlich gerecht werden können. Hierbei darf es weder in der Sache
noch institutionell Tabus geben, sondern nur eine Demonstration reifen
europäischen Denkens und Handelns.* Das seit Jahren geplante Thema,
grenzüberschreitende Umweltschäden durch Chemikalien und der Zustand der Flüsse, schien direkt auf Bulgarien zugeschnitten zu sein. Die
Volksrepublik musste nicht zuletzt deshalb einwilligen, weil das Land
dringend Hilfe für ökologische Investitionen brauchte. Allerdings konnte
man vorher kaum ahnen, dass das Forum zu einem besonders kritischen
Zeitpunkt eröffnet werden würde.

Oppositionelle Gruppen, vor allem *Ekoglasnost*, nutzten den Anlass
zu einer Unterschriftensammlung gegen einen Wasserspeicher im Rila-
gebirge sowie gegen die Umleitung der Mesta, eines Flusses, der je zur
Hälfte in Bulgarien und Griechenland fließt. Die paar hundert Aktivisten, die am 26. Oktober – mitten in der Führungskrise, von der die
Öffentlichkeit keine Ahnung hatte – ihre Protestkundgebung im Stadtzentrum organisiert hatten, wurden von der Polizei daran gehindert. Das
harte Durchgreifen und die Festnahmen stießen allerdings auf Protest
seitens der Delegierten des Umweltforums, und eine zweite Kundgebung
am 3. November mit bereits mehr als 1000 Teilnehmern konnte ungestört stattfinden. Wahre Dynamik jedoch erhielt die Protestbewegung
erst nach der Palastrevolution vom 10. November, als es der Opposition
gelungen war, beinahe 100 000 Menschen, vor allem Studenten und Arbeiter, auf die Straße zu bringen.

Die 150 000 Teilnehmer der Großkundgebung vom 18. November
forderten den Rücktritt der kommunistischen Regierung, Streichung der
führenden Rolle der KP aus der Verfassung, Bestrafung der Protagonisten der Diktatur und freie Wahlen. Ähnlich wie in der DDR am 4. November desselben Jahres war auch diese Veranstaltung von regimetreuen
Künstlern geprägt, die durchaus das Pathos der Gezeiten in Worte zu
kleiden vermochten – so etwa der Filmregisseur Andschel von Wagen-

stein mit seinem barocken Satzbau: *Vom blutbefleckten Platz des Himmlischen Friedens in Peking bis zum Platz des niedergeschlagenen Prager Frühlings, dem Wenzelsplatz, von der großen chinesischen Mauer über die alten Mauern des Kreml bis zur eingestürzten Mauer der Schande in Berlin bahnt sich ein Prozess wie ein kräftiger Eisbrecher den Weg durch den zugefrorenen Lügensozialismus und schiebt Generalsekretäre und bisher unerschütterliche Eisberge von Parteiherrschaft beiseite.* Wer hätte es gewagt, dieser Euphorie nicht beizupflichten? Einverstanden waren alle, wenn es um die Bestrafung der Schuldigen der bulgarischen Tragödie ging. Doch auch Vorschläge zur toleranten Behandlung der früheren Machthaber wurden berücksichtigt. Weniger Einverständnis zeigte sich, als der Vertreter der *Unabhängigen Gesellschaft für Menschenrechte*, Rumen Wodenitscharow, die Rehabilitierung der vertriebenen Türken forderte. Vor allem deren mögliche Rückkehr nach Bulgarien bildete den Gegenstand heftiger Kontroversen. Offensichtlich hatten die patriotischen Filme über die Osmanenherrschaft ihre Wirkung nicht verfehlt.

Während seines «Vorstellungsgesprächs» bei Gorbatschow am 5. Dezember 1989 hatte Mladenow den sowjetischen Parteichef gefragt, wie die Formulierung «führende Rolle der Partei», die in der sowjetischen Verfassung unter Punkt 6 und in der bulgarischen unter Punkt 1 präzisiert war, zu verstehen sei. Die orakelhafte Antwort lautete: *Es lohnt nicht, die Frage zu dramatisieren und von einem Extrem ins andere zu fallen. Wenn jemand darauf besteht, den Artikel 6 der Verfassung abzuschaffen, um die Partei zu diskreditieren, so sind wir dagegen. Ich habe kürzlich (...) gesagt, dass prinzipiell über eine mögliche Präzisierung oder Veränderung jedes Verfassungsartikels nachgedacht werden sollte, darunter auch Artikel 6.* Dementsprechend sprach der neue KP-Chef in seinem *Prawda*-Interview von erhöhter Verantwortung der Kommunisten gegenüber der Gesellschaft, die von ihnen auf einer «zivilisierten Ebene» wahrgenommen werden würde. Der aktuelle Slogan der BKP verhieß nun den *wahren Sozialismus unter den Bedingungen von Demokratie und Glasnost*, eine dem sowjetischen Vokabular entliehene Phrase. Dass dieses Glaubensbekenntnis für den parteiinternen Gebrauch bestimmt war, beweist auch die Tatsache, dass auf dem XIV. (außerordentlichen) Parteitag im Februar 1990 bei aller Ablehnung des autoritären

Sozialismus empfohlen wurde, an der Marx-Engels-Lenin-Dimitrow-Kontinuitätslinie festzuhalten, obwohl das Machtmonopol bereits Mitte Januar von der mehrheitlich kommunistischen Nationalversammlung aus der Konstitution gestrichen worden war. Diese Taktik verfolgte offensichtlich das Ziel, den orthodoxen Kern der Partei zusammenzuhalten, zumindest solange keine tatkräftige und konkurrenzfähige Opposition entstanden war.

Vorläufig erfolgten Zugeständnisse, die das System keineswegs infrage stellten: Parteiausschluss und Verhaftung der als schuldig befundenen früheren Machthaber; Abschaffung des berüchtigten «Hetzeparagraphen» des Strafgesetzbuches und Auflösung der für Abwehr «der inneren Feinde» zuständigen 6. Abteilung des Staatssicherheitsdienstes. Wichtiger als diese Gesten waren jedoch die Etablierung eines Umweltministers in der ersten Nachwenderegierung von Georgi Atanassow und die am 29. Dezember erfolgte Aufhebung der Diskriminierungsmaßnahmen gegenüber der türkischen Minderheit. Die Formulierung des von Mladenow und Atanassow gegengezeichneten Dokuments ist mehr als vorsichtig: Das Wort «türkisch» kommt in ihm kein einziges Mal vor. Bezeichnenderweise löste dennoch ausgerechnet dieses Gerechtigkeitswerk die ersten offenen sozialen Spannungen der neuen Ära aus. Demonstrationen und Streiks gegen die Wiedereingliederung der aus der Türkei zurückgekehrten Landsleute zeigten einen grundlegenden Mangel, wie er für alle junge Demokratien des Ostens typisch war: den Mangel an Demokraten.

Der Dachverband der nichtkommunistischen Opposition, *Union Demokratischer Kräfte* (SDS) wurde, wie bereits erwähnt, erst am 7. Dezember gebildet – fast einen Monat nach Schiwkows Sturz und der in den Medien angekündigten Demokratisierung. In Polen und Ungarn existierten partei- oder wahlbündnisähnliche Organisationen lange vor der eigentlichen Wende, in der DDR meldete sich das *Neue Forum* einige Wochen vor Honeckers Entmachtung zu Wort, in der ČSSR entstand das *Bürgerforum* als Reaktion auf die Gewaltanwendung des Systems gegen Demonstranten, und sogar in Rumänien gründete man unabhängige Vereine, als der Despot Ceauşescu zumindest formal noch regierte. Die große Verspätung der bulgarischen Bürgerbewegung beeinträchtigte wesentlich die Entwicklung der Demokratie in diesem Lande und verlängerte gleichsam die «führende Rolle» der alten Elite, weit über die Zeit hinaus, als diese noch in der Verfassung verankert war. Dieses Machtmonopol, ursprünglich an das Projekt Sozialismus gebunden, bedeutete nun in seiner Fortführung ein Mandat zum «kapitalistischen Aufbau», d. h. der absoluten Dominanz der Privatisierung. Die ersten und wichtigsten Schritte in dieser Richtung wurden unternommen, als es weder Parteien noch Medien gab, die den Transformationsprozess hätten kontrollieren können.

Hinzu kam der fast gleichzeitig mit der Demokratisierung erfolgende Zusammenbruch der bulgarischen Wirtschaft um die Jahreswende 1989/90. Obwohl dies eindeutig Folge der Politik des früheren Systems war, belastete und kompromittierte das beginnende Elend die neuen demokratischen Einrichtungen. 10 Milliarden Dollar Nettoverschuldung, 16 Milliarden Lewa (11 Milliarden DM) Budgetdefizit, 1,2 Milliarden Lewa Fehlinvestitionen, 11 Prozent Inflation, Rückgang von Produktion und Außenhandel, beginnende Arbeitslosigkeit – das alles gehörte zur «Mitgift» der Freiheit. Fast die Hälfte aller Lebensmittel waren Mangelware. Sozial führte all dies zu einer wachsenden Desintegration, große Bevölkerungsgruppen fielen aus dem sozialen Netz. Gleichzeitig kam es zu einer Verstärkung mafiaähnlicher Strukturen auf allen Ebenen der Wirtschaft, zunehmender Kriminalität, massenhafter Flucht qualifizierter Arbeitskräfte ins Ausland. Die Entwicklung hatte manchmal apokalyptische Züge, wie wir sie aus den Randstaaten der ehemaligen UdSSR kennen. Politisch zeitigten die Neunzigerjahre hektische bis hysterische Veränderungen der Parteienlandschaft, Schwankung der Gesellschaft zwischen kommunistischen und monarchistischen Nostalgien. Statt einer Veröffentlichung der Geheimakten wurde deren Inhalt zur systematischen Erpressung der politischen Rivalen genutzt. Die Intoleranz gegenüber Minderheiten nahm immer mehr zu, und selbst noch nach dem EU-Beitritt im Januar 2007 war das Ansteigen eines europafeindlichen Nationalismus zu verzeichnen.

Doch das sprengt bereits den chronologischen Rahmen dieser Darstellung. Die vorläufige Bilanz der bulgarischen Wende sind die Parlamentswahlen vom Juni 1990, bei denen sich 40 Organisationen den Wählern stellten. Als stärkste politische Kraft ging die *Sozialistische Partei*, ehemals BKP (47,1 %), als zweitstärkste der Oppositionsblock SDS (36,2 %) daraus hervor. Auf Grundlage von Kompromissen, die unter großen

Schwierigkeiten ausgehandelt worden waren, wurde vom Parlament der
SDS-Chef Shelju Shelev zum Präsidenten der Republik gewählt – ein
bisschen nach dem polnischen Modell. Dort aber stellte vom Sommer
1990 an die siegreiche Opposition den Regierungschef, während das
Präsidentenamt aus Stabilitätsgründen von einem Repräsentanten der
bei den Wahlen vernichtend geschlagenen Staatspartei ausgeübt wurde.
In Bulgarien war es umgekehrt: Hier verzichtete die frühere KP auf den
Posten des Staatschefs, um die Opposition in die Machtausübung pro
forma einzubeziehen und dadurch die Regierbarkeit des Landes zu
sichern. Dieser Kompromiss wirkte sich jedoch nicht beruhigend auf die
Öffentlichkeit aus, und Bulgarien ist bis heute ein besonders konfliktrei-
ches Land des ehemaligen Warschauer Vertrags.

In einem bitteren spöttischen Gedicht mit dem Titel «Kurze Geschichte Bulgariens» resümierte die Lyrikerin Shiwka Baltadschijewa
1982 den historischen Weg ihrer Nation: *Wir heilen uns, fortwährend
heilen uns, heilen uns. / Wir sind geheilt von der Byzanzzeit, / geheilt von
der Ottomanenzeit, / geheilt von der Russenzeit, / von der Faschistenzeit.
Von der Kommunistenzeit. / Wir heilen uns von dem Unseren, / von dem
Fremden, dem Eurigen. (...) Und welch Wunder der Wunder, / historische Präzedenz, / von allen Kräften, / dunklen oder hellen, / sind wir
geheilt. / Wir sind geheilt, geheilt, geheilt. / Weder lebend noch tot! (...)
Nicht einmal gestorben sind wir. / Bewahren wir also die Hoffnung / der
Auferstehung.*

ČSSR: Revolte mit Samthandschuhen

D as waren keine leichten Jahre.» Mit diesen Worten resümierte im März 1986 Gustav Husák, Generalsekretär des Zentralkomitees der tschechoslowakischen KP und Präsident der Republik, die Blütezeit seiner Herrschaft anlässlich des XIII. Parteitages. Einige Zuhörer im Spanischen Saal der Prager Burg horchten bei diesem ungewollt selbstkritisch anmutenden Satz für einen Augenblick auf, wurden jedoch durch die Fortsetzung des Rechenschaftsberichts gleichsam beruhigt: *«Die Mehrheit der imperialistischen Staaten hat die Diskriminierung der sozialistischen Welt weiter gesteigert. In der Weltwirtschaft kam es zu großen Veränderungen, die sich auf unsere innere Entwicklung ungünstig auswirkten. Wesentlich gestiegen sind die Beschaffungskosten der Roh- und Grundstoffe, der Energieträger sowohl für heimische als auch für importierte Produkte. Wir waren mit einer politisch und ökonomisch äußerst wichtigen Aufgabe konfrontiert: Die Rückzahlung der in konvertibler Währung auszugleichenden Kredite musste beschleunigt werden.»* Dann beendete der Redner seine Ansprache mit der Phrase: *«Der Sozialismus hat in unserer Heimat für ewig tiefe Wurzeln geschlagen»*, zu diesem Zeitpunkt eine gewagt optimistische Prognose.

Solche Beschwörungen der Ewigkeit hatten sich seit eh und je auf den großen Verbündeten bezogen. *«Mit der Sowjetunion für alle Zeiten und nicht anders!»*, hieß der Slogan der Fünfzigerjahre – in der DDR hatte die entsprechende Zauberformel gelautet: *«Von der Sowjetunion lernen heißt siegen lernen!»* Die als unerschütterlich geltende Stabilität der Schutzmacht versprach der kommunistischen Elite der kleinen Länder innerhalb des Warschauer Vertrags eine Lebensversicherung gegenüber Anfechtungen auf allen Ebenen, beginnend mit der Teuerung des Erdöls auf dem Weltmarkt über die Westverschuldung bis hin zum oppositionellen Treiben der Intellektuellen. Auch Gustav Husáks Lesebrille und seine monotone Rhetorik passten gut in diese als immerwährend verklärte Zeitlosigkeit, deren Rhythmus von politischen Ritualen bestimmt wurde, darunter der in jedem vierten Jahr abgehaltene Parteitag und die alle fünf Jahre wiederholten Pseudowahlen. Störfaktoren der harmonischen Entwicklung waren allenfalls «feindliche Intrigen» und «objektive Schwierigkeiten». Zu einem winzig kleinen Teil gestand man sogar eigene Fehlleistungen ein, aber niemals kam die Führungsriege in Versuchung, sich selbst als Teil eines Problems zu begreifen. Noch weniger dachte sie an blinde historische Kräfte – wie Bertolt Brecht sagt: *Am Grunde der Moldau wandern die Steine* und, was für die Nomenklatura weit bedrohlicher hätte klingen müssen: *Es wechseln die Zeiten, da hilft kein Gewalt.*

Das Fünfzehnmillionenland litt gegen Mitte der Achtzigerjahre nicht unter einer akuten ökonomischen oder politischen Krise. Sogar die unangenehmen Auslandsschulden, die 1985 32 Prozent des Exports schluckten (im benachbarten Ungarn waren es 148 Prozent), machten dem Management nicht sehr zu schaffen. Unter den europäischen sozialistischen Staaten zählte die ČSSR eindeutig zu den wirtschaftlich erfolgreichen und sozial ausgeglichenen. Trotz der Verarmung ganzer Bevölkerungsgruppen wie der Roma oder Rentner und der diskreten Ausdehnung der Slums an der Peripherie der Großstädte konnte die staatliche Kontrolle der sozialen Sphäre einer spektakulären Misere zunächst vorbeugen. Gleichzeitig bot die Tschechoslowakei der späten Siebziger- und frühen Achtzigerjahre das Bild einer bescheidenen Konsum-, genauer gesagt, Fress- und Saufgesellschaft mit dem Hang zum Privaten, zum wochenendlichen Ausflug mit klapprigen Skodas ins ökologisch zweifelhafte Grüne sowie zu einer spießigen Massenkultur mit gelegentlich sogar weltberühmten Idolen wie Karel Gott. An den langen Abenden saßen die Bürger vor der Glotze, die von Schwarz-Weiß auf Farbe gewechselt hatte, und schauten fasziniert Fernsehserien wie *Das Krankenhaus am Rande der Stadt*, eine böhmische Variante der *Schwarzwaldklinik*, die mit ihrer Starbesetzung das kostenlose, obwohl keineswegs unproblematische Gesundheitswesen der Republik als Modell eines höheren humanitären Gemeinwesens zu präsentieren wusste.

Die Risse am Bauwerk des ČSSR-Sozialismus blieben indes selbst dem oberflächlichen Blick nicht verborgen. Um die Metapher auf eine konkrete Ebene zu bringen: Die forcierte Bautätigkeit der Ära Husák brachte landesweit Neusiedlungen hervor, welche die Wohnungsnot zweifellos linderten, in denen aber eine mühsame und trostlose Lebensweise für Hunderttausende förmlich in Beton und Asbest gegossen worden war. Diese sogenannten Sputnikstädte symbolisierten vor allem in den von Prag weiter entfernten Gegenden das isolierte, atomisierte Dasein der Einzelnen in der Massengesellschaft. Während die eigenen Quadratmeter von den Bewohnern sorgfältig in Ordnung gehalten wurden, ging außerhalb der Wohnfläche alles, was staatlicher Verantwortung oblag, binnen kurzer Zeit zugrunde. Dasselbe ließ sich über den Waggonpark des von der k. u. k. Monarchie ererbten ausgedehnten Eisenbahnnetzes sagen. Die einst für ihre Gemütlichkeit bekannten Gaststätten und Bierausschänke verwandelten sich in graue, unpersönliche Lokalitäten, in denen die Konsumenten von lustlosem Personal bedient wurden. Die Hotels wirkten selbst in traditionellen Kurorten wie Karlsbad oder Marienbad hoffnungslos vernachlässigt und konnten angesichts mangelnder Investitionen nicht einmal mehr die Kosten für die dringlichsten Reparaturen einspielen, geschweige denn zur Deckung des staatlichen Devisenbedarfs etwas beitragen.

Devisen, Westwährungen stellten die einzig akzeptablen Zahlungsmittel an der illegalen Börse dar. Jenseits des offiziellen, recht fantasievollen Wechselkurses (1 DM = ca. 4 Kronen) konnte man direkt bei Anbietern vor dem Gebäude der Nationalbank für denselben bundesdeutschen Geldschein das Doppelte erwerben, und es konnte passieren, dass sogar die Bankbeamten ihr «privatni» Angebot von 1 DM = 6 Kronen durch das Kassenfenster auf einem Stück Papier übermittelten. Obwohl die Behörde den Besitz von edler Valuta streng reglementierte, standen vor den Läden der staatlichen Außenhandelsfirma Tuzex, der tschechoslowakischen Variante des Intershops, erstaunlich geduldige Schlangen. Ein Teil der Vorräte des Devisenladens fand über den Schwarzmarkt den Weg zu den normalen Kronenbesitzern.

Dieser für die Ewigkeit gedachte und ewig baufällige Sozialismus erschien den Führern der Partei und des Staates von innen her nicht gefährdet. Kurz vor dem Zusammenbruch des Systems, im August 1989, äußerte sich Miloš Jakeš, Husáks Nachfolger an der Parteispitze, gegenüber seinem polnischen Kollegen Rakowski, der dies wie folgt wiedergibt: *Der Fleischkonsum in der Tschechoslowakei liege bei neunzig Kilogramm pro Einwohner und steige ständig.* Die Leute fräßen in sich hinein, was gehe, und verlangten immer mehr; zur Arbeit hätten sie aber immer weniger Lust. De facto betrage die Wochenarbeitszeit dreißig Stunden.* Und er vertrat die feste Überzeugung, *solange die Läden voller Waren blieben, (brauche) man nichts zu befürchten.* Mit dieser vielleicht unbewusst zynischen Äußerung benannte der Parteichef zwei Eckpfeiler der kommunistischen Befriedungsstrategie: die halbwegs befriedigten Grundbedürfnisse und die äußerst niedrige Arbeitsproduktivität. Als Drittes müssen wir ergänzend das beinahe stagnierende Preisniveau erwähnen. Während in Ungarn zwischen 1970 und 1985 die Preise der Konsumgüter um das Zweifache und in Polen sogar um das Vierfache gestiegen waren, erhöhten sie sich in der ČSSR während desselben Zeitraums nur um 17 Prozent.

Das oben genannte Fleischargument diente vor allem zur Selbstbeschwichtigung der Spitzenfunktionäre, nicht zuletzt in Bezug auf die Opposition. Diese habe keine Chance, bleibe isoliert und sei zur Untätigkeit verdammt, solange es, so der Ministerpräsident Ladislav Adamec, *genügend zu essen gibt.* In der Tat konnten die um die *Charta 77* versammelten Bürgerbewegungen zunächst nicht mit sozial relevanter Unterstützung rechnen. Ihr aus mehrheitlich humanistischen Intellektuellen bestehender harter Kern um den Dramatiker Vaclav Havel konzentrierte sich auf Prag und Tschechien, während in der Bruderrepublik Slowakei und deren Hauptstadt Bratislava höchstens ein exklusiver Kreis um Milan Simecka, Jan Carnogursky sowie einige Protagonisten aus der ungarischen Minderheitenszene oppositionelles Gedankengut hegten. Zwar konnten die paar hundert Aktivisten über Auslandssender wie Free Europe oder BBC eine breitere Öffentlichkeit ansprechen und dadurch viele Sympathisanten gewinnen, doch wurden ihre Ideen und Aktivitäten von den heimischen Medien weitgehend verschwiegen. Die Dissidenten, die versuchten, nach Havels Maxime *in der Wahrheit zu leben*, fanden sicher bei vielen Landsleuten Respekt und Bewunderung, der Nachahmungseffekt allerdings hielt sich bis zuletzt in bescheidenem Rahmen.

Die Passivität der tschechoslowakischen Gesellschaft war jedoch nicht nur auf eine ausreichende Lebensmittelversorgung zurückzuführen, sondern auf die Erfahrungen der letzten Jahrzehnte. Die bewaffnete

Niederschlagung des Prager Frühlings 1968, der einzigen osteuropäischen
Reformbewegung, in der die KP ihre «führende Rolle» im konstruktiven
Sinne wahrnahm, hatte das Land in einen dauerhaften Schockzustand
versetzt. In dem darauffolgenden, in grotesker Weise als «Normalisierung» (*normalizace*) bezeichneten Rachefeldzug entledigte sich die neo-
stalinistisch restaurierte KP 500 000 «unzuverlässiger» Genossen, beinahe der Hälfte – und zwar nicht der dümmeren Hälfte – der damaligen
Mitgliedschaft. Auf den massenhaften Parteiausschluss folgte die Auseinandersetzung mit parteilosen Künstlern und Wissenschaftlern, die
sich von den freiheitlichen Idealen von 1968 nicht lossagen wollten.
Denen, die sich weigerten, dem Druck nachzugeben, drohte in einigen
Fällen eine Freiheitsstrafe, aber jedenfalls Berufsverbot – Historiker
schufteten als Heizer, Lyriker als Nachtwächter. Obwohl die Terrorwelle
unblutig verlief, löste sie unter anderem durch das Exil von Zigtausen-
den Staatsbürgern einen enormen Aderlass für das geistige Leben des
Landes aus. Schriftsteller und Künstler der liberalen Sechzigerjahre galten per se als kompromittiert. Pavel Kohout, Milan Kundera, Josef
Škvorecký, Miloš Forman und viele andere verließen das Land. Die Daheimgebliebenen wie Bohumil Hrabal und Vera Chytilová, namhafte
Regisseurin der «Neuen Welle», litten unter den Schikanen der Zensur.

Der nach August 1968 von Moskau eingesetzte Apparat verfolgte auch
noch die winzigste geistige Regung mit Argwohn und sah in jedwedem
eigenständigen Gedanken, selbst wenn dieser rein technischer Natur
war, den Keim weiterer systemgefährdender Ideen – keine gute Voraussetzung für innovative Bestrebungen. Die Öffentlichkeit zog daraus die
Konsequenz, dass es nicht lohne, sich gegen ein System aufzulehnen,
das friedliche Änderungen sogar im Rahmen seiner eigenen Doktrin ab-
lehnte und bereit war, dieser Ablehnung notfalls auch mithilfe von fünf
fremden Armeen Geltung zu verschaffen. Gleichzeitig schwappte die in
den Jahren der «normalizace» akkumulierte Frustration auch auf den
Prager Frühling über, dessen Fiasko die Chancen einer systeminternen
Freiheitsbewegung als historischer Alternative grundsätzlich infrage
stellte. Als zwei Jahrzehnte später infolge der sowjetischen Perestrojka
die Gesellschaft aus ihrem politischen Koma zu erwachen begann, waren die Hoffnungen von einst längst in der Erinnerung der damaligen
Generation archiviert, und man suchte nicht mehr den Weg zur Verbes-

serung des Systems, sondern den kürzesten Weg zum Notausgang. Erstaunlich daran war, dass der erste Schritt in diese Richtung keineswegs im rührigen Tschechien, sondern in der verschlafenen, provinziellen Slowakei unternommen wurde.

Im Januar 1988 begann die Unterschriftensammlung einer *Katholischen Initiative zur Besserung der Lage der Gläubigen* in allen katholischen Kirchen der Slowakei, Mährens und Tschechiens. Die Petition, die schon bald eine halbe Million Unterschriften trug, thematisierte das Verhältnis zwischen Kirche und Staat und forderte einen grundlegenden Wandel. Es ging vor allem darum, die Vormundschaft des atheistischen Staates über die Religionsgemeinschaften abzuschaffen, die dieser mittels des Staatlichen Kirchenamts sowie mithilfe der Frontorganisation der systemkonformen Geistlichen, *Pacem in terris*, ausübte. Einmischung in innerkirchliche Angelegenheiten, Erpressung und Diskriminierung von Eltern, deren Kinder am Religionsunterricht teilnahmen, Bespitzelung und Verunglimpfung von Pfarrern sowie die staatlicherseits seit Langem verweigerte Besetzung von zehn Bischofsämtern – diese alten Beschwerden waren recht scharf formuliert, und die Handschrift des Kardinals František Tomášek verlieh ihnen besonderen Nachdruck. Sogar sein Aufruf zu einem friedlichen Dialog klang angesichts der Tatsache, dass die Partei gewohnt war, ausschließlich Direktiven abzusondern und niemals mit jemandem zu sprechen, fast wie ein Ultimatum.

Ohne den Mut des Kirchenfürsten leugnen zu wollen, der im Laufe seiner Biografie viel zu erleiden hatte, ist festzustellen, dass der Zeitpunkt der Protestaktion recht günstig gewählt war. Im Vorjahr hatte Papst Johannes Paul II. Polen besucht und damit eindeutig die Position der Solidarność gestärkt. Der katholische Klerus in Litauen feierte offensiv den 600. Jahrestag der Christianisierung des Landes, und in Russland begannen im Januar 1988 die Feierlichkeiten zum Millennium der orthodoxen Kirche, abgesegnet von einer erstaunlich großzügigen Sowjetführung. In der Slowakei mussten die Machthaber die neuerdings erheblich verstärkte Wallfahrtsbewegung mit mehreren hunderttausend Teilnehmern zähneknirschend tolerieren. Zudem hatte der Heilige Vater im Sommer 1987 die folgenden zwölf Monate zum «Marianischen Jahr» erklärt, was erhöhte öffentliche und seelsorgerische Aktivitäten mit sich brachte. So ergriffen schließlich die katholischen Laiengruppen in Bratislava am Freitag, dem 25. März 1988, die Initiative – ein öffentliches

Gebet mit Kerzen zugunsten der Glaubensfreiheit und Menschenrechte im Zentrum der slowakischen Hauptstadt. Zwar wurden die ungefähr 4000 in ihrer Mehrheit jugendlichen Kundgebungsteilnehmer von dem nach dem Nationaldichter Hviezdoslav benannten Platz vertrieben, wobei mehr als 100 von ihnen verletzt oder festgenommen wurden, dennoch markierte ihr Auftritt eine historisch bedeutsame Grenze: Zum ersten Mal seit 20 Jahren zeigte sich der öffentliche Wille auf der Straße – ein Tabubruch für jede Diktatur.

Erst heute wissen wir aus der Schilderung der Historikerin Beata Blehova, welch panische Angst die vorher dem Stadtrat angekündigte «Kerzendemonstration» bei der lokalen Verwaltung ausgelöst hatte. Die Polizei verordnete für den Tag des geplanten Ereignisses eine «außerordentliche Sicherheitsaktion», und die Hochschulen suspendierten den Unterricht, damit die Studenten bereits am Donnerstag nach Hause fahren konnten. In den Krankenhäusern und bei der Rettung wurde Alarmbereitschaft angesagt, und bereits am frühen Morgen gab es am Ort des Geschehens eine massive Präsenz der Ordnungsmächte: 1061 Polizisten, 20 Reinigungsfahrzeuge, 17 Polizeiwagen, acht Geleitwagen, zwei Wasserwerfer, zwei Busse und drei Panzer waren aufgefahren. Dieser Stab, der an Bürgerkrieg denken ließ, bestand aus der Ordnungspolizei, der Geheimpolizei STB und Vertretern des Parteiapparats. Gemeinsam mit dem Kulturminister Miroslav Válek, einst ein Lyriker von hohem Rang, beobachtete man aus den Fenstern des Hotels Carlton den Kundgebungsort. Die Beobachter verließen ihr Hauptquartier erst in den späten Nachtstunden, als alle Kerzen gelöscht und der nächtliche Hviezdoslavplatz hermetisch abgeriegelt worden war.

Im Dezember 1987 wurde Gustav Husák vom Posten des Parteiführers unter Beibehaltung seines Präsidentenamtes abgelöst. Jeder Personenwechsel an der Machtspitze, selbst so halbherzige wie dieser, verstärkte in der Öffentlichkeit die Hoffnung auf positive Veränderungen – und sei es nur im Sinne der alten Volksweisheit, dass neue Besen besser kehren. Allerdings waren die Besen im Hradschin alles andere als neu. Das Politbüro war eine ostblocktypische Altherrenriege mit körperlich gebrechlichen und geistig verknöcherten Greisen, ausnahmslos dieselben, welche seinerzeit die unter dem Schutz sowjetischer Panzer eingeleitete «Normalisierung» verantwortet hatten. Angesichts der verblüffenden

Parallelen zwischen dem von Moskau propagierten «Neuen Denken» und dem Ideenschatz des «Sozialismus mit menschlichem Antlitz» musste den Führungskadern eine Rückkehr zu diesem Gedankengut wie der Weltuntergang vorkommen. In ihren Albträumen spukte weder Vacláv Havel noch František Tomášek herum, sondern ein Frührentner, kurz zuvor noch Mitarbeiter einer forstwirtschaftlichen Einrichtung in der Nähe von Bratislava: Aleksander Dubček.

Dubčeks Feinde, unter ihnen der gehässigste, sein ehemaliger Freund Vasil Bilak, hatten oft behauptet, 1968 sei die Triebkraft seiner Handlungen – also der Demokratisierung des damaligen politischen Lebens und des Widerstands gegen das Moskauer Diktat – nichts als pure Eitelkeit gewesen. Falls dem so war, dann paarte sich diese bei Politikern nicht gerade seltene persönliche Schwäche mit einem besonderen Ehrgeiz: Dubček wollte der ganzen Nation gefallen und war bereit, dafür einiges in Kauf zu nehmen. Auf das kurze Scheinwerferlicht der Popularität folgte ein langes Leben im Schatten ohne die Hoffnung, die allgemeine Sympathie wiedererlangen zu können, die er Ende August 1968 verspürt hatte, als er seinen Mitbürgern mit Tränen in den Augen im Fernsehen die reale Situation nach der Besetzung des Landes offenbarte. Auf dieses Gefühl wollte er um keinen Preis verzichten, auch nicht für ein Lobeswort von Leonid Breschnew, und das spricht für eine gewisse ehrliche Haltung und auf jeden Fall für guten Geschmack.

Andererseits kann alles, was eine Person der Zeitgeschichte moralisch oder auch ästhetisch schmückt, ihr politisch zur Last gelegt werden. Die Tatsache, dass der Führer des Reformfrühlings fast 20 Jahre lang keinen einzigen politischen Satz für die Öffentlichkeit bereithielt und auch in bewegten Zeiten bis zuletzt in Passivität verharrte, hatte bereits in den Siebzigerjahren Rätsel aufgegeben. Die Idee, die sich mit Dubčeks Namen verband, erlebte zur Zeit seines inneren Exils einen Aufschwung. Die Prager Erneuerungsbewegung übte eine nachhaltige Wirkung auf die europäische Öffentlichkeit aus, und über einzelne Exilpersönlichkeiten wie Jiři Pelikan (zehn Jahre lang Parlamentsabgeordneter der italienischen Sozialisten), Zdenek Mlynarž oder Zdenek Hejzlar gab es sogar Einfluss auf Partei- und Regierungschefs des Westens. Ohne Übertreibung lässt sich feststellen, dass der Eurokommunismus, damals ein international beachtetes Phänomen, in gewisser Hinsicht der westliche Erfolg eines östlichen Fiaskos war. Als Aleksander Dubček im Herbst

1988 auf Drängen der italienischen KP nach Bologna reisen durfte, um dort den Ehrendoktortitel der Universität entgegenzunehmen, konnte er sich von diesem Sinnzusammenhang selbst überzeugen.

Auch wenn Dubček wegen der lang andauernden, teilweise freiwilligen Isolierung den verlorenen Faden kaum noch aufnehmen konnte, so wirkte seine kurzlebige Ära doch symbolisch weiter – allerdings nicht mehr als Sinnbild einer menschenfreundlichen Utopie, sondern als nationales Memento. Die fremde Kriegstechnik auf den Straßen von Prag erinnerte zwanzig Jahre später weniger an die marxistisch-sozialistischen Konturen des gescheiterten Reformwerks, sondern an das kühne und naive Vorhaben eines Volkes, das Leben freier, sozialer, demokratischer und damit lebenswerter zu gestalten. Langsam, nur sehr langsam setzte sich die Auffassung durch, dass die UdSSR diesmal nicht, wie gewohnt, die Bremse, sondern der Motor der Veränderungen im eigenen Land und auch in den Satellitenstaaten sein würde. Hinter dem auftrumpfenden Blick Gorbatschows begannen die Tschechoslowaken die Silhouette ihres einstmals gutmütig lächelnden und etwas ungeschickten Generalsekretärs zu erkennen.

Die Nachahmungen der Märzdemonstration von Bratislava waren von Jahrestagen und Jubiläen geprägt, als wollte die Gesellschaft die Orte und Formen der historischen Erinnerung zurückerobern. Vor allem klammerte man sich an magische runde Daten – so an den 20. Jahrestag der Invasion des Warschauer Paktes. Am 21. August 1988 versuchten 4000 Menschen in Prag des traurigen Ereignisses zu gedenken und wurden von der Polizei auseinandergetrieben. Am 28. Oktober feierte die ČSSR zum ersten Mal seit 1948 ihren Vorgängerstaat, die 1918 gegründete, bei den Kommunisten unbeliebte «bourgeoise» Republik. Im Anschluss an die seitens der Kader mit Zähneknirschen absolvierte offizielle Gedächtnisfeier marschierten die oppositionellen Gruppen in Richtung Wenzelsplatz – dort warteten bereits die Wasserwerfer. Anfang 1989 folgte ein runder Jahrestag von besonderer Tragik: 20 Jahre zuvor, am 16. Januar 1969, hatte sich der Student Jan Palach aus Protest gegen die Okkupation des Landes durch die Sowjetarmee öffentlich verbrannt. Die Kundgebungen zu seinem Andenken dauerten nun sechs Tage lang und konnten jedes Mal nur durch die Brutalität der Bereitschaftspolizei aufgelöst werden. Mehr als 500 Beteiligte wurden festgenommen, unter ihnen Vacláv Havel, der wenig später zu neun Monaten Freiheitsstrafe verurteilt wurde. Nach insgesamt fünf Jahren Leben im Gefängnis bedeutete für ihn die Rückkehr in die Vollzugsanstalt Ruzyne nichts wirklich Besonderes – die gegen seine Person gerichtete Überreaktion der Regierung machte den Staatsgefangenen Nr. 1 jedoch weltweit zur Galionsfigur antikommunistischen Widerstands. Internationale Proteste erwirkten bereits am 17. Mai seine Haftentlassung.

Inzwischen entstanden in der Tschechoslowakei neue, von niemandem genehmigte demokratische Vereine, zum Beispiel die *Bürgerliche Freiheitsbewegung* und das *Komitee der Humanitären Zusammenarbeit für Menschenrechte* (unter Vorsitz des *Charta-77*-Mitbegründers Jiři Dienstbier). Die Reformkommunisten von 1968 betraten mit der Organisation *Obroda* (Wiedergeburt) die politische Bühne. Insgesamt kam in den letzten Monaten 1988 und Anfang 1989 derselbe gesellschaftspolitische Prozess in Gang, der sich in den Nachbarstaaten Polen und Ungarn bereits unaufhaltsam seinem Höhepunkt näherte. Während jedoch die Neugründungen in diesen Ländern schon an ihrem Programm arbeiteten, sich in Abgrenzung voneinander definierten und dadurch bereits die Umrisse einer Parteienlandschaft in die Zukunft projizierten, meldete die tschechoslowakische Demokratie erst einen bescheidenen Anspruch auf eine Rolle im Staate an und dachte jenseits der aktuellen Protesthandlungen über das eigene Selbstverständnis nach.

Das Ergebnis dieses Nachdenkens war die Petition «Einige Sätze», die am 29. Juni 1989 über die westlichen Nachrichtenagenturen an die Öffentlichkeit gelangte. Möglicherweise entstand der Text etwas früher und trug das Datum vom 27. Juni – eine Anlehnung an den berühmten Aufruf «Zweitausend Worte» des Autors Ludvík Vaculík, der am 27. Juni 1968 in der Zeitschrift des Schriftstellerverbandes *Literarní listy* veröffentlicht worden war und für große Furore gesorgt hatte. Die *dva tisíci slov* hatten sich seinerzeit *an Arbeiter, Landwirte, Beamte und Künstler* gerichtet und einen dezidiert nichtkommunistischen Standpunkt zu den damaligen Ereignissen artikuliert. Dies ist wichtig zu betonen, weil die offiziellen Medien von Moskau bis Ostberlin, von Warschau bis Sofia seinerzeit das essayartige Dokument als «konterrevolutionäres Manifest» verdammt hatten – selbstverständlich ohne den Text zu publizieren. Es gab sogar das Gerücht, die *Zweitausend*

Worte hätten durch ihre Radikalität die Ängste des Kremls und letztendlich auch ihre 60 Divisionen mobilisiert. In Wirklichkeit versuchte der Autor, bei aller überzeugend wirkenden Loyalität gegenüber Dubčeks Erneuerungsplan, der Öffentlichkeit zu erklären, man dürfe kein neues Vertrauensmonopol ausgerechnet der Partei schenken, mit der auch die Verfehlungen der Vergangenheit aufs Engste zusammenhingen. *Das Projekt mit dem Arbeitstitel Sozialismus*, so Vaculíks Fazit, solle die Sache der gesamten Gesellschaft werden.

Adressatin der Petition vom Juni 1989 war *die Führung unseres Landes.* Diese wurde aufgefordert zu begreifen, *dass die Zeit eines wirklichen und tiefgehenden Systemwechsels gekommen sei*, welcher *erst erfolgreich sein kann, wenn ihn eine wirklich freie und demokratische Diskussion* einleite. Nur diese könne einer Krise vorbeugen, *die keiner von uns wünscht.* Das darauffolgende Sofortprogramm listete die Forderungen auf, die keineswegs den Inhalt, sondern lediglich die Voraussetzungen der Reformen bildeten: Freilassung aller politischen Gefangenen, Versammlungsfreiheit, Einstellung der strafrechtlichen Verfolgung unabhängiger Initiativen, Befreiung der Medien von Zensur und politischer Manipulation, Respektierung der Glaubensfreiheit aller Bürger, offene Debatte über umweltgefährdende Projekte und schließlich Thematisierung der eigenen Geschichte: *Es soll eine offene Auseinandersetzung nicht nur über die Fünfzigerjahre, sondern auch über den Prager Frühling, über die Invasion der fünf Mitgliedstaaten des Warschauer Paktes und die darauffolgende «Normalisierung» beginnen.* Dies alles sei Gegenstand eines *echten sozialen Dialogs*, der *den einzigen Ausweg aus der gegenwärtigen Sackgasse der Tschechoslowakei* darstelle.

Obwohl die Forderungen der Charta 77, die hier erneut formuliert wurden, berechtigt und aktuell waren, enthielten die *Sätze* bereits den immanenten Widerspruch, der die tschechoslowakische Wende begleitete. Die Erfüllung jedes einzelnen dieser Punkte hätte vielleicht die bisherige Praxis der Machthaber in dem jeweils angesprochenen Bereich in Zweifel gezogen, sie das Gesicht gekostet – die Annahme des Gesamtkatalogs hingegen bedeutete die Liquidierung ihrer Macht. Der unter diesen Umständen angebotene Dialog wäre zwangsweise auf eine Kapitulationsvereinbarung hinausgelaufen. Angesichts der Unwahrscheinlichkeit einer sowjetischen Einmischung zu diesem Zeitpunkt war die Systemkrise unabwendbar. Gleichwohl hätte ein Kollaps des Regimes dessen Opposition völlig unvorbereitet getroffen. Wäre *die Führung unseres Landes* im Sommer 1989 darauf verfallen, die Herausforderung anzunehmen, einen Runden Tisch im Hradschin zu eröffnen und die Absicht anzudeuten, ihre wankende *führende Rolle* aufzugeben, so hätte sie damit ihre Widersacher in tiefe Verlegenheit gebracht.

Den Bürgerbewegungen in Ostmitteleuropa fehlten exakte Vorstellungen, wie Macht und Verantwortung wahrgenommen werden konnten, weil die Opposition bis zuletzt keine Chance gehabt hatte, den Gegner auf legalem Wege zu bekämpfen. Ihr Ansatz war moralisch, und sie handelte quasi im Auftrag der Öffentlichkeit, war jedoch von dieser ebenso wenig legitimiert wie die kommunistische Oberschicht. In Polen und Ungarn hatten die Dissidenten Anknüpfungspunkte zu breiteren Kreisen der Intelligenzija, zu Fachleuten, vor allem Wirtschaftsexperten, und aufgeklärten Teilen der Parteielite. In der ČSSR waren sie in ihrem Menschenrechtsuniversum zu lange isoliert gewesen. Bisher hatten sie mit dem repressiven Staat lediglich als «Partner» rechnen können, und nun warf der historische Moment die Frage auf, was sie einer Gesellschaft anbieten konnten, deren Individuen sich nicht einmal auf halbem Weg von Untertanen zu Bürgern befanden.

Einsamer als die Dissidenten fühlte sich nur noch die herrschende Partei mit ihrem riesigen Machtapparat. Sie bekam jede Information, die sie wollte, und konnte über das Spitzelnetz der Sicherheitspolizei die Stimmung der Menschen ziemlich genau feststellen. Das wusste man sowohl im Sitz des Zentralkomitees in der Nabrezi Ludvika Svobody Nr. 12 als auch im Hauptquartier der Geheimpolizei auf der Bartolomejska ulica. Laut einem höchst geheimen Bericht des Meinungsforschungsinstituts beim Statistischen Amt hing die Stimmung der Bevölkerung bereits im Mai 1989 ziemlich niedrig, wenn auch noch nicht am Tiefpunkt. Die Befragung einer nicht näher benannten Anzahl von Bürgern zeigte deren prozentuale Übereinstimmung mit unterschiedlichen Forderungen der Opposition:

Entfernung der führenden Rolle der Partei aus der Verfassung – 32 Prozent
Wechsel [Änderung der Politik] *unter Beibehaltung der führenden Rolle der Partei – 49 Prozent*
Pluralisierung der Gewerkschaften – 35 Prozent
Kaderwechsel in der Führung – 77 Prozent
Veränderung in den Grundrechten – 59 Prozent
Veränderung des Wahlsystems – 60 Prozent
Veränderung der Bewertung von 1968 – 59 Prozent
Reprivatisierung der Produktionsmittel – 32 Prozent

Man fragt sich allerdings, woher die Bürger den Mut und das Vertrauen nahmen, ungeschützt Fragen zu beantworten, die jahrzehntelang unzulässig gewesen waren. Aber selbst die Fragesteller mussten begreifen, dass diese verspätete Meinungsforschung jener Groteske ähnelte, wie man sie aus Filmen der tschechischen «neuen Welle» kennt – etwa aus Formans «Feuerwehrball» –, in dem die Betriebsleitung mühsam die Kandidatenliste für die bevorstehende Misswahl erstellt, während die Tombolagewinne allmählich aus der Vitrine verschwinden. Interessant an diesem Dokument ist die plötzlich entdeckte Neugier der Diktatur für Formen der Demokratisierung, als seien diese für Tschechen, Mähren und Slowaken überhaupt im Angebot gewesen.

Doch besonders entspannt war die Reaktion der Herrschenden dann doch nicht. Es näherte sich der nächste symbolträchtige Tag, an dem sich das Volk erneut an die Invasion vor 21 Jahren erinnerte. Das Ludvik-Svoboda-Ufer erhielt aus der Bartholomäusstraße ein umständliches Papier mit dem barocken Titel: *Information über die Sicherheitslage und weitere Aufgaben im Kampf gegen den inneren Feind im Vorfeld des 21. August.* Die *Informace* versprach für diesen Tag die höchste Alarmstufe in beiden Hauptstädten. In Prag sollte das Sicherheitsregiment der Polizei mobilisiert werden, außerdem 400 Hauptamtliche der Staatssicherheit und 1200 informelle Mitarbeiter an die neuralgischen Punkte abkommandiert werden. Im kleineren Bratislava waren für den Notfall 190 hauptamtliche Geheimdienstler und 560 Zuträger vorgesehen. In Prag sollten außerdem Grenztruppen sowie Mitglieder der 1946 gegründeten Volksmiliz (*lidové milice* = «Kampfgruppen der Arbeiterklasse») mitmarschieren, allesamt ausgerüstet mit der *notwendigen Sicherheitstechnik*, vor allem mit Wasserwerfern und Panzerwagen.

Was den Charakter der zu erwartenden Ereignisse betrifft, so ging es um einen *sogenannten Protestmarsch*, den *die sogenannte unabhängige Friedensvereinigung* und die ebenfalls *sogenannte Charta 77* organisiert hatten – das «sogenannt» als Zeichen der immer noch nicht aufgegebenen Ignoranz. Weiter hieß es in dem Text: *Innere und äußere Feinde streben eine Legalisierung der oppositionellen Tätigkeit an und forcieren nach dem polnischen Modell einen Rundtischdialog mit der Staatsführung.* Als gefährliche Faktoren wurden des Weiteren Kardinal Tomášek, die tschechoslowakische Sendung von *Radio Free Europe* sowie die neu gegründete ungarische Jugendbewegung *Fidesz* genannt. Anhänger dieser Organisation hätten in Budapest eine Demonstration vor der ČSSR-Botschaft abgehalten, *ein unfreundlicher Akt auf tschechoslowakischem Territorium*, und bereiteten sich laut STB (*státni bespečnost*, Staatssicherheit) darauf vor, an den geplanten Protestaktionen teilzunehmen.

Die Sprache dieser Dokumente klingt kühl, emotionsfrei und hat kaum Varianten. Ob im Juni, September oder November – die Ereignisse lassen sich aus geheimdienstlicher Sicht immer auf die Formel bringen: *Die Entwicklung der Ereignisse zeigt, dass innere Feinde mit ausländischer Unterstützung übergegangen sind zu einem frontalen und, aus ihrer Perspektive, erfolgreichen Vorstoß in der Bemühung, ihre eigenen politischen Ziele fortzuführen. (...) Diese Ereignisse, in Übereinstimmung mit den Plänen des Feindes, sollen zusammen mit den erwarteten wirtschaftlichen Schwierigkeiten und dem ausländischen Druck die politischen Verhältnisse verändern, was Beginn einer schnellen Abfolge erfolgreicher Ereignisse sein soll, die zu einem grundlegenden politischen Wandel in der ČSSR führen.*

Die Prager Protestkundgebung am 21. August 1989 wurde mithilfe der eingesetzten Kräfte zerschlagen. Von mehreren tausend Demonstranten wurden mehrere hundert festgenommen, unter ihnen zwei Gründungsmitglieder des *Fidesz*. Zum ersten Mal geschah es, dass ein ungarischer Diplomat, Konsul Lajos Taba aus Bratislava, die Freilassung zweier seiner inhaftierten Landsleute im Prager Außenministerium forderte. Die beiden Jugendlichen wurden freigelassen und des Landes verwiesen. Allerdings konnte dieses Zwischenspiel kaum noch die an ihrem Tief-

punkt angelangten diplomatischen Beziehungen der beiden Bruder-
staaten beeinträchtigen. Einige Tage zuvor hatte sich das Exekutivkomi-
tee der Ungarischen Sozialistischen Arbeiterpartei von der Beteiligung
der Volksrepublik an dem Einmarsch in die ČSSR distanziert, fast gleichzeitig mit einer ähnlichen Verlautbarung des polnischen Sejm. Die Reaktion der Prager Regierung war, es lässt sich kaum unverfänglicher for-
mulieren, ausgesprochen dämlich: Das Außenministerium verbat sich
diese unverhohlene Einmischung in die inneren Angelegenheiten der
Tschechoslowakei.

Was die tschechoslowakischen Führer am meisten fürchteten, war eine
Distanzierung der sowjetischen Genossen von der Invasion im August
1968. Hier wurde ein gewisser Widerspruch der Moskauer Politik sichtbar. Einerseits herrschte spätestens seit Juli 1986 im Politbüro Konsens
darüber, dass *die Methoden, die wir gegenüber der Tschechoslowakei*
[1968] *und Ungarn* [1956] *angewendet haben, unannehmbar sind,* und
angesichts der mitteleuropäischen Veränderungen der späten Achtzigerjahre übte sich die Supermacht tatsächlich in einer für sie eher untypischen
Zurückhaltung. Gleichzeitig hütete sich Moskau vor der öffentlichen
Neubewertung der Ereignisse, die damals seine Panzerdivisionen in Bewegung gebracht hatten. Vielmehr bezeichneten die Sowjets in Gesprächen
mit tschechoslowakischen und ungarischen Funktionären sowohl den
Budapester Volksaufstand als auch den Prager Frühling als Konterrevolution. Hierbei konnte ein Rest an Orthodoxie ebenso eine Rolle spielen
wie die Loyalität gegenüber den alten Apparatschiks in den kleinen Ländern Osteuropas, die ihre Macht irgendwann den Panzern oder der von
ihnen ausgehenden Drohung zu verdanken hatten. Diese Unentschlos-
senheit führte dazu, dass alle, die sich in Osteuropa für Reformen ein-
setzten, bis zuletzt im Hinterkopf die Schreckensbilder vom Wenzelsplatz im August 1968 trugen, während die Herren der Prager Burg mit
Grauen an den Tag dachten, an dem die Schicksalsstunde ihres Sozialismus schlagen und der große Verbündete nicht einmal mehr ein Militär-
manöver, als diskrete Anspielung auf seine Präsenz, riskieren würde.

Im Spätsommer 1989 bereitete sich Ungarn darauf vor, die Republik zu
proklamieren, und in Polen entstand als Ergebnis der Sejmwahlen die
Regierung Mazowiecki, die erste seit 1947 mit einem Nichtkommunis-
ten an der Spitze. So war die ČSSR als Festung an der Nordflanke des

Warschauer Vertrags von Ländern der Perestrojka und von radikalen Systemumwälzungen förmlich umzingelt. Es blieb noch Honeckers DDR, der ungeliebte Bruderstaat, mit dem sie durch die Fäden des «proletarischen Internationalismus» verbunden war. Aber ausgerechnet die Nähe zu diesem Staat trug in der letzten Phase der kommunistischen Herrschaft massiv zu ihrer Destabilisierung bei. Ungefähr in den Tagen, als die brave tschechoslowakische Polizei mit Erfolg ihre Sicherheitstechnik an schutz- und gewaltlosen Demonstranten ausprobierte, vollzog sich die spontane Massenflucht der DDR-Bürger über die ungarisch-österreichische Grenze. Angesichts der realen Gefahr, dass Ostberlin daraufhin seinen Bürgern den Weg nach Ungarn versperren könnte, rollte die nächste Flüchtlingswelle nun nach Prag. Die bundesdeutsche Botschaft im Lobkowicz-Palais wurde bereits Ende August zu einem Magneten für Ausreisewillige. Zuerst Hunderte, später Tausende DDR-Bürger warteten dort tagaus, tagein auf den grünen Paß mit dem Bundesadler. Die Ansprache von Außenminister Genscher am 30. September vom Balkon des barocken Schlosses, mit der er allen Anwesenden die freie Ausreise ins Bundesgebiet garantierte, war nicht dazu geeignet, die Lage zu entspannen. Was dies konkret und optisch für die *zlata Praha*, das goldene Prag, bedeutete, wird in dem Bericht der Nachrichtenagentur ČTK vom 4. Oktober 1989 nur annähernd deutlich:

Das Versammeln der DDR-Bürger in der Botschaft der Bundesrepublik Deutschland und vor deren Gebäude schuf eine unhaltbare Situation auch in den engen Gässchen der Kleinseite. Auf den Parkplätzen, am Rand der Straßen, ja selbst auf den Bürgersteigen stehen Hunderte von PKWs mit DDR-Kennzeichen und erschweren den städtischen Verkehr. (…) Die Menge vor dem Botschaftsgebäude erschwert das Passieren der Vlasska-Straße, die gleichzeitig ein Zufahrtsweg zum Krankenhaus in Petrin ist und außerdem zu weiteren Amtsgebäuden und Wohnhäusern führt. (…) Die Zugangswege zum Haupteingang der Botschaft sind frei, die Sicherheitsorgane kontrollieren ausschließlich die Wahrung der öffentlichen Ordnung.

Der tschechoslowakische Bürger, der diesen Bericht im parteioffiziellen Blatt *Rudé Pravo* oder der etwas lesernäheren *Lidové demokrace* las, verstand genau, dass seine Regierung durch diese Entsorgung der innen-

politischen DDR-Probleme ziemlich in die Bredouille geraten war. Den
diplomatischen Gepflogenheiten zufolge musste sie den Zugang zur Botschaft freihalten, sodass das Chaos, direkt am Fuß des Hradschin, jeden
Tag vorprogrammiert und sichtbar war. Mutige Bürger brachten den in
den kühlen Nächten frierenden ausreisewilligen deutschen Familien heißen Tee, und jedes Mal, wenn ein Bus Flüchtlinge abholte und in Richtung
Hauptbahnhof fuhr, um Genschers Versprechen auf Raten einzulösen,
verabschiedeten sich die umstehenden Fußgänger mit Victory-Zeichen.
Sie waren Augenzeugen einer enormen Kraftprobe zwischen Staatsmacht
und Gesellschaft, aus der Letztere jeden Tag stärker hervorging. Da die
ČSSR-Bürger zu dieser Zeit bereits relativ frei reisen durften, konnten sie
nur ahnen, dass der Konfliktpunkt der bei ihnen zu erwartenden Auseinandersetzung ein ganz anderer sein würde: Diktatur oder Demokratie.

Die tschechoslowakische Demokratie war in der Vorkriegszeit von
einem perfekten staatlichen Gebilde weit entfernt gewesen. Vor allem die
nationale Frage – kollektive Rechte der Minderheiten sowie eine gleich-
rangige Föderation der staatstragenden Republikhälften – hatte sie niemals wirklich begriffen, geschweige denn, dass es sinnvolle Lösungsan-
sätze gegeben hätte, was sich besonders schwerwiegend bei ihrem Zerfall
im Herbst 1938 auswirkte. Die liberale, kosmopolitische Philosophie
des Staatsgründers T. G. Masaryk wurde sehr bald von dem gewieften
und machiavellistisch angehauchten Edvard Beneš in eine Praxis umgesetzt, die von der berechtigten Desillusionierung aufgrund der Haltung
der westlichen Demokratien – des Verrats an der Tschechoslowakei
durch das Münchner Abkommen 1938 – zur verhängnisvollen Kokette-
rie mit Väterchen Stalin führte. Trotzdem wurde die Erste Republik
(1918–1939) für die tschechoslowakische Nachwelt ein Ideal der frei-
heitlich-demokratischen Grundordnung, die mit der zunehmenden Krise
des kommunistischen Systems immer mehr die Konturen einer Realutopie annahm. So hatte die Führung der ramponierten KP jeden Grund,
dem historischen Jubiläum, dem halbherzig zum Feiertag erhobenen
28. Oktober, mit Angst zu begegnen.

*Die provokative Versammlung zur Verherrlichung von T. G. Masaryk
und dessen bürgerlichem Staat*, so nennt der Bericht des Innenministeriums die oppositionelle Kundgebung, verlief nach dem üblichen Drehbuch mit Wasserwerfern, Gummiknüppeln und eingeschleusten IMs.
Neu war allerdings die ausführliche Berichterstattung der Medien, selbst

wenn es in dieser von grammatikalischen Strukturen nur so wimmelte, die dem sowjetischen Newspeak entliehen waren: *Am Samstagnachmittag versuchten ungefähr dreitausend Personen am Wenzelsplatz und anderen Orten des Zentrums der Hauptstadt eine Störung der öffentlichen Ordnung, des Nationalfeiertags unserer Heimat, des 71. Jahrestages der Entstehung der Tschechoslowakei. Die Teilnehmer der antisozialistischen Demonstration haben auf die Aufforderung seitens der Stadtverwaltung und Ordnungspolizei hin, die ungenehmigte Kundgebung aufzulösen und den Ort zu verlassen, ihre Aggressivität noch gesteigert. (...) Zur Durchführung der von den offiziellen abweichenden verschiedenen Aktionen hatten die Charta 77* [jetzt nicht mehr «sogenannt»!] *und andere illegale Gruppen aufgerufen, und zwar durch die Vermittlung der Westmedien, hauptsächlich der Sender Radio Free Europe und Voice of America, welche durch ihre intensive Propagandatätigkeit zu Mitveranstaltern geworden sind ... (...) Verwundet wurden drei Polizisten und sieben Demonstranten ...*

Die Parteibonzen, jedenfalls die aus der Generation der «Normalisierung», sahen sich aufgrund der sowjetischen Perestrojka zu keinerlei Reformschritten veranlasst. Den Schlüsselsatz hierzu formulierte der ZK-Sekretär Jan Fojtik: *Warum sollten wir aus kleinen Schwierigkeiten größere machen? Wenn jemand der Meinung ist, dass wir in einer Pfütze stehen, bedeutet dies vielleicht, dass wir in eine noch größere Pfütze steigen sollten?* Das Pfützengleichnis erinnert an den berühmten Satz von Kurt Hager, dass ein Tapetenwechsel beim Nachbarn kein Grund dafür sei, selbst zu tapezieren. Allerdings stammte die kecke Aussage des SED-Chefideologen aus dem Jahr 1987, und inzwischen schrieb man Oktober 1989. Fojtik und mit ihm sämtliche Greise des Politbüros gaben sich trotzdem erstaunlich optimistisch: *Glücklicherweise zwingt uns nichts, schnell nach Rettung Ausschau zu halten.* Zeitgefühl? Woher hätten sie es nehmen sollen? Sie hatten sich ein Leben lang ausschließlich an der Turmuhr des Kreml orientiert.

Dabei mehrten sich die Zeichen, dass Moskau an einem Weiterregieren dieser Garde kein Interesse mehr hatte. Gorbatschows Mitarbeiter, unter ihnen Chefberater Wadim Medwedjew, Oberideologe Alexander Jakowlew und der sowjetische Botschafter in Prag, Wiktor Lomakin, ermahnten die tschechoslowakischen Kollegen, Lehren aus der polni-

schen, ungarischen und schließlich – denn nun war es bereits so weit –
DDR-Krise zu ziehen und in die sowjetische Pfütze zu steigen. Anders
jedoch als in den erwähnten Ländern war es hier unmöglich, eine Peres-
trojkamannschaft aufzubauen, und das war kein Wunder: Politische Reformen bedeuteten für die Herrscher an der Moldau die Rückkehr zu
Dubček und jenem von ihnen für immer verdammten Reformfrühling.
Der sowjetische Parteichef wusste genau, dass eine Versöhnung zwischen
den Erneuerern von 1968 und den «Männern des 21. August» unmöglich war. Trotz wiederholter Lippenbekenntnisse zugunsten der Jakeš-
Männer sah er in ihnen nur arrogante, hasserfüllte Betonköpfe, wie er
im engsten Genossenkreis Anfang Januar 1989 äußerte: *Unsere Perestrojka wird dort wild gehasst [...] von der gesamten Bande, die 1968 an
die Macht kam und dann von Breschnew begünstigt wurde [...] Sie prophezeit unseren Untergang.* Hier war Moskaus Politik relativ einfach:
Man informierte sich genauestens über die jeweilige Lage bei der lokalen
KGB-Agentur, pflegte informelle Kontakte mit allen Strömungen in der
Partei und wartete ruhig auf das Ereignis, das zum Kollaps des Politbüros führen würde.

Die sechste, an nationalhistorischen Gesichtspunkten ausgerichtete Demonstration fand am Freitag, dem 17. November, statt. Anders als die
vorausgegangenen Gedenktage erfreute sich dieser einer besonderen Akzeptanz bei den Machthabern, denn er verknüpfte sich direkt mit der
antifaschistischen Tradition. Im November 1939 hatte die Prager Bevölkerung gegen die deutsche Okkupation demonstriert, und beim Zusam-
menstoß mit den Besatzern kam der Student Jan Opletal ums Leben.
Seine Beerdigung löste auf Hitlers direkten Befehl hin einen blutigen
Kahlschlag aus und führte zur Schließung aller tschechischen Hochschulen auf dem Gebiet des Protektorats. 1200 Studenten wurden ins KZ
gesperrt. Diese tragisch-heroische Tradition der Prager Jugend sollte
durch den internationalen Studententag bekräftigt werden, zumal der
kommunistisch beeinflusste Internationale Studentenverband seinen Sitz
in der Goldenen Stadt hatte. Jedes Jahr wurde der 17. November feierlich begangen. Der Stellenwert der Gedenkfeier ähnelte dem der Lieb-
knecht/Luxemburg-Ehrung in der DDR und gehörte zu den mit der Zeit
etwas verstaubten, langweilig gewordenen Ritualen.

Die offiziellen Feierlichkeiten fanden am Nachmittag im Studentenquartier *Albertov* statt. Neben den Organisatoren aus dem parteiamtlichen Sozialistischen Jugendverband beteiligten sich an diesem Akt auch unabhängige Studentengruppen mit dem auf ihrem Flugblatt erklärten Ziel, *nicht nur pietätvoll an die damaligen tragischen Ereignissen zu erinnern*, sondern sich *zu den Ideale der Freiheit und der Wahrheit zu bekennen. Denn auch heute sind diese Ideale bedroht.* Ihre Transparente mit der Aufschrift *Jan Opletal = Jan Palach, Bis Weihnachten Freiheit* oder *Wir wollen eine neue Regierung* sprengten den genehmigten Rahmen der Veranstaltung, lösten jedoch kein Eingreifen der Polizei aus. Vielleicht auch dadurch ermuntert, beschlossen die jungen Leute zusammenzubleiben. Ein Teil von ihnen besuchte unterwegs, immerhin mit offizieller Genehmigung, den Zentralfriedhof Slavín, um einen Kranz auf dem Grab des romantischen Dichters Karel Hynek Mácha, verstorben 1836, niederzulegen (Mácha war wegen seiner traurigen Liebesgedichte eine Kultfigur der Prager Universitätsjugend: Zu seinen Ehren kürten die Studenten alljährlich einen Poeten während des Maifestes zum Maikönig. 1965 hieß dieser Allen Ginsberg – er wurde jedoch kurz vor seiner Inthronisierung von den Behörden festgenommen und des Landes verwiesen. Ginsberg widmete dem Ereignis ein schönes, trotziges Gedicht mit dem Titel *Rückkehr des Maikönigs*).

Die inzwischen etwa 10000 Demonstranten zogen mit Blumen und Kerzen am Moldaukai entlang Richtung Stadtzentrum. Am Nationaltheater bogen sie in die *Narodni Trida* (Nationalstraße) ein und wollten über die nun verkehrsfreie Prachtstraße zum «Václavák», ein Kurzname des Wenzelsplatzes wie «Alex» für den Ostberliner Alexanderplatz, ziehen. Viele setzten sich auf den Bürgersteig und warteten darauf, weitergehen zu können. Die schöne, schmale Trida mit ihren Warenhäusern und Läden füllte sich allmählich mit Jugendlichen und erwies sich plötzlich als Falle. Es war bereits Abend, und als die Sondereinheiten des Innenministeriums die von allen Seiten eingekesselte Menge mit Gummiknüppeln, Schlagstöcken und Wasserwerfern angriff, brach Panik aus. Die Polizisten, so berichtet einer der vielen Augenzeugen, *begannen wahllos loszuschlagen, auf Köpfe, in Gesichter, auf Bäuche, auf liegende Menschen. (…) Als ich damals gegen 22 Uhr wieder auf die* Narodni *ging, bot sich mir ein unheimliches Bild: Auf der menschenleeren Straße liefen vereinzelt verstörte Studenten herum und murmelten etwas von einem Massaker.*

Offensichtlich war die abschreckende Wirkung des Einsatzes noch größer als seine tatsächliche Heftigkeit. Der wortkarge Polizeibericht am nächsten Tag sprach von 143 Festgenommenen und erwähnte dabei lediglich sieben verwundete Ordnungshüter. Die bereits aufschlussreicheren Informationen der nächsten Tage registrierten 38 in Prager Spitälern behandelte Verwundete, unter ihnen einige mit Gehirnerschütterung und Schulterbeinbrüchen. Das Wort Massaker war sicher übertrieben, angeregt von den Angstfantasien der letzten Monate. Gerade Studenten konnten angesichts einer solchen Attacke kaum an etwas anderes als an die blutrünstige Abrechnung mit ihren Mitstreitern auf dem Pekinger Platz des Himmlischen Friedens denken, ein Ereignis, das in der tschechoslowakischen KP-Presse positiv gewürdigt worden war. Wenn man zusätzlich die nervliche Anspannung der an Straßenkonfrontationen nicht gewöhnten Jugendlichen berücksichtigt, gibt es zumindest eine psychologische Erklärung für die Entstehung eines mysteriösen Todesgerüchts.

Die Spätsendungen der westlichen Medien brachten die Information, während der Gedächtnisfeier zum 17. November sei mindestens eine Person ums Leben gekommen: Martin Šmid, Student der mathematisch-physikalischen Fakultät der Karlsuniversität. Diese Nachricht übermittelte der Dissident Petr Uhl, ein 68er und Mitbegründer der Charta 77, der zu dieser Zeit damit beschäftigt war, eine unabhängige Nachrichtenagentur aufzubauen. Uhl konnte das Gerücht offenbar nicht prüfen und hielt es für glaubhaft. Am nächsten Tag wurde stadtweit um das junge Opfer getrauert – am vermeintlichen Todesort streute man Blumen und zündete Kerzen an. Martin Šmids Tod verfehlte seine Wirkung in der aufgeheizten Atmosphäre nicht. Eine radikalisierte Hochschülerschaft rief am Samstag, dem 18. November, einen unbefristeten Streik aus, *bis folgende Forderungen erfüllt sind:*

1. Die vollständige Aufklärung des brutalen Polizeieinsatzes gegen friedliche Demonstranten am 17. November.

2. Die Veröffentlichung der Namen der Verantwortlichen.

3. Die Einstellung jeglicher Strafverfolgungen von Teilnehmern der Demonstration.

4. Der Beginn eines Dialogs zwischen allen Schichten der Gesellschaft.

Dem studentischen Ultimatum schlossen sich am selben Tag die Schauspieler an und sagten bis auf Weiteres jede Vorstellung in ihren Theatern ab. Stattdessen luden sie ihr Publikum zu öffentlichen Diskussionen ein. Noch einen Tag später gründeten zwölf oppositionelle Gruppen, allen voran die *Charta 77*, im Theatersaal des *Činoherni-Klubs* das *Bürgerforum (občanské forum)*, eine Rahmenorganisation zur Koordinierung des Protestes. Gleichzeitig entstand in der slowakischen Hauptstadt die *Öffentlichkeit gegen Gewalt* und die *Unabhängige ungarische Initiative*. Der Streik weitete sich am Montag auf sämtliche Mittelschulen des Landes aus, und bald forderte die Opposition alle Betriebe zu einer zweistündigen Arbeitsniederlegung am 27. November zwischen 12 und 14 Uhr auf. In diesen Tagen entfaltete die Bürgerbewegung eine Dynamik, wie sie gewöhnlich am Vorabend von Revolutionen entsteht.

Währenddessen befand sich der tot geglaubte Student am Leben, war arglos und in einem unversehrten Gesundheitszustand. Zwar hatte er sich an der Studentenkundgebung beteiligt, doch es war ihm gelungen, kurz vor Abriegelung der Narodni Trida über eine der Seitenstraßen den Polizeischlagstöcken zu entfliehen. Was er zehn Jahre später über die Folgen erzählte, würde in jede absurde Komödie passen: *Interessant wurde es dann erst am nächsten Tag, als man zu erzählen begann, dass jemand getötet wurde. Ich selbst bin an diesem Tag ins Theater gegangen. Dort wurde aber nicht mehr gespielt, sondern es wurde gestreikt. Und dort habe auch ich zum ersten Mal gehört, dass es angeblich einen Toten gibt. Na, und als ich dann vom Theater nach Hause gekommen bin, da hat mein Vater dort schon ganz aufgeregt auf mich gewartet und gesagt, dass die Polizei hier war und nach mir gefragt hat. Als er wissen wollte, was passiert ist, haben die Polizisten zu ihm gesagt: Schalten Sie Radio Freies Europa ein. Also hat er Radio Freies Europa eingeschaltet. Und da wurde gemeldet: Ein Student der mathematisch-physikalischen Fakultät namens Martin Šmid wurde bei der Demonstration getötet.* Der Hintergrund der Affäre um Šmid bleibt trotz akribischer Untersuchungen bis heute ungeklärt und bietet Anlass zu den unterschiedlichsten Spekulationen.

Dabei liegt das eigentliche Rätsel dieses 17. November in der Polizeiattacke selbst. Wenn die Parteispitze im Vorfeld der Geschehnisse über den geplanten Aufmarsch der Polizeiorgane, ähnlich wie in allen früheren

Fällen, informiert und ein Alleingang des Innenministeriums oder der Geheimpolizei so gut wie unwahrscheinlich war, dann musste es auch irgendeinen Plan gegeben haben, um die zu erwartenden Folgen der Gewaltausübung seitens der Polizei «behandeln» zu können, wie man es damals in Ungarn nannte. Hatten sie nicht damit gerechnet, dass bei einer moralischen Niederlage in dieser Schlacht auf der Narodni Trida (die sie «militärisch gewonnen» hatten) etwas mehr auf dem Spiel stünde als nach den bisherigen Tätlichkeiten?

Jedenfalls erfolgte nach dem 17. November ein panischer, ungeordneter Rückzug der Herrschenden, wie er in keinem anderen Land des Warschauer Vertrags zu beobachten war. Am Wochenende wollte man noch an der Richtigkeit des Polizeieinsatzes festhalten, obwohl dieser von der Nachrichtenagentur ČTK bereits als *hartes Eingreifen* bezeichnet worden war. Am Montag, dem 20. November, erschien ein Kommuniqué über das Gespräch des Regierungschefs Ladislav Adamec mit Studenten, bei dem sich diese über die *unbegründete Härte* der Polizei beschwert hatten. Am 21. November erklärte der Regierungssprecher Milan Kašik, die Frage, ob das Eingreifen der Polizei *der Lage angemessen war*, werde untersucht, am 22. zeigte sich der offizielle Journalistenverband sogar empört wegen der Prager Einmischung vom 17. November in eine friedliche Demonstration, am 23. gab das Stadtkomitee der KP zu, dass *der Polizeieingriff in Prag eine negative Wirkung auf die Lage im ganzen Land ausübte,* und meinte, dass die Staatsanwaltschaft bei der Untersuchung die Studenten konsultieren solle. Am 24. erschien ein vorläufiger Bericht der Staatsanwaltschaft mit dem wenig überraschenden Fazit, es habe sich bei dem Zwischenfall am vorigen Freitag um einen sowohl unbegründeten als auch unangemessenen Eingriff gehandelt. Zu diesem Zeitpunkt organisierte die bereits permanent demonstrierende Opposition stadtweit Fotoausstellungen, in denen die erschütternden Bilder des Polizeiterrors öffentlich gezeigt wurden.

Wie diese Vorfälle deutlich machen, litt das Regime überhaupt an chronischer Verspätung. Die aus der akuten Konfrontation herrührenden Forderungen verdeckten die eigentliche Bedrohung, die wahre historische Dimension der Niederlage. Diese Leute, die im Sommer 1968 mit jedem kritischen Feuilletonartikel in der tschechoslowakischen Presse nach Moskau rannten, um Hilfe gegen die «Konterrevolution» zu erheischen, waren jetzt mit Äußerungen konfrontiert, die direkt auf ihre Macht abzielten. Schließlich forderte das *Bürgerforum* im ersten Punkt seines Katalogs den *Rücktritt der für die Invasion von 1968 verantwortlichen Politiker.* In diese Kategorie gehörten alle Mitglieder der führenden Körperschaften, sofern sie über 70 waren. Auch eine kurze Umschau in den Nachbarländern zeigte ihnen, dass in den letzten zwei Jahren fast alle Generationsgefährten in der Versenkung verschwunden waren, unter ihnen János Kádár, Erich Honecker, unlängst Todor Schiwkow. Jeder von ihnen hatte noch kurz vor seinem Sturz den obligatorischen Bruderkuss des reformfreudigen Kremlführers erhalten.

Manche versuchten, so zu tun, als sei die neue Woche eine Fortsetzung der alten. Das Präsidium der Slowakischen Kommunistischen Partei beschäftigte sich am Dienstag, dem 21. November, in einem gesonderten Tagesordnungspunkt mit der geplanten Edition der Sämtlichen Werke von Klement Gottwald in slowakischer Sprache. Was erwarteten sie von der Erwähnung dieses Namens, der an die dunkelste Phase des Sozialismus, an die stalinistischen Schauprozesse der Fünfzigerjahre, erinnerte?

In absurder Weise lief soeben ein politischer Prozess im Justizpalast der slowakischen Hauptstadt gegen den Menschenrechtsaktivisten Jan Carnogursky wegen seiner Samisdatzeitschrift *Bratislavské Listy.* Man scheute sich nicht, in all dem Wirrwarr ringsum dem Angeklagten *umstürzlerische Tätigkeit im Sinne des § 98/2 des Strafgesetzbuches* vorzuwerfen.

Trotzdem erreichten die Ängste der einfachen Genossen an der Basis auch die Ministerkabinette und die Sitzungssäle mit den gepolsterten Türen. Das oben erwähnte slowakische Gremium befasste sich mit angeblichen oder tatsächlichen Briefen von Staatsbürgern, in denen diese ihre Besorgnisse *wegen der Tätigkeit der illegalen Gruppen* äußerten. Beim Parteichef Jakeš war eine Betriebsdelegation aus Kladno vorstellig, welche *wirkungsvolle Maßnahmen erbat gegen die Kräfte, die eine Spannung auslösen und den Umsturz der Gesellschaft anstreben.* Besorgt zeigte sich auch der Verteidigungsminister, Armeegeneral Milan Vraclavik, und gleichzeitig versicherte das Zentralkomitee, die Angehörigen der Volksarmee würden die Partei in deren Bestrebung unterstützen, *die komplizierte soziale und politische Lage zu* normalisieren ... – kaum die richtige Wortwahl im Lande der *normalizace.*

Neben dem Prager Václavák wurde in diesen Tagen der Bratislaver Platz des Slowakischen Nationalen Aufstands, Abkürzung Námestie SNP, zum Zentrum des neuen politischen Lebens. Inzwischen versuchten allmählich andere tschechische und slowakische Städte, wenigstens ein bisschen an dem atemberaubenden Rhythmus der Umwälzung teilzuhaben. Es sei anzumerken, dass die Woche der tschechoslowakischen Straßendemokratie vom 20. bis zum 26. November 1989 nicht von freundlicher Witterung begünstigt wurde. Die Vorhersage des Hydrometeorologischen Instituts Prag-Komořany verhieß wenig Gutes: *Das Wetter bei uns wird beeinflusst durch eine Kaltfront von Norden. Am Samstag und Sonntag stark bewölkt, örtlich Schneefall, Tiefsttemperaturen zwischen minus vier und minus acht Grad, bei Aufheiterungen um minus zehn Grad, Tageshöchsttemperaturen zwischen minus ein und plus drei Grad.*

Die Versammlungen am Wenzelsplatz ermöglichten es in diesen Tagen der Opposition, die vorerst keinen Zugang zu Medien hatte, ihre Anhängerschaft mobil zu halten und zu informieren. Gleichzeitig gestatteten sie der Regierung, über ihre Vermittler einen informellen Kontakt mit den Bürgern aufrechtzuerhalten und den Lauf der Ereignisse zumindest ein wenig zu beeinflussen. Ein Beispiel hierfür war der Auftritt von Jiří Bartoška vor Zehntausenden von Demonstranten am Dienstag, dem 21. November. Der Schauspieler, populärer Held von Fernsehserien der Achtzigerjahre und in diesen Tagen Sprecher des *Bürgerforums*, meldete aus seinem Gespräch mit Ministerpräsident Adamec, dieser habe ihm versichert, keine Gewalt gegen die Demonstranten anwenden zu wollen, was *die Teilnehmer der Versammlung mit Applaus aufgenommen haben.* Ein anderer populärer Schauspieler, Petr Burian aus dem *Činoherní Klub*, lieh den Dokumenten des *Bürgerforums* seine Stimme.

Überhaupt war die Beteiligung von Thalias Priestern an diesen kalten und gleichzeitig heißen Tagen erheblich – ein Phänomen, das zuvor in Berlin und später in Bukarest auffiel. Offensichtlich brauchte man sie als wohlbekannte und beliebte Identifikationsfiguren, die gleichzeitig ein Element der Inszenierung in das Geschehen einbrachten. Ihr Effekt war gesichert, selbst wenn sie persönlich nicht anwesend sein konnten, wie etwa der legendäre Rudolf Hrušínský (Darsteller des Schwejk, Barrandov 1956), dessen Radiointerview, in dem er die Erneuerungsbewegung begrüßte, über Lautsprecher ausgestrahlt wurde. Vieles in diesen Tagen spielte in dem Milieu zwischen dem Musikclub *Lucerna Klub* und der *Laterna Magica* – schließlich war Vacláv Havel, der Hauptakteur der Novemberereignisse, selbst ein Bühnenautor mit zahllosen Kontakten zur Prager Theaterboheme.

Was wirklich vor sich ging, war alles andere als eine Bühnenvorstellung. Die frierende Menge auf dem Václavák mit ihren Losungen «Freiheit für alle!» und «Freie Wahlen!» konnte zunächst nicht ganz sicher sein, ob die freundliche Botschaft der Machthaber nicht auch bloß ein Schauspiel sein sollte – die Macht der Volksarmee, der Polizei, des Geheimdienstes und der Volksmiliz-Kampfgruppen war ja intakt. Schließlich hatte dieses Land einige böse Überraschungen erlebt, die alle auf rosige Hoffnungen gefolgt waren. Und doch wollten die Menschen glauben, was die von Tag zu Tag ansteigende Zahl der Demonstranten zeigte. Die Euphorie war noch im Anwachsen. Als am 24. November vom Balkon des Verlagshauses Melantrich Vacláv Havel und Aleksander Dubček gemeinsam zu 300 000 Bürgern am Wenzelsplatz sprachen, war dies ein schönes Zeichen der demokratischen und nationalen Kontinuität zwischen Frühling 1968 und Herbst 1989.

Einen Tag vorher war Dubček in Bratislava zum ersten Mal seit seinem Sturz im April 1969 vor der Öffentlichkeit erschienen. Merkwürdigerweise hielt er in seiner engeren Heimat keine Rede, stattdessen hörten Zehntausende auf dem Hauptplatz den Filmstar Milan Křažko, der die Versammlungen dieser Tage ebenso moderierte wie der Dissidentenpfarrer Vacláv Maly in Prag. Eine Besonderheit der Demonstrationen in der slowakischen Metropole war, dass offizielle Persönlichkeiten versuchten, daran teilzunehmen. So wollte der stellvertretende Ministerpräsident Stefan Murin eigentlich die Grüße der Regierung an die «Öffentlichkeit gegen Gewalt» übermitteln und eine Demokratisierung versprechen, aber er wurde ausgepfiffen oder mit Rufen wie «Zu spät!» und «Wir glauben Ihnen kein Wort!» zum Schweigen gebracht. Offensichtlich bereitete das Defizit an Glaubwürdigkeit den slowakischen Funktionären Kopfschmerzen – hiervon zeugte unter anderem die plötzliche Entscheidung des slowakischen Kulturministeriums über die *Zulassung von allen Spiel- und Dokumentarfilmen, die bisher nicht zugelassen waren, und dasselbe betrifft auch unter spezielle Beurteilung fallende Bücher.* Das Wort «Zensur» wollte man sorgfältig meiden.

In der zweiten Hälfte der Novemberwoche weitete sich die Bewegung bereits auf alle wichtigen Zentren der Republik aus. Nun war das Bürgerforum an der Reihe, ein eigenes, für die Öffentlichkeit zugängliches Dokument vorzuweisen, das die Gesellschaft orientieren und als Ausgangspunkt bei den Verhandlungen mit der KP-Zentrale und der Regierung in Prag dienen konnte. *Die Grundsätze des Programms des Neuen Forums* wurden am 26. November veröffentlicht – recht spät, wenn man bedenkt, um wie viel früher Oppositionsgruppen in Ungarn und Polen ihre Gedanken über das von ihnen erstrebte Demokratiemodell zu Papier gebracht hatten. Zum Systemwechsel gab es in Ungarn bereits im Juni 1987 einen *Gesellschaftsvertrag* der demokratischen Opposition, im Herbst 1987 ein ähnliches Papier in Polen, den sogenannten *Antikrisenpakt.*

Die «Grundsätze» enthielten Forderungen, wie sie aus den programmatischen Dokumenten der Bürgerbewegungen in Ostmitteleuropa bereits bekannt waren: Rechtsstaat, garantierte Bürgerrechte, parlamentarische Demokratie mit mehreren Parteien, parallele Existenz verschiedener Eigentumsformen, soziale Gerechtigkeit, Umweltschutz, Abschaffung der staatlichen Kontrolle über Kultur, Kunst und Wissenschaft. Außenpolitisch betonte das Bürgerforum die Zugehörigkeit der ČSSR zu Mitteleuropa, die Notwendigkeit der guten Beziehungen zu allen Nachbarn und vorläufiges Festhalten an der Mitgliedschaft in Warschauer Vertrag und RGW. Man plädierte für die Beibehaltung der Tschechoslowakei als föderativer Staatsordnung, als *weiterhin gleichberechtigter Bund der beiden Nationen und aller Nationalitäten.* Als Voraussetzung für die Erfüllung des Programms wurde gesehen, *dass die KPČ auf ihre in der Verfassung fixierte führende gesellschaftliche Rolle sowie auf ihr Medienmonopol verzichtet. Nichts hindert sie daran, dies bereits morgen zu tun.*

Der gleich nach der Niederschlagung der Studentendemonstration für den 27. November angekündigte zweistündige Generalstreik wirkte für beide Seiten wie eine natürliche Grenze, eine Deadline in der Agenda. Die Bürgerbewegung musste bis dahin sichtbare Erfolge ihrer Verhandlungen mit den Machthabern aufweisen können, um einem Abebben der Massenenergien vorzubeugen. Die Kommunisten verfolgten ein doppeltes Ziel: Sie wollten die Verhandlungen zwischen Regierung und Bürgerforum mit einem Minimum an Machtverlust beenden und gleichzeitig

über personelle Umbesetzungen an der Parteispitze deren Reihen wieder
fest schließen.

Die Versammlungsdemokratie bestimmte nach wie vor das Geschehen. Ihre Symbole waren eine kleine Spielglocke und über den Kopf ge-
hobene, rasselnde Schlüsselbunde. Beides sollte die Staats- und Parteiführung an das Ende ihrer Amtszeit erinnern: «Abgang», «Letztes Läuten» oder, direkt an den Generalsekretär Jakeš adressiert: «Miloš, wir
machen Schluss!» Der Protest wies bei aller Ernsthaftigkeit die Züge
eines Schulstreichs auf, als wären die an der Disziplinlosigkeit ihrer Schüler verzweifelnden Lehrkräfte aus den Klassenräumen geflohen. Gleichzeitig agierte die über alle Gewaltinstrumente verfügende Macht nach
dem Zwischenfall an der Narodni trida weitgehend passiv, um nicht zu
sagen: autistisch. Aus diesem Doppelverhalten resultierte das merkwürdige Phänomen, das in den Westmedien als «samtene Revolution» bezeichnet wurde. Offenbar gefiel dieses Etikett der tschechoslowakischen
Öffentlichkeit, denn sie wurde in das heimische Vokabular, tschechisch
als «sametová revoluce» und slowakisch als «ýežna (eigentlich «sanfte»)
revolucija», gleichzeitig übernommen. Samten waren und blieben vor
allem die Handschuhe, mit denen die alte Elite behandelt wurde.

Ob der Begriff Revolution für die mannigfaltigen Prozesse jener Tage
zutrifft, darüber lässt sich diskutieren. Jedenfalls erlebten die Beteiligten
die Ereignisse als revolutionär – schließlich waren sie von der ursprünglich bescheidenen Forderung, einen Akt der Behördenwillkür zu un-
tersuchen, binnen weniger Tage am Systemwechsel angekommen. Der
Tragweite dieser Entscheidung mussten sie sich spätestens am Sonn-
abend, dem 25. November, bewusst sein, als sie ihre größte Kundgebung
mit einer Dreiviertelmillion Teilnehmern auf dem Letnaplateau durch-
führten. Die Letna als Ort war ziemlich symbolträchtig: Seit 1948 fanden hier die offiziellen Massenkundgebungen statt, und hier stand auch
Osteuropas größtes Stalindenkmal, bis es 1962 in einer Nacht-und-Ne-
bel-Aktion entfernt wurde. Die Fahnen mit der tschechischen Trikolore
wehten im eisigen Wind, und die Bürger hörten Vacláv Havel und Aleksander Dubček, in denen sie womöglich nicht nur die Protagonisten der
beiden historischen Strömungen des Prager Frühlings und der Charta 77
sahen, sondern auch die Vertreter der tschechischen und slowakischen
Nation, für die der Systemwechsel mit der Wiedererlangung der vollständigen Souveränität einherging. Das «letzte Läuten» sollte auch mit

dem seit 1968 währenden Aufenthalt von 80 000 sowjetischen Soldaten im Lande «Schluss machen».

Über dem Letnaplateau ertönte ein berühmter Song des aus dem Exil zurückgekehrten Liedermachers Jaroslav Hutka. Anders als Wolf Biermann, dem die Einreise zur Großkundgebung am 4. November verweigert worden war, durfte der Barde zu seiner späten Genugtuung vor der Menge auftreten. Das Lied *Nameste*, zum Anlass des Verbots eines Festivals in den Siebzigerjahren geschrieben, war auf Parallelismen gebaut und konnte leicht nachgesungen werden. Eine Kostprobe in Linearübersetzung lässt vielleicht seinen Wirkmechanismus erahnen:

So schön ist die Luft,
schöner ist das Meer.
Was am schönsten ist,
es ist das lächelnde Gesicht.

Fest ist der Tisch,
fester ist der Berg.
Was am festesten ist,
ist des Menschen Glaube.

Leer ist die Wüste
und auch des Himmels Weite.
Was am leersten ist,
ist, ohne Liebe zu leben.

Mächtig ist die Waffe,
mächtiger das Recht.
Was am mächtigsten ist,
es ist das wahrheitsliebende Wort.

Groß ist die Erde,
und Wasser platscht darauf.
Was jedoch am größten,
es ist die Freiheit des Menschen.

Weniger poetisch als die Demonstration auf der Letna verlief das gleichzeitige Plenum des Zentralkomitees in den Räumlichkeiten der Parteihochschule. In einer Marathonsitzung, die bis zwei Uhr morgens dauerte, wurden die alten Männer in Ehren entlassen, bzw. sie baten entsprechend der KP-Gepflogenheiten selbst um diese Gunst, und so entstand ein neues Präsidium mit dem achtundvierzigjährigen mährischen Berufsfunktionär Karel Urbánek an der Spitze. Bald darauf trafen in Prag die Glückwunschtelegramme der Chefs der Bruderparteien ein, von Gorbatschow bis Ceauşescu, vom nordkoreanischen Kim Il Sung bis zum afghanischen Nadschibullah.

Der Neue hielt am Samstagabend eine Fernsehrede, in der er sein Programm mit dem merkwürdigen Slogan «Sozialismus ohne Fehler» verkündete. Dabei gab er sich betont versöhnend und persönlich: *Wir haben uns allzu sehr getrennt von den Menschen, von den Wahrheiten ihres Alltags, von ihren tatsächlichen Bedürfnissen und Interessen. (…) Leider erlaubten wir manchmal auch den natürlichen Vermittlern der Menschenschicksale, unseren Schriftstellern und Dramatikern, nicht, diese wichtigen Kenntnisse weiterzuleiten. Deshalb stehen sie heute leider nicht auf unserer Seite. (…) Wir leben im Herzen von Europa, und wie bekannt, neigt das Herz zum Infarkt. Lassen wir nicht zu, dass unsere über tiefe demokratische Traditionen verfügende Heimat schwer krank wird.* Urbáneks Ansprache, eine Art Abschiedsrede, war keine rhetorische Glanzleistung. Dennoch stellt sich die Frage, wo diese einfache, unbürokratische Sprache mehr als vier Jahrzehnte lang versteckt gewesen war. Musste man erst die Macht verlieren, um sie wiederzufinden?

Am Dienstag, dem 28. November, einigten sich Regierung und Opposition auf die Bildung einer Koalitionsregierung, *in der sowohl Vertreter der Kommunistischen Partei wie auch Vertreter anderer politischer Parteien* [gemeint waren die «Blockflöten»] *sowie Parteilose vertreten sind.* Der wesentliche Inhalt des Kommuniqués bezog sich jedoch auf etwas anderes: *Ferner einigten sich die Delegationen darüber, dass die Föderative Regierung der Föderativen Versammlung* [Parlament] *der ČSSR eine Änderung der Verfassung der ČSSR vorschlagen wird. Es handelt sich um folgende Artikel der Verfassung: den Artikel Nr. 4 über die führende Rolle der Kommunistischen Partei der Tschechoslowakei in der Gesellschaft, den Artikel Nr. 6 über die Stellung der Nationalen Front*

[Volksfront] *und den Artikel Nr. 16 über die Beziehung des Marxismus-Leninismus zur Kulturpolitik, zur Bildung und Erziehung. Artikel Nr. 4 soll ausgelassen werden, im Artikel Nr. 6 wird die führende Rolle der Partei in der Nationalen Front ausgelassen, und Artikel Nr. 16 wird ebenfalls ausgelassen.* Kultur und Unterricht sollen einzig und allein *im Einklang mit den wissenschaftlichen Kenntnissen sowie mit den Grundsätzen der Menschlichkeit, des Humanismus* gelenkt werden. Der Chancengleichheit der Kontrahenten diente das Versprechen des Ministerpräsidenten Adamec, *für die Tätigkeit des Bürgerforums Räumlichkeiten freizustellen.*

Bisweilen musste die auf dem Höhepunkt ihrer Entfaltung stehende Bürgerbewegung auf private Quadratmeter ausweichen. Ihre erste Pressekonferenz für in- und ausländische Journalisten fand am Sonntagabend, dem 26. November, in der *Laterna Magica* statt. In dem mondänen Bühnenlicht saßen die führenden Dissidenten und berichteten spontan oder improvisiert über ihre nächsten Pläne und Ideen. Es ging um freie Wahlen, deren Zeitpunkt nicht genannt werden konnte, um den Zugang der Opposition zu den Medien und um das Selbstverständnis des *Bürgerforums.* Havel war damals noch der Meinung, die Sammlungsbewegung habe nicht die Absicht, eine politische Partei zu bilden; vielmehr werde sie sich durch die Entstehung unabhängiger Parteien, Gewerkschaften und Klubs überflüssig machen.

Von dem Plauderton der Menschenrechtler wich in auffallender Weise die konzentrierte, ausgewogene Rede des damals in der Öffentlichkeit kaum bekannten Ökonomen Dr. Vacláv Klaus ab. Klaus war Mitarbeiter des Prognostischen Instituts der Akademie der Wissenschaften, einer Einrichtung, die der halbherzig angefangenen Wirtschaftsreform der Achtzigerjahre, bekanntermaßen vergeblich, auf die Sprünge helfen sollte. Nun fand er überraschend wohlwollende Worte für die bisherige Wirtschaftspolitik der Regierung: *Nach meiner Meinung hat die Tschechoslowakei dank ihrer umsichtigen Politik eine bessere Ausgangsbasis für die Reform als die Nachbarstaaten. Unsere Auslandsverschuldung ist relativ niedrig. Die Erosion der Wirtschaft ist bei uns weniger dramatisch als in diesen Ländern. Wir dürfen diese relativen Vorteile nicht verlieren ... Wir brauchen eine vernünftig handelnde Regierung, die keine rasche Inflation, weitere Verschuldung oder größere Arbeitslosigkeit zulässt.* Seine Worte über die Natur der noch existierenden Macht mussten in den Ohren seiner Kollegen, der Dissidenten, befremdlich klingen: *Das bisherige politische System war nicht ganz monolithisch. Die Regierung verfügte über eine gewisse Autonomie, und diese wird durch die jetzige Situation bestätigt.* Dies war ein deutliches Plädoyer für Kontinuität.

Die Föderative Versammlung (das Bundesparlament) nahm die Auflösung der kommunistischen Monopolstellung einstimmig zur Kenntnis, genau so, wie sie seit mehr als vierzig Jahren das Gegenteil akzeptiert hatte. Es verging nur ein Monat, und das damals noch zu 70 Prozent kommunistische Parlament wählte den abtrünnigen Aleksander Dubček, dem in diesem Gebäude und teilweise von denselben Abgeordneten 1969 das Mandat entzogen worden war, zu seinem Präsidenten. Einen Tag später kürte die hohe Volksvertretung den Staatsfeind Nr. 1 der Achtzigerjahre, Vacláv Havel, zum Staatspräsidenten, nachdem sein Vorgänger Gustav Husak abgedankt hatte. Auch dieses Votum war einstimmig.

«Havel na hrad!» Havel auf die Burg! Das war der Ruf der Straße, der darauf zielte, die unreife Demokratie durch das moralische Gewicht einer authentischen Person der Zeitgeschichte zu stärken. Als am 29. Dezember morgens kurz nach zehn Uhr Vacláv Havel zu den Posaunentönen aus der Nationaloper *Libuše* von Bedřich Smetana den Wladislawsaal betrat, den früheren Thronsaal der böhmischen Könige, um den Amtseid zu leisten, gehörte dieser Augenblick zweifellos zu dem größten des Jahres 1989. Der neue Burgherr des Hradschin dominierte eine Zeit lang die Schlagzeilen der Weltpresse. Die Lobpreisungen seiner «zivilen», tollpatschigen, unpolitischen Art bei der Wahrnehmung seiner hohen staatsmännischen Würde lagen mitunter hart an der Grenze des politischen Kitsches. Dies ist wichtig zu betonen, weil seine realen Leistungen an der Spitze der Dritten Republik später auf viel berechtigte Kritik gestoßen sind. Von bleibendem Wert ist indes seine schnörkellose demokratische Gesinnung, Bestandteil seiner Persönlichkeitsstruktur.

Die Ära Havel bedeutete vor allem den Abschluss eines düsteren Kapitels tschechoslowakischer Nachkriegsgeschichte. Nachdem im Dezember 1989 die Regierung der UdSSR und parallel dazu auch Bulgarien, Ungarn und Polen die Invasion von 1968 als falsch und rechtswidrig verurteilt hatten, wurde im Februar 1990 ein Abkommen über den sowjetischen Truppenabzug bis Juli 1991 veröffentlicht.

Die im Herbst 1989 noch einheitlich wirkende Opposition begann im Vorfeld der ersten freien Parlamentswahlen zu zerbröckeln. Gewinner war landesweit das *Bürgerforum* mit 53 Prozent der Wählerstimmen. Zweitstärkste Partei wurden die Kommunisten mit 13,6 Prozent – übrigens die einzige KP im Ostblock, die bereits vor dem Krieg Erfolge im Rahmen eines parlamentarischen Systems erzielt hatte (bei den Wahlen 1929 gewann sie 10,2 Prozent, 1935 10,32 Prozent der Wählerstimmen). In der Slowakei errang die Partnerorganisation der tschechischen Bürgerbewegung, die *Öffentlichkeit gegen Gewalt*, 32 Prozent des Wählervotums. Den zweiten Platz nahm hier jedoch die konservative *Christlich-Demokratische Union* (19 Prozent) ein, und es gab eine rechtspopulistische *Nationale Partei* (11 Prozent) sowie eine *Partei zur Vertretung der Interessen der ungarischen Minderheit* (9 Prozent).

Soziale Spannungen, Machtintrigen und unbewältigtes Erbe nicht nur der kommunistischen Vergangenheit führten dazu, dass sich der Rahmen der jungen Demokratie für das Zusammenleben der beiden Nationen als zu eng erwies. Glücklicherweise erfolgte die Spaltung des Staates auf friedlichem Wege, und ihre Folgen konnten zehn Jahre später durch den gleichzeitigen Beitritt beider Republiken in die EU relativiert werden.

Rumänien: Revolution bei Grabeskälte

Am Montag, dem 18. Dezember 1989, kurz vor seinem Abflug nach Teheran, gab Präsident Nicolae Ceauşescu der englischsprachigen offiziösen Tageszeitung *Tehran Times* ein Interview. Dem protokollarischen Anlass entsprechend erkundigte sich der Journalist zuerst nach dem Ziel der Reise, dann erfragte er den Standpunkt des Besuchers zur Nahostfrage, und schließlich kam das Gespräch auf das Thema Rumänien.

FRAGE *Herr Präsident, auf internationaler Ebene wird es so eingeschätzt, dass Rumänien unter Ihrer Führung in seiner ökonomischen und sozialen Entwicklung große Fortschritte gemacht hat. Bitte erläutern Sie die von Rumänien erreichten Erfolge.*

ANTWORT *Die rumänische Industrie produziert heute 145-fach mehr* (sic!) *als vor 45 Jahren, davon ein 128-faches Wachstum seit dem IX. Parteikongress. Das Nationaleinkommen stieg um mehr als das 40-fache, davon ungefähr um das 33-fache seit dem IX. Parteikongress. Auf dieser Grundlage konnte erreicht werden, dass wir im März dieses Jahres die Auslandsschulden vollständig bezahlt haben. Damit ist unser Land zum ersten Mal in seiner Geschichte sowohl politisch als auch wirtschaftlich völlig unabhängig geworden …*

Nachdem der Präsident seinem Staatsbesuch diese merkwürdige Unabhängigkeitserklärung vorausgeschickt hatte, verabschiedete er sich am Flughafen Otopeni bei Bukarest von seiner Ehefrau und seinen engsten Mitarbeitern und bestieg das Sonderflugzeug, das um 8.30 Uhr das Land in Richtung Iran verließ. In diesem Augenblick muss ihm das Risiko seiner Abwesenheit völlig bewusst gewesen sein, denn er ließ ein unruhiges Land hinter sich, in dem manche Kräfte gar die viel gerühmten Errungenschaften der Zeit seit dem IX. Parteikongress, der Ära des Nicolae Ceauşescu, die im Herbst 1965 begonnen hatte, infrage stellen wollten.

Ceauşescus Hinweis auf seine Verdienste um die Rückzahlung der Auslandsschulden als eines einmaligen nationalen Befreiungsakts klang auch für damalige Zeitungsleser grotesk: Die Elf-Milliarden-Dollar-Anleihe, die das Karpatenland ab 1982 an westliche Banken zurückzuerstatten begann, war in der ruhmreichen Ära Ceauşescu überhaupt erst aufgenommen worden. Die Tatsache, dass sie großzügig gewährt worden war, hing mit den hoffnungsvollen Anfängen des Diktators zusammen. Die freie Welt schätzte sehr den außenpolitischen Mut der Volksrepublik in den späten Sechzigerjahren. Dazu gehörte die Aufnahme diplomatischer Beziehungen zur Bundesrepublik Deutschland sowie die Aufrechterhaltung derselben gegenüber Israel, als die Sowjetunion und ihre Verbündeten nach dem Sechstagekrieg jeden Kontakt zum jüdischen Staat abgebrochen hatten. Schließlich weigerte sich Rumänien, an der Invasion des Warschauer Vertrages gegen die ČSSR im August 1968 teilzunehmen. Diese wichtigen autonomen Schritte, der rumänischen außenpolitischen Tradition des schnellen Frontenwechsels folgend, garantierten ein lang anhaltendes Wohlwollen des Westens.

Die sich aus der Ost-West-Spannung für das Land ergebende günstige Situation wusste die rumänische Diplomatie zu einer Sonderstellung auszubauen. Die Volksrepublik, sowohl nach territorialer Größe als auch nach Bevölkerungsdichte am ehesten mit Titos Jugoslawien vergleichbar, nahm ebenfalls immer mehr eine Rolle als Drehscheibe zwischen den Welten wahr. Auch die «Friedensmissionen» des Marschalls Tito wurden nachgeahmt: Ceauşescus ausgedehnte Reisen und sicherlich auch die damit verbundenen Kosten hätten einer mittleren Großmacht zur Ehre gereicht. Und während er die Fastneutralität seines Landes auf allen Kontinenten rühmen ließ, wurden in der Metropole Bukarest alltäglich Staats- und Regierungschefs, Minister oder wenigstens neu ernannte Botschafter empfangen, sodass ein beträchtlicher Teil der rumänischen Tageszeitungen mit diplomatischen Nachrichten, Grußtelegrammen und Trinksprüchen gefüllt war. Unabhängig vom tatsächlichen Wert dieser mannigfaltigen Aktivitäten, die von England bis Togo, von Japan bis Peru reichten, dienten sie dazu, den Parteichef in der heimischen Presse als einen weltweit geachteten Staatsmann zu lobpreisen.

Ceauşescus Personenkult entfaltete sich zu Beginn der Siebzigerjahre und folgte dem von Stalin, Mao und Kim Il Sung vorgelebten Kultmodell. Er legte sich schmückende Epitheta zu wie «Sohn der Sonne» oder «Genie der Karpaten», sein Name wurde jeden Tag in allen Zeitungen bis zu dreißigmal genannt, und bei Massenkundgebungen wurde ihm eine bis zur Ekstase gehende öffentliche Huldigung zuteil. Poeten dichteten Lobeshymnen zu seinen Ehren, seine Werke erschienen im Ledereinband auf Büttenpapier, seine Porträts schmückten jeden zentralen Platz auch noch im letzten rumänischen Dorf. Zur Vollendung der Selbstverherrlichung wurde auch die Ehefrau Elena in die Rituale einbezogen. «Die Genossin», wie sie allerorten genannt wurde, von Beruf Chemikerin, galt in der Öffentlichkeit als Wissenschaftlerin Nr. 1 und wurde in die höchsten Machtorgane gehievt. Zwei Brüder des Diktators und vor allem der Sohn Nicu Ceauşescu nahmen wichtige Funktionen im Staatsapparat wahr, wodurch die Herrschaft des Clans dynastischen Charakter erhielt. Gleichzeitig verknüpfte sich die moderne Götzenverehrung, unter Beibehaltung der kommunistischen Rhetorik, mit der Hervorhebung des Nationalen: Symbole wie Zepter und Reichsapfel oder der vom Vorkriegsdiktator Antonescu übernommene Titel Conducator (= Führer) sollten die Kontinuität zur Herrschaft von Stephan dem Großen oder Mihai dem Tapferen unterstreichen. Diese Anlehnung an die großrumänische Idee war tendenziell gegen alle Nachbarn gerichtet, mit denen Rumänien in der Vergangenheit ethnische Konflikte oder Grenzprobleme ausgefochten hatte, also gegen Ungarn, Bulgarien und die Sowjetunion.

Neben den weltanschaulichen Aspekten bedeutete der rumänische Personenkult eine Form der Machtausübung, die dazu führte, dass Entscheidungen mit Auswirkungen auf das Leben von Millionen Menschen praktisch von einer einzigen Person und ohne jegliche vorherige Diskussion getroffen werden konnten. Es regnete geradezu Dekrete, Verordnungen, Beschlüsse und Gesetze, die einschneidende Änderungen im Alltag nach sich zogen und alle ein und dieselbe Unterschrift trugen. Durch das Leben der Menschen zog sich eine Kette staatlicher Einmischungen in den Privatbereich, beginnend mit der Geburt. Verhütungsmittel jeder Art waren verboten. Das «sozialistische Familienmodell» erwartete vier Kinder von einem Ehepaar, unabhängig davon, ob entsprechende soziale Voraussetzungen vorhanden waren. Abtreibungen wurden durch das *Dekret 770/1968 über den Schwangerschaftsabbruch* kriminalisiert und mit drakonischen Strafen sowohl für die betroffenen Frauen als auch die beteiligten Ärzte geahndet. Durch dieses Dekret waren Frauen, die dennoch keinen anderen Weg als den der Abtreibung sahen, in der Regel illegalen «Engelmachern» ausgeliefert; schwierige hygienische Bedingungen ließen die Mortalitätsrate sehr hoch steigen. Dazu kam eine ganze Generation unerwünschter Kinder, die sogenannten Dekretkinder.

Nichts war dem Staat egal – er kümmerte sich sogar um die Verkehrsformen der Menschen untereinander. Das *Gesetz Nr. 29/1977 über die Anredeform in den Beziehungen zwischen den Bürgern der Sozialistischen Republik Rumänien* verwandelte über Nacht mehr als zwanzig Millionen Menschen in Genossinnen und Genossen, ohne dass sie der KP beigetreten wären. Anreden wie «Frau X» oder «Herr Y» galten damit offiziell als verpönt. In den Fünfzigerjahren gab es auch in einigen anderen Volksdemokratien solche Vorschriften, nach 1956 jedoch nur noch in Enver Hoxhas Albanien. Dies galt ebenso für die flächendeckende Kontrolle allen Schrifttums, beispielsweise durch das *Dekret Nr. 98/1983 über die Vervielfältigungsapparate, die Vervielfältigung von Schriften und die Schreibmaschinen.* Darin war festgelegt, dass jedes einzelne Schreibgerät der zuständigen Behörde zwecks Abnahme einer Schriftprobe vorgestellt werden musste.

Ebenfalls zur Welt der erzwungenen Staatsanleihen des frühen Stalinismus gehört das *Gesetz Nr. 3/1982 über die Beteiligung der Werktätigen aus den staatlichen Wirtschaftseinheiten an der Schaffung des Fonds für ökonomische Entwicklung* – eine als freiwillige Verpflichtung getarnte Beschneidung des Gehalts zugunsten der Schatzmeisterei. Solche Opfergaben wurden unter anderem in einem monumentalen Palast mitten in Bukarest verbaut, dem sogenannten Haus des Volkes, Ceauşescus Lieblingsprojekt. Und wenn die staatliche Geldgier es nicht nur auf das Portemonnaie, sondern auch auf den Magen der Bürger abgesehen hatte, so hieß das im Juristenrumänisch *Beschluss der Großen Nationalversammlung Nr. 5/1984 über die Billigung des Programms zur wissenschaftlichen Ernährung der Bevölkerung.* Die als wohltuend empfohlene Diät reduzierte durch eine abrupte und radikale Rationierung die Lebensmittelkonsumtion fast auf das Niveau der Kriegszeiten. Mittels anderer Verordnungen konnte plötzlich «wegen Unwetters» der private PKW-Verkehr eingestellt, konnten die Fernheizungen auf ein Minimum reduziert werden, sodass die Zimmertemperatur im Winter auf zwölf Grad Celsius sank. Mittels eines Paragraphen wurde an der Wohnungsbeleuchtung gespart und der Sonntag zum Arbeitstag erklärt.

Schließlich wurden ausländische Gäste per Dekret verpflichtet, ausnahmslos in Hotels zu übernachten, selbst wenn sie am Aufenthaltsort über Verwandte ersten Grades verfügten.

Dies alles wurde von den Menschen mit Langmut erduldet, erstens weil sie Angst hatten – wenn auch nicht immer um Leib und Leben, so doch um die persönliche Freiheit. Immerhin lebten sie in einem Staat, in dem der enorme Sicherheitsapparat des Geheimdienstes Securitate mit seinen Hunderttausenden von Spitzeln in jede Nische eindringen konnte. Zweitens schöpften sie ihre Geduld aus der Tatsache, dass es in diesem Land neben der amtlichen häufig eine informelle Ebene gab und die Käuflichkeit der Beamten dazu beitrug, ein wenig die allzu strengen Regeln zu lockern. Das Verbot privater Einquartierung von Ausländern wurde zum Beispiel massenhaft umgangen, indem man sich im Hotel gegen entsprechendes Trinkgeld eine waschechte Rechnung ausstellen ließ. Drittens wurde jede potenzielle Kampfeslust gegen die Tyrannei schon im Keim von der Illusion der Vergeblichkeit erstickt: Alles deutete darauf hin, dass die unhaltbaren Zustände des ungeheizten Sozialismus sehr lange anhalten würden. Und welcher Sterbliche hat schon Lust, ein Regime zu bekämpfen, das für die Ewigkeit geschaffen zu sein scheint? So blieb den Staatsbürgern, so schien es wenigstens, nur noch die zweifelhafte Freude, über das eigene Elend und die erlittenen Erniedrigungen hungrige Witze zu reißen. *Die zerstreute rumänische Hausfrau steht mit einer leeren Einkaufstasche vor der Tür ihrer Wohnung und fragt sich: «Wollte ich gerade einkaufen gehen, oder bin ich schon zurück?»*

Es ist geradezu verwunderlich, dass es auf der öden Bühne des öffentlichen Lebens Akteure gab, die bereit waren, die Rolle des Widerständlers zu übernehmen, zu der man in Rumänien eine verzweifelte körperliche und geistige Risikobereitschaft und sehr viel Mut brauchte. Die Methoden der Dissidentenverfolgung in der Ära Ceauşescu waren vielfältig und ausgeklügelt. Außer schikanösen Vorladungen «zur Klärung eines Sachverhalts» und gelegentlichen, immer seltener werdenden politischen Prozessen konnte man hier in psychiatrische Anstalten eingewiesen oder auf offener Straße von gedungenen Schlägertrupps verprügelt werden. Auch Morddrohungen standen auf der Tagesordnung, und es mangelte nicht an mysteriösen Autounfällen. Manche Protestbewegungen, so zum Beispiel der Bergarbeiterstreik im Schiltal 1977, endeten mit dem spurlosen Verschwinden der Organisatoren. Die Anwendung solcher Methoden schuf weit über die unmittelbar betroffenen Kreise hinaus ein Klima der Rechtsunsicherheit und politischen Hysterie. Und weil man hinter jeder neuen restriktiven Maßnahme, Demütigung und Einschüchterung das schmale, farblose Gesicht des Conducators mit dem süßlichen Lächeln erblicken konnte, gestaltete sich das Verhältnis zwischen ihm und der Nation allmählich zu einem Psychodrama, in dem sich offene Anbetung und geheimer Hass die Waage hielten.

Es verwundert daher nicht, dass Rumäniens Bürgerrechtler bis zuletzt isoliert blieben. Zwar gelang es dem Schriftsteller Paul Goma im Frühjahr 1977, 200 Unterschriften zugunsten seiner mit der *Charta 77* solidarisierenden Initiative zu sammeln, doch wurde durch diesen Akt, anders als im benachbarten Ungarn, keine demokratische Opposition konstituiert. Der Autor, bereits als Student zu mehreren Jahren Gefängnis verurteilt, wurde durch massive Schikanen gezwungen, das Land zu verlassen, und man verfolgte ihn noch im Pariser Exil. Er hatte allerdings Glück: Der Agent mit dem Mordauftrag hatte offenbar Hemmungen oder Angst, den Autor des Romans *Ostinato* zu töten, meldete sich stattdessen freiwillig bei den französischen Behörden und verursachte damit 1982 einen für Bukarest äußerst unangenehmen diplomatischen Eklat. Ein weiterer Bürgerrechtler, der Ingenieur Radu Filipescu, verteilte 1983 Flugblätter gegen Menschenrechtsverletzungen – drei Jahre lang saß er dafür im Gefängnis von Aiud und wurde erst nach massiven internationalen Protesten freigelassen. Die Hochschuldozentin Doina Cornea verletzte ein für alle Ostblockländer gültiges Tabu, indem sie ihre Systemkritik direkt über den Sender *Free Europe* publik machte – nach dem Verlust ihrer Arbeitsstelle und mehrwöchiger Untersuchungshaft blieb sie bis Ende 1989 unter Hausarrest.

Einen besonderen Platz im rumänischen Dissens nahm der Arbeiter Vasile Paraschiv aus Ploesti ein. Er war seit 1946 KP-Mitglied, verließ jedoch 1968 aus Enttäuschung über die Kluft zwischen Worten und Taten des Systems die Reihen der Partei. Seitdem beunruhigte er die Behörden mit seinen «Offenen Briefen» und wurde mehrmals in die Psychiatrie eingeliefert, wo man ihm nach sowjetischem Muster «Paranoia» attestierte. Er schloss sich Gomas Initiative an und erhielt nach erneutem Arrest überraschend eine Reisegenehmigung in den Westen. Dort beteiligte er sich an verschiedenen Konferenzen und verurteilte öffentlich die rumänischen Zustände. Als man ihn daraufhin ausbürgern wollte, startete er eine Kampagne und erreichte tatsächlich, dass er wieder in sein Land einreisen durfte. Dieser knallharte Kämpfer erinnerte in vielem an die großen russischen Menschenrechtler, deren Engagement durch keinerlei Repressalien gebrochen werden konnte, zum Beispiel an Anatolij Martschenko oder Pjotr Grigorenko.

Neben der direkten Misere des Dissidentendaseins litten die Oppositionellen – im Westen bekannte ebenso wie die zahlreichen «namenlosen» – unter der mangelnden Konfliktbereitschaft der Kunst- und Wissenschaftselite. Diese im Ostblock mit einigen Privilegien ausgestattete Gruppe wollte, selbst bei kritischer Einstellung zum Regime, die eigene Position im Rahmen der offiziellen Kultur beibehalten – wohlmeinende Verbesserungswünsche, nationaler Patriotismus, blanke Angst und bewusste Anbiederung waren hier schwer auseinanderzuhalten. Literaten fochten ihren Kampf für die Freiheit des Wortes und freuten sich über jede bissige Metapher, die sie an der Zensur vorbei in Zeitschriften oder Bücher schmuggeln konnten. Kollektive Aktionen – sei es auch mit einem ausschließlich ästhetischen Programm – hatten Seltenheitswert.

Die bedeutendste Ausnahme stellte die *Aktionsgruppe Banat* um Herta Müller, Richard Wagner, Rolf Bossert, Gerhard Csejka, Helmut Frauendorfer und William Totok im Temesvar der frühen Siebzigerjahre dar. Dieses Generationsprojekt der rumäniendeutschen Schriftsteller übernahm einige emanzipatorische Ansätze der 68er-Bewegung in Ost und West. Es brach sowohl mit der «Parteilichkeit» der offiziellen Nationalitätenliteratur als auch der traditionellen Deutschtümelei und suchte Tuchfühlung zur Literaturszene in beiden deutschen Staaten. Nach einigen Jahren zähneknirschender Tolerierung begannen die Behörden eine regelrechte Jagd auf die «Rädelsführer» mit Haussuchungen, Verhaftungen und Publikationsverbot. Am ärgsten traf es William Totok: Er wurde zu acht Monaten Haftstrafe verurteilt. Mit der Solidarität älterer Kollegen war selbst im Minderheitenmilieu kaum zu rechnen. Ihnen saß noch der Terror des Kronstädter Schriftstellerprozesses von 1959 mit seinen Strafmaßen von zehn bis 15 Jahren Haft in den Knochen. So wurde die *Aktionsgruppe Banat* 1975 zerschlagen, und fast alle Protagonisten der rumäniendeutschen Literatur, dieses einzigartigen europäischen Phänomens, landeten früher oder später in der Bundesrepublik Deutschland. Das Austrocknen der rumäniendeutschen Literatur ging mit dem Exodus der realen und potenziellen Leserschaft einher: In den Achtzigerjahren verließen fast 100 000 Banater Schwaben und Siebenbürger Sachsen Ceauşescus Reich. Neben dem direkten Profit – Bonn zahlte im Durchschnitt 11 000 DM «Kopfgeld» pro Person – erhofften sich die Machthaber von der Auswanderung eine allmähliche Homogenisierung der sogenannten zusammenwohnenden Nationalitäten. Doch als größtes Hindernis auf diesem Wege erwies sich die zwei Millionen starke magyarische Minorität.

Der ungarisch-rumänische Beitrag zur Oppositionsbewegung der spätkommunistischen Ära wurde vor allem in der Samisdatzeitschrift *Ellenpontok* (= Kontrapunkte) geleistet. Die insgesamt neun Nummern dieses in Oradea 1983 erschienenen Journals im Umfang von 50–70 Seiten enthielten außer kritischen Informationen über das Leben der ungarischen Minderheit auch Schilderungen der sozialen und politischen Lage der rumänischen Mehrheit. Die Geheimpolizei mischte sich schnell ein, und alle Redakteure – der Lyriker Géza Szőcs sowie die Publizisten Attila Ara-Kovács, Ilona und Károly Tóth – waren durch die üblichen Schikanen schon bald zur Auswanderung gezwungen. Im Lande verblieb hingegen ein anderer Dissident: ein Parteifunktionär aus Targu-Mures, Károly Király, bis 1982 Mitglied des ZK der rumänischen KP, der sich mit verschiedenen Petitionen in Sachen Minderheitenpolitik nicht nur an die Partei- und Staatsführung, sondern auch an amnesty international wandte. Im Jahr 1979 war dies unbedingt ein riskanter Schritt, dem er seine Strafversetzung an die Spitze einer Konservenfabrik zu verdanken hatte. Dissidenten, systeminterne Funktionäre und kritische Autoren der ungarischen Minderheit konnten – was ihre Zivilcourage keineswegs entwertet – in den späten Siebziger- und frühen Achtzigerjahren mit einer gewissen Rückendeckung aus Ungarn rechnen, teilweise sogar aus offiziellen Kreisen.

Ohnehin war für den «Titan der Titanen» die westlich gelegene Volksrepublik eine Provokation, mit der er sich besonders schwertat. Nicht ganz unabhängig von dem historischen Erbe der beiden Völker reifte zwischen Ungarn und Rumänien bereits in den Sechzigerjahren so etwas wie ein Modellkonflikt heran. Beide Staaten firmierten unter dem stolzen Namen Sozialismus, aber jeder Reisende konnte, kaum dass er die Grenze überquert hatte, feststellen, dass die beiden Länder Welten voneinander trennten. Die Straßen in Ungarn waren leichter befahrbar, die Äcker sorgfältiger bestellt, die Dörfer besser beleuchtet; in den Lebensmittelläden mangelte es nicht an Waren, in den Restaurants konnte man reichlich essen, die Kinos spielten des Öfteren Westfilme, und die Gymnasiasten mussten keine Uniform mit Identitätsnummer tragen. Verhütung und Abtreibung galten als Privatsache, und außer an Staatsfeiertagen wurden keine Führerporträts und Riesentransparente aufgehängt. Die Menschen waren gesprächsbereit und erzählten von ihren vorausgegangenen oder geplanten Westreisen – all dies bot das Bild eines unverkrampften Daseins, einer höheren Freiheitsstufe und ziviler sozialer Umgangsformen.

Obwohl auch hinter dem ungarischen Glanz viel Elend und hinter der zur Schau gestellten Liberalität beträchtliche Unfreiheit verborgen war, übte bereits die oberflächliche Begegnung mit dem Land auf Touristen aus östlicher Richtung eine ähnliche Wirkung aus, wie sie die Ungarn beim Blick auf Österreich verspürten. Da das Erste Programm des Budapester Fernsehens in der Nähe der 400 Kilometer langen Staatsgrenze gut empfangen werden konnte, entstand vor allem für die dort lebenden rumänischen Ungarn ein «Berlineffekt»: Auch die Bewohner der DDR-Hauptstadt nahmen gerne die Gelegenheit wahr, sich mittels des Westfernsehens zu informieren, und in Siebenbürgen, das fernsehtechnisch zum «Tal der Ahnungslosen» gehörte, vermittelten Zeitungen und Bücher aus Ungarn eine lebbare Variante der Diktatur – wenn irgendwo, dann in Rumänien konnte die abgeschmackte Metapher von der «lustigsten Baracke im Lager» auf Verständnis stoßen. In einem gelenkten Historikerstreit der Achtzigerjahre malten rumänische Ideologen wie zum Beispiel Ion Lancranjan das Schreckensbild eines revanchistischen Ungarn an die Wand. Wirkliche Angst hatten die rumänischen Machthaber indes nur vor der ungarischen Minderheit, die sie in ihrem romantisch verklärten großrumänischen Weltbild nicht unterbringen konnten. Dennoch war es vielleicht eher Zufall oder eine Ironie der Geschichte, dass der Funke, der letztendlich den vernichtenden Flächenbrand verursachte, sich ausgerechnet im multinationalen Temesvar entzündete.

Einer der massenweise produzierten Erlässe und Verordnungen der rumänischen Führung erlangte sogar Weltruhm. Es handelte sich um die «Siedlungssystematisierung», ein seit Jahrzehnten betriebenes Projekt, dessen beschleunigte Durchführung auf der Landeskonferenz der Volksräte (eigentlich Bürgermeister) am 2. bis 4. März 1988 von Nicolae Ceauşescu verkündet wurde. Es hieß, von den 13 000 Dörfern der Sozialistischen Republik sollten innerhalb der nächsten zwölf Jahre 6000 als «nicht entwicklungsfähig» geschleift werden. An ihre Stelle sollten 558 sogenannte agroindustrielle Zentren treten, in deren drei- bis vierstöckigen Plattenbauten die Dorfbewohner ein neues Zuhause finden würden. In diese Wohnungen könnten dann auch in Großstädten lebende Bürger umgesiedelt werden. Wie die Siedlungen im Einzelnen aussehen sollten, zeigte das bereits im Frühjahr 1989 in Betrieb genommene Zentrum im Bezirk Ilfov – den Häusern fehlte es an Wasserleitungen und Heizung, die Toiletten lagen außerhalb der Gebäude, und die zu einem Wohnviertel gehörende Infrastruktur war gar nicht erst gebaut worden. Die für die Bevölkerung dringend notwendige Selbstversorgung durch Gärten und Nutztiere war überhaupt nicht mehr vorgesehen.

Was die Durchführung der künstlich generierten Völkerwanderung betraf, so rechnete die Partei offensichtlich mit dem Widerstand der Betroffenen. Hierzu hieß es in einem vertraulichen Bericht: *Im Programm der Siedlungssystematisierung übernimmt die Volksarmee eine herausragende Rolle, einerseits im Ausbau der funktionalen Bereiche, andererseits im planmäßigen Umzug der Bevölkerung.* Ganz im Stil von Gesetzen aus der Ära der Leibeigenschaft ist folgende Instruktion: *Hinweise auf die Verwandtschaftsverhältnisse können kein Grund dafür sein, dass Familien in Abänderung der streng festgelegten Grundsätze nicht an die ihnen zugewiesenen Orte umziehen.*

Der Gerechtigkeit halber muss betont werden, dass dieses Megaprojekt, sehr bald von den internationalen Medien als «Dorfzerstörung» bezeichnet, keine rumänische Spezialität war. So hatte man unter anderem im Ungarn der Siebzigerjahre Tausende von kleinen Dörfern durch Entzug der Entwicklungsfonds und Abbau der Infrastruktur austrocknen lassen. Das Verschwinden der Orte bäuerlicher Lebensform begann in Ostmitteleuropa mit der Kollektivierung und der darauffolgenden Dorfflucht. Trotzdem war es der Bukarester Vorstoß, der zum gegebenen

Zeitpunkt weltweite Empörung auslöste. Das Ansehen des Landes sank auf den Tiefpunkt. Selbst die im Westen viel gerühmte Unabhängigkeit half nicht mehr: Ihr letztes Aufflackern, die rumänische Beteiligung an den ostblockweit boykottierten Olympischen Spielen in Los Angeles 1984, gekrönt mit einem Regen von Goldmedaillen – all dies schien einer versunkenen Epoche anzugehören. Die Veröffentlichung der Systematisierungspläne hatte für den Niedergang des rumänischen Regimes dieselbe Bedeutung wie der massenhafte Exodus der türkischen Minderheit in Bulgarien oder die Massenflucht von DDR-Bürgern. So oder so: Staatsbürger gerieten in Bewegung und bewegten ihre Länder.

Der evangelische Pastor der Kirchengemeinde Temesvar, László Tőkés, wandte sich am 6. September 1988 mit einem Brief an seine kirchlichen Vorgesetzten und lenkte deren Aufmerksamkeit auf die Gefahren, die durch die angekündigte Dorfsystematisierung den unterschiedlichen Konfessionen drohten. Er schlug vor, einen gemeinsamen Dialog aller in Rumänien ansässigen Kirchen mit den staatlichen Stellen zu initiieren, um die Probleme, die sich aus einer Massenumsiedlung ergeben würden, meistern zu können. Es handelte sich dabei ebenso um das Schleifen von historisch wertvollem Baubestand wie um die Bedingungen seelsorgerischer Tätigkeit am neuen Wohnort. Alle Ortschaften, in denen es alte Kirchen, Bethäuser, Friedhöfe, Klöster von musealem Wert sowie andere Architekturdenkmäler gab, sollten den neuen Zentren zugeordnet werden. Diese als Verhandlungsgrundlage erhobene Maxime ergänzte Tőkés um einige konkrete Vorschläge:

Man muss darauf beharren, dass sich die Gemeinden in den ihrem früheren Wohnort nahe liegenden Zentren niederlassen können, damit die Trennung der Bevölkerung möglichst wenig Leid zufügt. Man muss darauf beharren, dass der Staat anstelle der zerstörten Kirchen und Parochien neue Kirchen und Parochien baut (...) Für je tausend Seelen eine Kirche und eine Parochie – das ist die durchschnittliche Zahlengrenze. (...) Die einzelnen Religionsgemeinschaften, Gemeinden müssen als Ganzes an den neuen Wohnort kommen, das heißt nicht aufgeteilt werden. (...) Wille, Wünsche und Forderungen der Gläubigen sind zu akzeptieren. (...) Im Laufe der Neuordnung müssen der Bevölkerung beziehungsweise der Religionsgemeinschaft der einzelnen Siedlungen Möglichkeiten der alternativen Auswahl gewährt werden.

So berechtigt und logisch die Forderungen des Pfarrers auch klangen – die Akzeptanz auch nur einer von ihnen hätte staatlicherseits Verzicht auf das ganze Projekt bedeutet. Tőkés' Vorstoß zielte auf die Entlarvung der Unmenschlichkeit des Systematisierungsvorhabens. Der Staat reagierte mittels der ihm ergebenen kirchlichen Obrigkeit: Der Bischof von Großwardein, László Papp, untersagte Tőkés zunächst die seelsorgerische Kultur- und Jugendarbeit, später wollte er den renitenten Pastor in eine abgelegene Pfarrei versetzen. Da dieser den Gehorsam verweigerte, wandte sich der kirchliche Vorgesetzte im Frühjahr 1989 an die Gerichte, um Tőkés und seine Familie aus der Pfarrei im Temesvarer Stadtzentrum zu vertreiben. Der Geistliche widersetzte sich mit Unterstützung der Gemeinde auch der gerichtlichen Entscheidung, hinter der man das abgekartete Spiel der Geheimpolizei erkennen konnte. Nun mischten sich bereits offen die weltlichen Behörden in die Angelegenheit ein. Im Oktober 1989 wurde eine Zwangsumsiedlung durch eine Mahnwache der protestierenden Gläubigen vereitelt, der sich immer mehr rumänische und deutsche Bürger anschlossen. Nach monatelangem Nervenkrieg erschienen am Samstag, dem 16. Dezember 1989, Polizisten und Soldaten vor dem Pfarrhaus und trafen dort auf ungefähr 1000 Demonstranten.

Für Nicolae Ceauşescu und seinen engsten Kreis begann das Jahr 1989 ganz im Zeichen eines beispiellosen Triumphes: Am 12. April konnte er, wie bereits erwähnt, vor dem Plenum des ZK der RKP erklären, dass Rumänien sämtliche in den Siebzigerjahren aufgenommenen Kredite zurückgezahlt habe und über einen Handelsbilanzüberschuss von vier Milliarden Dollar verfüge. Gleichzeitig standen noch einige Länder bei Bukarest mit insgesamt zweieinhalb Milliarden Dollar in der Schuld. Allerdings gehörten die meisten davon – Pakistan, Bangladesch, Mosambik, Sambia – zu den ärmsten Staaten der Dritten Welt. Um eine Neuverschuldung zu vermeiden, verbot der Staat per Gesetz nun jede ausländische Kreditaufnahme und folgte damit dem Beispiel Albaniens – allerdings nahm Tirana dieses Tabu bereits 1976 direkt in die Verfassung auf.

Die Autarkie als sozialistischer Traum war ursprünglich eine Reaktion auf sowjetische ökonomische Erpressung gewesen: China hatte bereits 1960 «Besinnung auf die eigene Kraft» verkündet, als Moskau

durch den Abruf seiner Fachleute und den Ausstieg aus einigen Groß-
projekten das Land an den Rand des Ruins gebracht hatte. Pekings Politik erwies sich aufgrund der unermesslichen chinesischen Ressourcen
letztendlich als erfolgreich; im benachbarten Nordkorea hingegen, das
den Isolationismus unter der Bezeichnung «Juche» (sprich Dschutsche =
Selbstständigkeit) zur Staatsdoktrin erhoben hatte, führte diese Praxis
zu periodisch sich wiederholenden Hungersnöten. Nordkoreas großes
Elend hing immerhin auch mit dem ehrgeizigen Vorhaben zusammen,
nach chinesischem Muster eigene Nuklearwaffen zu produzieren, was
wiederum Ceauşescu mit einem gewissen Neid beobachtete. Auf dem
besagten ZK-Plenum behauptete er, Rumänien habe alle Voraussetzungen, in absehbarer Zeit dem Atomclub beitreten zu können, worauf
es jedoch aus reiner Friedensliebe verzichte.

Offensichtlich hatten sich die Proporze im Denken der Bukarester
Kamarilla endgültig verschoben. Durch die veränderte ökonomische
Position traten sie gegenüber anderen Ländern geradezu schulmeisterlich auf, boten ihren unglaublichen Kraftakt als Modell an und verurteilten alle Versuche ihrer Nachbarn inklusive der UdSSR, die Ökonomie
über Marktmechanismen zu sanieren und den Konsumwünschen der
Bürger Rechnung zu tragen, als Verrat an der Sache des Sozialismus.
Selbst diese Anklage war bereits ein Understatement, wenn man bedenkt, dass zu dieser Zeit die osteuropäischen Systeme des real existierenden Sozialismus wie Dominosteine nacheinander umfielen, was der
Sozialistischen Volksrepublik Rumänien unbedingt das Gefühl vermitteln musste, der letzte Dominostein zu sein. Die Angst vor dieser un-
glücklichen Rolle führte zu absurden Reaktionen. Als im August 1989 in
Polen die Regierungsbildung unter Beteiligung der Solidarność bevor-
stand, ließ ein hoher rumänischer Funktionär um Mitternacht in
Ceauşescus Auftrag den polnischen Botschafter zu sich rufen, um ihm
klipp und klar mitzuteilen, dass die in Polen vor sich gehende Umwand-
lung keine rein innerpolnische Angelegenheit sei, denn der Verzicht auf
die führende Rolle der Partei bedeute für den Warschauer Vertrag einen
schweren Schlag. Mit dieser Erklärung nahm die rumänische Führung
den Standpunkt der berüchtigten Breschnew-Doktrin ein, gegen die sie
sich in den Sechzigerjahren aufgelehnt hatte.

In dieser Situation weigerte sich die rumänische Regierung hartnäckig, Signale von außen ernst zu nehmen. Weder der UNO-Beschluss, der sie wegen Verletzungen der Menschenrechte und der «Dorfsystematisierung» verurteilte, noch die stärker werdenden Wortmeldungen der inneren Opposition konnte sie beeindrucken. Inzwischen äußerte sich sogar ein Personenkreis kritisch, der niemals zuvor gewagt hätte, ausgerechnet mithilfe der Medien des Klassenfeindes seine abweichende Meinung kundzutun. Über westliche Nachrichtenagenturen meldeten sich nun Parteiveteranen und frühere leitende Funktionäre zu Wort, unter ihnen Gheorghe Apostol, ehemaliger Chef der kommunistischen Einheitsgewerkschaft, Corneliu Manescu, Außenminister a. D., der pensionierte Chef des Staatlichen Planungsamtes Alexandru Birladeanu und der einstige Chefredakteur des Parteiorgans *Scinteia*, Silviu Brucan. Diese Leute, die zu verschiedenen Zeitpunkten als Opfer von Ceauşescus Rotationspolitik die Seidenschnur erhalten hatten, waren maßgeblich an den Schrecken der Fünfziger- und frühen Sechzigerjahre beteiligt gewesen und beanspruchten nun für sich die Rolle der Mahner in der Wüste.

Die Genossen stellten im März dem als «Herrn» titulierten Präsidenten drei ultimative Forderungen: *1. Erklären Sie kategorisch und eindeutig, dass Sie den Plan der Dorfsystematisierung aufgeben. 2. Stellen Sie die Verfassungsgarantien der staatsbürgerlichen Rechte wieder her (…). 3. Beenden Sie die Lebensmittelausfuhr, die unsere Nation bereits in ihrer biologischen Existenz bedroht.* Wahrscheinlich aus derselben Ecke kam im September der Aufruf einer als *Nationale Rettungsfront* bezeichneten Organisation: Vielleicht könne man nur noch durch Ceauşescus Entfernung aus dem Amt vermeiden, dass die Verzweiflung der Bevölkerung in einen blutigen sozialen Konflikt münde. *Wir sind der Meinung, dass wir in der tragischen Sackgasse der rumänischen Geschichte in der vierundzwanzigsten Stunde angekommen sind.*

Inzwischen sollte der allerletzte, der XIV. Kongress der RKP noch einmal Macht und Ruhm des Führers demonstrieren, der am 23. November einstimmig und unter lang andauerndem Jubel zum sechsten Mal als Parteichef wiedergewählt wurde. Ohnehin war der Terminkalender während der letzten Monate seiner politischen Laufbahn und seines physischen Lebens mit Ereignissen gefüllt, die ihn und Ehefrau Elena hinsichtlich der weltweiten Akzeptanz seiner Tätigkeit nur bestätigen konnten.

20. *September* Empfang einer chinesischen Delegation

22. *September* Empfang des Präsidenten der Demokratischen Volksrepublik Afghanistan

24. *September* Rumänisch-iranische Wirtschaftsverhandlungen

27. *September* Empfang einer nordkoreanischen Militärdelegation

29. *September* Empfang einer Delegation aus Sambia und Palästina

6. *Oktober* Besuch in Berlin zum 40. Jahrestag der Gründung der DDR

7. *Oktober* Treffen mit Honecker und Schiwkow

9. *Oktober* Empfang Yasser Arafat

13. *Oktober* Empfang Margot Honecker

19. *Oktober* Empfang des iranischen Botschafters

23. *Oktober* Empfang der Vertreter Zyperns

3. *November* Elena Ceauşescus Buch erscheint in Syrien

10. *November* Ceauşescus Buch erscheint in Tansania

11. *November* Empfang des chinesischen Außenministers

16. *November* Interview für die Nachrichtenagentur Prensa Latina

18. *November* Interview für kuwaitische Zeitungen

27. *November* Interview durch einen Journalisten aus Nigeria

2. *Dezember* Besuch in Moskau, Treffen mit Gorbatschow

5. *Dezember* Empfang des nordkoreanischen Außenministers

17. *Dezember* Interview für die Zeitung «Tehran News»

Bereits am späten Abend des 16. Dezember trafen beunruhigende Berichte aus Temesvar in der Bukarester Parteizentrale ein. Zwar war es der Miliz gelungen, die Demonstranten vor dem Haus von László Tőkés zu zerstreuen und den Geistlichen samt Familie in jenes abgelegene siebenbürgische Dorf zu verschleppen, das von der kirchlichen Obrigkeit Monate zuvor ausgewählt worden war. Die Ordnung jedoch konnte nicht mehr wiederhergestellt werden, und der Protest richtete sich nunmehr gegen die Diktatur. In den frühen Morgenstunden kommandierte man einen Sonderstab und Militäreinheiten in die Stadt an der Bega, die gleichzeitig von der Außenwelt abgesperrt wurde. Wahrscheinlich hoffte man, hinter dem Vorhang dieser Quarantäne den Aufruhr ebenso im Keim ersticken zu können, wie dies vor drei Jahren im Falle der Kronstädter Arbeiterunruhen gelungen war. Als einzige Möglichkeit, die Isolierung zu durchbrechen, verblieb das Telefon; allerdings gehörte Rumänien damals zu den wenigen europäischen Ländern, in denen Normalbürger automatisch nur Ortsgespräche führen konnten. Die Machthaber hingegen waren mit zeitgemäßer Fernsprechtechnik ausgerüstet. So konnte der Staats- und Parteichef am Nachmittag des 17. Dezember im Rahmen einer Konferenzschaltung allen Bezirksführungen direkte Instruktionen erteilen, bevor er sich auf den Weg nach Teheran machte. Auszüge aus dem Protokoll dieses Gesprächs zeugen von der Entschlossenheit der kommunistischen Führung, dem Aufruhr selbst um den Preis eines großen Blutvergießens ein jähes Ende zu bereiten.

CEAUŞESCU *Ich mache allen Ernstes darauf aufmerksam, dass in Temesvar noch nicht Ordnung gemacht worden ist, weil einige unzulässige Fehler (...) gemacht worden sind. In erster Linie deshalb, weil die Einheiten, die dazu bestimmt worden sind, bestimmte Maßnahmen anzuwenden, unbewaffnet ausgerückt und also auch nicht in der Lage gewesen sind zu handeln. (...) Jetzt habe ich alle Kommandeure nach Temesvar geschickt, und sie sind dort. (...) Sie haben auch scharfe Munition bekommen. Es herrscht Ausnahmezustand! Ich habe Schießbefehl erteilt; es wird vorgewarnt, und wenn man sich nicht unterwirft, wird geschossen. (...) Ist alles richtig verstanden worden? Ich frage auch Temesvar, der Erste Sekretär* [des Stadtkomitees der RKP] *soll antworten. Genosse Coman* [Ion Coman, Generalmajor, im Politbüro zuständig für die Staatssicherheit], *sind die Offiziere dort?*

BALAN [Radu Balan, Sekretär des Kreiskomitees der RKP im Kreis Temesch] *Wir sind hier mit Genosse Coman. Es sind Maßnahmen für die Ausführung Ihres Befehls ergriffen worden. Die Offiziere sind nicht hier, sie sind bei der Miliz.*

CEAUŞESCU *Warum sind sie nicht in den Saal gekommen? Übermittelt meinen Befehl. Sie müssen wie in einer Kampfsituation vorgehen! Ruft die an und erteilt ihnen den Befehl. Dann verbindet mich mit ihnen, damit ich mit ihnen spreche.*

COMAN *Ich melde Ihnen, Genosse Nicolae Ceauşescu, dass die Spitze von drei Kolonnen in Temesvar eindringt. Sie werden ins Zentrum befohlen; ich habe den Befehl erteilt zu feuern.*

CEAUŞESCU *(...) Die Generäle, die ich aus Bukarest geschickt habe, wo sind sie?*

COMAN *Ich habe ihnen angeordnet, zu den Kolonnen zu gehen. Wir organisieren alles so, wie Sie das befohlen haben.*
CEAUȘESCU *Handelt in meinem Namen und berichtet alle 15 Minuten. (...) Verstanden?*
COMAN *Ich melde, verstanden zu haben.*
CEAUȘESCU *Haben die anderen Kreise verstanden, welche Maßnahmen ergriffen werden müssen? Gibt es noch Unklarheiten? Nein.*

Unklarheiten gab es jede Menge. Zur Niederwerfung einer spontanen, von niemandem gelenkten Unzufriedenheit setzte man vier verschiedene bewaffnete Kräfte ein: die Miliz, die Armee, die Antiterrorgruppe *USLA* und die Securitate. Die unterschiedlichen bewaffneten Organe wurden am Ort des Geschehens von General oberst Ion Coman zusammengehalten, der «die führende Rolle der Partei» verkörperte. In Bukarest hingegen gehörte die Armee zum Ressort des Verteidigungsministers Vasile Milea und seines Stellvertreters Victor Stanculescu, die *USLA* erhielt ihre Befehle direkt vom Conducator, die Securitate unterstand dem General Iulian Vlad, und die Polizisten gehörten in die Kompetenz des Innenministeriums. In diesem Wirrwarr der Subordinationen und Zuständigkeiten entschied normalerweise Ceaușescu in seiner Qualität als Vorsitzender des Verteidigungsrates – wenn er eben präsent war. Nun aber stand der oberste Befehlshaber mit einem Bein bereits auf dem roten Teppich von Otopeni und vertraute sein Land keinem der oben aufgelisteten Gremien und Verantwortlichen an, sondern ausschließlich der Gattin Elena und dem Politbüromitglied Manea Manescu.

Unausweichlich stellt sich die Frage: Warum hat er in Anbetracht der von ihm durchaus wahrgenommenen akuten Gefahr die Begegnung mit Ayatollah Rafsandschani nicht einfach vertagt oder den Besuch vorzeitig abgebrochen? Sicher war ihm der Schulterschluss mit der Islamischen Republik ideologisch wichtig. Iran mit seiner Position «weder Ost noch West» und der hartnäckigen Selbstbehauptung gegen den Rest der Welt musste ihm in diesem Augenblick wie eine seelische Nahverwandtschaft vorkommen, und auch die Zusammenarbeit auf dem Gebiet der Petrochemie war bestimmt verlockend. Eine andere Erwägung, die Reise nicht abzusagen, könnte gewesen sein, dass dies womöglich als Zeichen der Angst und damit der Schwäche gedeutet werden würde. Jedenfalls ist anzunehmen, dass der Diktator noch darauf hoffte, die Eskalation der

222   Rumänien: Revolution bei Grabeskälte

Ereignisse aufhalten zu können. Außerdem rechnete er trotz seines tief
verwurzelten Misstrauens noch mit der Loyalität und präzisen Befehls-
ausführung seiner Mitstreiter.

Vermutlich erwartete man auf den höchsten Machtetagen, dass es binnen kurzer Zeit gelingen würde, in dem abgeschotteten Temesvar die
Lage zu stabilisieren und bis dahin die Informationsblockade möglichst
lückenlos aufrechtzuerhalten. Doch gerade dieses Vorhaben erwies sich
als reine Illusion. Die vollständige Nachrichtensperre, die in den Fünf-
ziger- und Sechzigerjahren noch ein Kinderspiel gewesen war, ließ sich
Ende der Achtzigerjahre nicht mehr durchsetzen. So beherrschte der Fall
Temesvar bereits am Montag, dem 18. Dezember, die Schlagzeilen der
Weltpresse, und das Schweigen darüber schlug auf die Zensur zurück.
Wie dies vor sich ging, wurde von dem in Kronstadt lebenden Schriftstel-
ler und Journalisten Joachim Wittstock einleuchtend geschildert:
*Schon seit Längerem hatte ich es mir zur Gewohnheit gemacht, in der
Früh vor dem Aufstehen, von 6.30 bis 6.45 Uhr, die viertelstündige ru-
mänische Sendung von «Vocea Americii» [Die Stimme Amerikas] zu
hören. (...) Auf diese Weise erfuhr ich Montag, den 18. Dezember zum
ersten Mal von den schrecklichen Ereignissen in Temesvar. (...) In der
Redaktion [der Lokalzeitung Karpatenrundschau] wurden wir vom
Chefredakteur sofort zu einer Sitzung zusammengetrommelt. Er sagte
etwa Folgendes: Ihr habt gehört, was in Temesvar geschehen ist (der
Chef setzte voraus, dass wir ausländische Sender gehört haben). Und
weiter: Gestern Nachmittag wurde ich zum Kreisparteikomitee gerufen,
zu einer Schaltkonferenz mit Nicolae Ceauşescu. Über das Land wurde
der Ausnahmezustand verhängt (allerdings nicht offiziell). Kein Redakteur (...) darf die Stadt ohne Erlaubnis verlassen. – Mehr über die Ereignisse in Temesvar (...) wollte, konnte oder durfte der Chefredakteur
nicht sagen, trotz diesbezüglicher Fragen.*

Selbst den Spitzenkadern musste die Geheimniskrämerei unproduktiv
vorkommen, denn die zentrale Presse brachte einen Leitartikel unter
dem Titel *Für die strenge Einhaltung und harte Anwendung der Gesetze
des Landes und der Gerichtsentscheidungen.* Das Wort Temesvar kam in
dem redundanten Text kein einziges Mal vor, dafür wimmelte er von ab-
strakten Drohgebärden wie dieser: *Die strenge Einhaltung der Gesetze
unter allen Bedingungen ist die grundlegende Pflicht eines jeden Bür-*

gers (...) Wer sich ihnen widersetzt, sich den rechtsgültigen Gerichtsent-
scheidungen nicht unterwirft, (...) ist mit größter Strenge zur Verantwor-
tung zu ziehen und zu bestrafen. Jeder, der die rumänischsprachigen
Auslandssendungen hörte, ahnte bereits, wo und in welcher Form diese
«größte Strenge» praktiziert wurde.

Die hochrangigen Teilnehmer der Telefonkonferenz vom 17. Dezember
reagierten auf die Anweisungen entweder passiv abwartend oder mit
Überreaktionen, so zum Beispiel der leibliche Sohn des Führers, der
37-jährige Nicu Ceauşescu. Der Mann mit dem Ruf eines Playboys, seines Zeichens Sekretär des Kreiskomitees der Partei in Hermannstadt,
wollte Papas Konferenz live überholen, als er in dem eher ruhigen Hermannstadt am Abend des 17. Dezember eine Sitzung des Parteikomitees
einberief. Dort erlaubte er sich die berüchtigt gewordene Aussage: *Von*
diesem Augenblick an befinden wir uns im Kriegszustand. Wir beziehen
mit allen Einheiten Kampfstellung. Jeder von euch wird die erforder-
lichen Maßnahmen ergreifen. Alles wird berichtet (...) Geht vor, ohne
euch auf Diskussionen einzulassen. Ihr werdet die Stellung beziehen, die
euch in dem System zugewiesen worden ist. Schießt ohne Anruf! Mit
dieser Aufforderung zum Massaker ging der Sohn noch weiter als der
Vater.

Gleichwohl hatte der junge Ceauşescu etwas mehr Ahnung von der
tatsächlichen Situation im Lande als der alte, der bis zu seinem Tode
leugnete, dass es den Menschen überhaupt an etwas gefehlt haben
könnte. Der Lokalpascha von Hermannstadt wusste wohl, welchen
handfesten Grund die Bürger für ihre Unzufriedenheit hatten: Sie lebten
von Hungerrationen und froren. Während er ein Blutbad billigend in
Kauf nahm, gab er gleichzeitig seinen Mitarbeitern noch eine andere Instruktion: *Gebt morgen mehr Fleisch, Butter und etwas Fett aus. (...)*
Gebt von morgen an drei Tonnen. Weizen und Mais sind ausgeliefert
worden, sodass wir keine Probleme haben. (...) Es darf keine Unter-
brechungen in der Lieferung von Strom, Gas und Warmwasser geben.
Bessere Heizung war vielleicht noch wichtiger als mehr Essen, denn seit
Wochen herrschte in Rumänien strenger Frost: Die Nachttemperaturen
sanken mitunter auf minus 12, Tageswerte auf minus 5 Grad.

Möglicherweise erhoffte sich Nicu Ceauşescu von seiner großzügigen
Konzession einen Überraschungseffekt: Morgen bricht der Krieg aus,

und niemand geht hin; die Bürger kaufen die Vorräte der Lebensmittelläden auf und hocken ruhig in ihren allmählich warm werdenden Wohnungen, anstatt an sinnlosen Protesten bei bitterer Kälte teilzunehmen. Sie konnten auch ins Kino gehen – schließlich war auf der Krisensitzung verlautbart worden: *Die Vorstellungen werden nicht eingestellt.* Es liefen zwei ältere amerikanische Hits, jeweils täglich vier Vorführungen: Im Lichtspieltheater *Tineretului* (Jugend) *Rocky – die Chance seines Lebens* mit Sylvester Stallone und im *Independenta* (Unabhängigkeit) *Eine Million Jahre vor unserer Zeit* mit Raquel Welch in der Hauptrolle. Beide Filme waren heiß begehrt und auf jeden Fall verlockender als das Fernsehprogramm vom Montag, dem 18. Dezember 1989.

19.00 Abendnachrichten
19.25 Dokumentarstreifen
19.45 Rundtischgespräch: Die Beschlüsse des XIV. Parteitags
20.10 Folklore
20.40 Reportage
21.00 Aus der Welt des Kapitals
21.15 Die Arbeiterdemokratie
21.35 Patriotische Gedichte
21.50 Spätnachrichten

Im ersten Anlauf scheiterte der Plan, die «größte Strenge» in Temesvar diskret zu behandeln, noch später erwies sich auch der Blitzkrieg gegen die Bevölkerung als problematisch. Am Spätnachmittag des 17. Dezember eröffnete man das Feuer auf dem Opernplatz. Das Ergebnis waren 58 Tote und 92 Verletzte, nicht aber die Beendigung des Protestes. Am nächsten Tag verhängte der stellvertretende Verteidigungsminister, General Victor Stănculescu, den Ausnahmezustand über die Stadt und ließ unter anderem die Telefonverbindungen blockieren. Da die Zusammenstöße an diesem Tag weitere Tote forderten und die Familienangehörigen um die Herausgabe der sterblichen Überreste ersuchten, fühlte sich die Führung nun gezwungen, die Spuren ihrer Tätigkeit zu verwischen. 40 Leichen wurden in den Kühlwagen des Fleischkombinats COMTIM nach Bukarest verfrachtet und im dortigen zentralen Krematorium eingeäschert. Diese Aktion leitete Polizeigeneral Constantin Nuţă, bereits an der Unterdrückung der Kronstädter Arbeiterunruhen beteiligt, den kurz nach dem makabren Leichentransport unter bis heute ungeklärten Umständen ein tödlicher Flugzeugunfall ereilte. Selbst der 19. Dezember brachte nicht den erhofften Durchbruch. Die Abordnung von Justizbeamten, die aus Bukarest zwecks Vorbereitung des Schnellverfahrens gegen die «Rädelsführer» eintraf, hatte eine undankbare Aufgabe: Die Zusammensetzung der Verhafteten lieferte recht wenig Anhaltspunkte zu der These, die Krawalle in Temesvar seien eine Aktion von Hooligans und ungarischen Chauvinisten. Von den 832 verhafteten Personen gehörten 716 der rumänischen Mehrheitsnation und lediglich 81 der ungarischen und 19 der deutschen Minderheit an. Noch weniger plausibel war die Behauptung, unter den Verhafteten vom 16. und 17. Dezember befänden sich führende Kräfte bzw. der harte Kern der Demonstranten. Gegen diese Version sprach nicht zuletzt die Tatsache, dass die Protestkundgebungen im Stadtzentrum nicht nachgelassen hatten, während all diese vielfach misshandelten armen Teufel im Keller des Polizeigefängnisses saßen. Offenbar waren die feinen Juristen aus der Hauptstadt angehalten worden, den Ermittlungen im Vorfeld eines künftigen Prozesses einen einigermaßen rechtmäßigen Charakter zu verleihen.

Der Arbeiter Ioan Bindariu erinnerte sich an die merkwürdige Änderung in der Behandlung der Gefangenen. Sonntag am späten Abend: *Im Hof der Kreismiliz (...) mussten wir uns hinwerfen, damit die Schufte uns leichter mit Knüppeln und Stiefeltritten bearbeiten konnten. (...) Major Bucur Bebe drohte uns offen, dass das unser letzter Sonnenaufgang sein würde. (...) Am Montag begann man mit den Verhören. Auf einem Korridor bestürmte man uns mit Fragen: «Welches ist dein Glaube, Schuft?! Reformiert? Katholik, oder bist du gar Baptist? Wer ist Parteimitglied?» Alles wurde genau aufgeschrieben, dann sperrten sie uns wieder in den Schlafsaal. (...) Die Verhöre wechselten dann am Dienstag mit Schnellverhören, die in einem Saal von neun Staatsanwälten zugleich und mit gewisser Hast durchgeführt wurden. Sie verlangten schriftliche Aussagen. Diesmal wurde keine Gewalt angewendet. (...) Am Mittwoch gegen achtzehn Uhr verkündete man uns, dass wir baldigst auf freien Fuß gesetzt werden sollten. Ein einziges Freudengeheul war die Antwort. (...) Nachdem man uns erklärt hatte, dass die Demonstranten die Befreiung aller politischen Häftlinge gefordert und erreicht hatten, wurden wir, je vierzig Häftlinge in einem Lastkraftwagen, aus dem Gefängnis geschafft. Auf dem Freiheitsplatz übergab man uns den Demonstranten.*

Dieser glückliche Ausgang war offensichtlich ein Zeichen dafür, dass den Behörden langsam der Atem ausging. Jedenfalls feuerte man bereits am 19. Dezember keine einzige Kugel mehr auf die 20 000 Demonstranten, was diese damit erklärten, dass sich nun die Volksarmee auf die Seite des Volkes geschlagen habe. Die Menge, die an diesem Vormittag den Opernplatz füllte, war besser strukturiert als vorher: Die Großbetriebe, unter ihnen die Maschinenfabrik UMT, waren mit 10 000 Arbeitern vertreten und schickten ihre Redner. Als in den Nachmittagsstunden Ministerpräsident Constantin Dascalescu mit dem Vorschlag kam, alle Gefangenen freizulassen, falls die Leute friedlich nach Hause gingen, wurde er ausgebuht. Indessen begann man, die Regale der Lebensmittelgeschäfte mit den notwendigsten Waren aufzufüllen, und das Fleischkombinat COMTIM, dessen Kühlwagen noch vor Kurzem die Leichentransporte übernommen hatten, verteilte nun Würste an die Demonstranten.

Zu dieser Zeit war die Nachrichtensperre bereits durchbrochen – dem jugoslawischen Konsul Mirko Atanackovic war es gelungen, die Nachrichtenagentur Tanjug über Temesvars dramatische Tage zu informieren. Am Mittwoch, dem 20. Dezember, entstand die erste unabhängige politische Organisation Rumäniens seit 1947: die *Rumänische Demokratische Front*. Die kleine, aus 13 Personen bestehende Gruppe verlangte in ihrer Gründungserklärung *die Freilassung aller Inhaftierten, Klärung der Frage, wo die Toten sind, wahrheitsgemäße Berichterstattung über die Ereignisse in Temesvar, Öffnung der Grenzen*. Dies waren Forderungen des Augenblicks, und zusätzlich fasste die Gruppe in zwei Worten all das zusammen, was in diesem Moment fast jeder, sogar die Anhänger des Systems, wünschten: den *Rücktritt Ceauşescus*.

Während die Arbeiter der *Uzinele Mecanice Timisoara* den Diktator zur Abdankung aufforderten, besuchte Ceauşescu soeben in Begleitung des iranischen Industrieministers die *Iran-Khodro-Autofabrik* und wurde dort *mit ausgezeichneter Hochachtung empfangen. Der Generaldirektor Davood Mirkham übermittelte die Freude der iranischen Maschinenbauer darüber, dass sie den rumänischen Staatschef als Gast empfangen können.* Der letzte Programmpunkt stand noch bevor: die Abschiedsbegegnung mit Rafsandschani im Saadabad-Palast, wo der rumänische Präsident untergebracht worden war. Der Prachtbau hatte ursprünglich dem Schah Reza Pahlevi als Sommerresidenz gedient, bevor dieser im Januar 1979 gestürzt worden war und sein Land panikartig verlassen musste. Ceauşescu hatte seinerzeit beste Beziehungen zu dem Herrscher auf dem Pfauenthron gepflegt. Vom Palast aus, so berichtete damals die Agentur *Tanjug*, konferierte er über Direktverbindung regelmäßig mit Bukarest, bevor er sich am Mittwochvormittag zum Flughafen eskortieren ließ. Dort verweigerte er den versammelten Korrespondenten jede Antwort auf ihre Fragen über die Ereignisse in Temesvar.

In Bukarest angekommen, versuchte er über eine zweite Telefonkonferenz die Initiative zu übernehmen und kündigte eine Fernsehansprache für 19 Uhr an. Aus dieser überlangen Rede erfuhren die Bürger zum ersten Mal offiziell, dass in Temesvar *einige Gruppen von Hooliganelementen mehrere Demonstrationen und Zwischenfälle entfesselt haben, eine Reihe von Häusern, Geschäften und öffentlichen Gebäuden angegriffen und geplündert haben (...) und am 17. Dezember ihre Tätigkeit gegenüber Staats- und Parteiinstitutionen, inklusive der Armee, intensiviert haben.* Es stellte sich heraus, dass es der Machtseite misslungen war, diese Elemente mit friedlichen Mitteln zu zügeln, *weswegen die militärischen Einheiten gezwungen waren, sich zu wehren, die Ordnung und die Güter der Stadt, ja eigentlich die Ordnung des ganzen Landes zu verteidigen.* Nach dieser vorsichtigen Umschreibung des Blutbades charakterisierte der Staatschef die Auftritte in Temesvar als terroristische, faschistische Aktionen, deren Zweck darin bestehe, die territoriale Ganzheit der Republik zu zerstören, *Rumänien gebietsmäßig zu verstümmeln.* In diesem Zusammenhang erwähnte er gewisse Budapester Rundfunksender, um damit die Gefahr einer ungarischen Invasion an die Wand zu malen. Anschließend wurde das obligatorische Dekret verlesen, mit dem auf dem gesamten Gebiet des Kreises Temesch der Notstand ausgerufen wurde, ganz so, als wäre dieser nicht bereits seit fünf Tagen mit Blut und Terror praktiziert worden.

Mit dem Fernsehen haben sich die Ostblockführer der zweiten Generation niemals wirklich angefreundet. Die meisten von ihnen waren aus einfachen Verhältnissen emporgekommene, eher gehemmte Menschen, für die noch das Radio eine große Sensation bedeutete. Das Unding, das einen für Millionen sichtbar machen konnte – ein wahrer Goebbelstraum –, blieb ihnen lebenslang fremd. Diese merkwürdigen Big Brothers hatten förmlich Angst vor der Macht der Bilder und lehnten vor allem Livesendungen ab. Hierbei schienen sie instinktiv richtig zu liegen, hatte doch zum Beispiel eine Direktübertragung vom XII. Parteitag der rumänischen KP im Herbst 1979 beinahe ins Chaos geführt: Der KP-Veteran Constantin Parvulescu hatte dort den Personenkult des Conducators in einer Rede scharf kritisiert, und es dauerte lange, bis auf den Bildschirmen die beruhigende Schrift «Technische Panne» erscheinen konnte. Ähnliche Ereignisse sendete man seitdem nur noch als Aufzeichnungen. Umso erstaunlicher erscheint es im Nachhinein, dass die Ansprache von Nicolae Ceauşescu am Donnerstag, dem 21. Dezember, direkt gesendet und dadurch zum Ausgangspunkt eines sehr außergewöhnlichen Medienereignisses des Jahres 1989 wurde, der sogenannten Telerevolution. Eine kleine Collage aus Erinnerungen lässt erahnen, wie Bukarester das Geschehen vor Ort oder auf dem Bildschirm erlebt haben.

CHRISTA RICHTER (Autorin) *Für Donnerstag, den 21. Dezember wird ein Großmeeting angekündigt. Es werden Listen aufgestellt, denn nur getreue Parteimitglieder sollen mit den längst abgeleierten Losungen den «Staatschef» lobpreisen. Die Zahl ist zu klein, die Listen werden mit Nichtparteimitgliedern aufgefüllt. Um 8.30 Uhr wird das Meeting abgesagt, um 9.30 Uhr von Neuem angekündigt. Die Massen marschieren los, der Platz der Republik füllt sich allmählich, wird allseitig abgesperrt. Eine unerklärliche Spannung liegt in der Luft.*

CALIN ANGELESCU (Verlagsmitarbeiter) *Kaum waren wir auf der Straße, sahen wir die organisierten Kolonnen zum Meeting marschieren. Die altbekannten Losungen, die altbekannten Ceauşescu-Porträts. Magda (Magda Carneci, Kunstkritikerin) machte den Vorschlag, wir sollten doch versuchen, uns in eine der Kolonnen einzureihen. Das taten wir auch – marschierten einfach mit. Ich hatte noch nicht fünfzehn Schritte getan, da klopfte mir jemand von hinten auf die Schulter: Zu welchem Unternehmen gehören Sie? Ich hatte natürlich keine Ahnung, zu welchen Unternehmen die Arbeiter dieser Kolonne gehörten. Das sagte ich auch. (...) Ich wurde aus der Kolonne gewiesen.*

VICTOR SKORADETZ (Redakteur) *Am sechsten Tag meines Krankenurlaubs (Magengeschwür) geht es mir bedeutend besser, also tippe ich meine Theaterchronik für die «Neue Literatur». (...) Ich schaue auf die Uhr: 12.00. Ich schalte das Fernsehgerät ein, und siehe da: eine «große*

Volksversammlung» in Bukarest, fünf Tage nach dem Beginn der Demonstrationen in Temesvar! Auf großen Transparenten bringt das Volk seine «Empörung gegen die Aktionen ausländischer Agenturen und einheimischer Faschisten, Irredentisten und Hooligans in Temesvar» zum Ausdruck sowie «die Entschlossenheit, alles zu tun» usw. Ganz im Einklang damit – die Rede. Zum Kotzen. Ich bin dabei, das Gerät abzuschalten ...

CHRISTA RICHTER *Das Meeting auf dem Platz der Republik hatte inzwischen unter Hurrarufen seinen Anfang genommen. Auf dem Balkon des ZK hat das «Herrscherpaar» samt Anhang Aufstellung genommen. Vom Getöse draußen ist kaum etwas zu hören, Lautsprecher übertönen alles. Dann beginnt die Ansprache: «Liebe Genossen und Freunde usw. usf.» Wir sitzen vor Fernseh- und Radioapparaten und sind mit unseren Gedanken beschäftigt.*

MICHAI ICHIM (Schüler, 17 Jahre alt) *Am Vorabend des 21. Dezember erfahre ich aus dem Radio, dass auf Wunsch Ceauşescus am nächsten Vormittag ein Meeting auf dem Platz der Republik abgehalten werden soll. Ich beschließe, mit von der Partie zu sein, um diese Wahnsinnstat des «herrschenden Ehepaares», wie ich dieses Vorhaben richtig einschätze, zu verfolgen. (...) Im Stadtzentrum angekommen, betrachte ich aus der nahen Umgebung die Menge, die abgedroschene Losungen von sich gibt. Niemand verrät seine geheimsten Gedanken, die seit Jahren sein Inneres verzehren.*

VICTOR SKORADETZ *Etwas scheint schiefzugehen. Dieses «Etwas» wird immer deutlicher. Pfiffe und Buhrufe übertönen ab und zu die Losungen vom Tonband, die ja auch nicht mehr so laut sind wie üblich. Ich traue meinen Ohren nicht. Nun lassen uns die Kameras die Architektur des Palastes bewundern, dann den blauen Dezemberhimmel (...). Und wieder der «liebste Sohn». Er verspricht hastig Gehaltserhöhungen, mehr Kindergeld, schließlich verspricht er sich, bringt die Zahlen durcheinander. Diesmal aber äußert das Volk seine Dankbarkeit auf eine «ihm» völlig unerwartete, unbekannte Weise: Pfiffe, Buhrufe. Unüberhörbar. «Er» kann es ebenso wenig glauben wie ich.*

CHRISTA RICHTER *Nach einigen Minuten verschwand Ceauşescu von der Bildfläche. Bis heute gibt es mehrere Varianten über den Anlass. Einige meinen, eine Sprengbüchse sei plötzlich explodiert und hätte Rauch um sich verbreitet, andere, ein Schuss sei zufällig losgeballert.*

Augenzeugen aus einer Druckerei behaupten, in den vordersten Reihen hätten zwei Jugendliche mit ihren Fäusten zwei Ceauşescu-Bilder durchstoßen und seien an Ort und Stelle erschossen worden. Wahr ist, dass plötzlich eine schrille Frauenstimme aufschrie: «Sie schießen auf uns!»

Michai Ichim *Doch jede Sache hat ihren Anfang, und den Anfang in Bukarest machen die Frauen, die Mütter Rumäniens, die in den letzten Jahren in Brutmaschinen umgewandelt und mit leeren Versprechungen abgespeist worden sind. War eine Explosion der Auslöser? Ich weiß es bis heute nicht genau. Nach einem Frauenschrei hebt auf dem Meetingplatz ein einmaliges Horrorkonzert an, angstbesessen und panikartig beginnt die Masse auseinanderzustieben, kann nicht mehr aufgehalten werden.*

Victor Skoradetz *Die wogende Menge. Mit angsterfüllten Blicken fordert er «sein» Volk auf: «Bleibt stehen, Genossen!», «Geht zurück, Genossen!», «Genossen!», «Schreitet zurück, Genossen!» Gespannt schaue ich mir die Sendung an: relative Ruhe. Meine Frau ruft aus der Arbeit an. Ich soll den Fernseher einschalten, mit die Sendung anschauen. Tu ich.*

Christa Richter *In wenigen Minuten war der Platz leer, bedeckt von liegen gebliebenen Taschen, Schuhen, Kleidungsstücken, Plakaten und Bildern. Der «Staatschef» soll so sprachlos gewesen sein, dass in den Lautsprechern bloß noch zu hören war: «Was ist denn, was ist los, kommt doch zurück …» Dann breitete sich Todesstille über dem Platz aus.*

Michai Ichim *Während vom Regierungsbalkon Versprechungen aller Art losgelassen werden, leert sich der Platz vollständig. Dann renne ich auch los und geselle mich zu den sich gruppierenden Menschen auf dem Universitätsplatz, wo sich Angstgefühle plötzlich in Kampfgeist umwandeln. Von Kälte und Hunger getrieben, verlasse ich verwirrt das Stadtzentrum.*

Obwohl die ruhmlose Rede des Präsidenten am selben Abend in einer von den peinlichen Momenten gesäuberten Version noch einmal ausgestrahlt wurde, half diese grobe Fälschung auch nicht mehr. Die Szene auf dem Platz der Republik demontierte Nicolae Ceauşescu endgültig, er erwies sich selbst für seine Mitstreiter als unhaltbar: Wollte man die Diktatur aufrechterhalten, falls diese Möglichkeit überhaupt noch bestand, so musste man den Diktator schleunigst aus dem Weg räumen.

Allerdings war diese Aufgabe schwer und gefährlich, ähnlich wie eine Entminung, denn er besaß noch jegliche Verfügungsgewalt, und seine Maschinerie funktionierte fast reibungslos. Am 21. Dezember floss in mehreren Städten des Landes Blut: Militärs eröffneten das Feuer auf Demonstranten in Cluj, Hermannstadt und Targu-Mures, obwohl der Notstand lediglich für den Kreis Temesch galt. Die Landesgrenzen waren durchweg gesperrt, was ein neues grauenhaftes Massaker ebenso wie einen Staatsstreich begünstigen konnte. Offensichtlich optierte man für letztere Variante.

Allein die Armeeführung war imstande, einen Putsch durchzuführen, und selbst sie war auf die Unterstützung oder wohlwollende Neutralität der Sicherheitsdienste angewiesen. Allerdings dachte sie nicht daran, als Militärjunta in Erscheinung zu treten: Vielmehr brauchten die Militärs eine zivile Fraktion aus der KP-Elite und gewissermaßen die legitimierende Präsenz der Massen. Die Volksbewegung, der sie mit Kartätschenfeuer begegnet waren, musste nun dafür herhalten, die schwarzen Generäle weißzuwaschen. Mangels Reformkommunisten operierte man mit ehemaligen oder jüngeren Kadern wie Ion Iliescu, Corneliu Manescu oder Petre Roman, die authentisch genug wirkten, um eine Regierungsmannschaft aufstellen und durch ihre Moskauer Kontakte die Einbindung in die Perestrojka bewerkstelligen zu können.

Anders als in den meisten Ostblockstaaten war für die KP im rumänischen Umgestaltungsprozess kein Platz vorgesehen: Allzu sehr war die «Avantgarde der Arbeiterklasse» zu einem Objekt des Hasses geworden, was angesichts einer Mitgliederzahl von drei Millionen vielleicht auch mit Selbsthass zu tun hatte. Dementsprechend hatte sich die rumänische Wendeelite die üblichen Strapazen um die «führende Rolle der KP» erspart, indem sie diese wie ein bankrottes Unternehmen einfach auflöste, selbstverständlich ohne auf ihr immenses Vermögen zu verzichten.

Am Freitagmorgen, dem 22. Dezember, wurde im Fernsehen, das nun nicht mehr das gewöhnliche abendliche Sparprogramm sendete, der Notstand für das gesamte Staatsgebiet verkündet. Am Vormittag unternahm der Conducator einen letzten Versuch, sich mit dem Volk zu verständigen: Er erschien erneut auf dem Balkon des ZK-Gebäudes und verschwand angesichts der Buhrufe und fliegenden Steine ebenso schnell, wie er gekommen war. Um elf Uhr teilte Radio Bukarest mit, dass der Verteidigungsminister Vasile Milea auf der Sitzung des Politbüros scharf kritisiert worden war: Er habe *der Führung keine präzisen und angemessenen Informationen über die Ereignisse zu Temesvar zugeleitet und* [sei] *dadurch zum Verräter und Komplizen der Imperialisten geworden.* Außerdem habe er sich nach seiner Entlarvung das Leben genommen. Die rumänische Armee stehe nun, so hieß es, unter der Befehlsgewalt des Generalleutnants Victor Stanculescu.

Die näheren Umstände von Mileas Tod ebenso wie seine Rolle bei den Dezemberereignissen sind nach wie vor unklar. Die offizielle Version wirft einige Fragen auf. Falls der Generaloberst in der Tat die Führung mit falschen Informationen über Temesvar abgespeist haben sollte – warum hatte man nicht lieber auf seinen Stellvertreter Stanculescu gehört, der sich, anders als Milea, vor Ort befand? Außerdem: Welche präzisen Angaben aus Temesvar waren der Parteiführung nicht übermittelt worden? Betrafen sie das Ausmaß oder den Charakter der Demonstrationen? Oder bezogen sie sich darauf, welche Aussichten bestanden, sie rasch niederzuschlagen? Traf der Vorwurf einer Irreführung des Politbüros tatsächlich zu? Ceauşescu selbst äußerte sich hierzu einige Tage später im Verlauf seines «Prozesses» anders: *Milea war ein Verräter und verübte aus eigenem Antrieb Selbstmord. Die Offiziere haben gesagt, dass er den Befehl zur Wiederherstellung der Ordnung verweigert hat.* Wenn diese Erklärung stimmt, dann hat der General die zahlreichen nach ihm benannten Straßen zweifellos verdient. Was soll man aber in diesem Fall über die Offiziere denken, die ihn denunziert haben? Was über seinen Nachfolger?

Eine eigene Variante bot der ungarische Verteidigungsminister, Generalmajor Ferenc Kárpáti, an. Er hatte mit seinem Amtskollegen um 8.10 Uhr am Morgen des 21. Dezember telefoniert. Seine offizielle Notiz dazu: *Auf meine Frage, was in Temesvar vor sich gehe und welche Rolle hierbei die rumänische Armee spiele, antwortete (...) Milea Folgendes: Die Truppen der Armee wurden nicht in Anspruch genommen, die Einheiten der Securitate wurden eingesetzt. Er bat mich, da wir uns lange kennen, ihm zu glauben: «Die rumänische Armee wird man niemals gegen das Volk einsetzen.»* Als Behauptung entsprachen diese Sätze keineswegs der Wirklichkeit, vielleicht aber dem Wunsch des hochdekorierten

Offiziers. Als einen Tag später die Nachricht von Mileas Tode gesendet wurde, rief Kárpáti bei einem anderen langjährigen Bekannten an, dem Stellvertretenden Generalstabschef Nicolae Eftimescu.

Auf seinen Satz *Wir haben gehört, dem Genossen Milea sei etwas zugestoßen*, erhielt er die kurze Auskunft: *Milea ist einem Attentat zum Opfer gefallen. Er wurde umgebracht, weil er den Befehl, die Armee gegen das Volk zu führen, verweigert hat.* Dieses Gespräch fand jedoch erst statt, nachdem die Bukarester auf dem Platz der Republik erstaunte Zeugen eines surreal anmutenden Faszinosums geworden waren. Vom Dach des Sitzes des Zentralkomitees erhob sich ein Hubschrauber und bewegte sich in Richtung der nördlichen Außenbezirke. Man brauchte nicht allzu viel Fantasie, um zu begreifen: Der Führer war auf der Flucht.

Ähnlich wie zuvor in der DDR und ČSSR, so fiel auch in Rumänien auf, dass sehr viele bekannte Schauspieler, Regisseure und andere Kulturschaffende an den großen Versammlungen der Wende teilnahmen – in Ostberlin traten sie als Redner und Vortragende der von der SED mit inszenierten Großkundgebung auf, in Prag als Moderatoren des oppositionellen *Bürgerforums*. In Bukarest jedoch waren die Akteure, unter ihnen Ion Caramitru, Sergiu Nicolaescu und der bis dahin unbekannte Lyriker Mircea Dinescu, wirklich Personae dramatis, indem sie die kritischen Stunden zwischen Ceauşescus Flucht und dem Erscheinen der *Nationalen Rettungsfront* mit einer denkwürdigen revolutionären Show auszufüllen wussten. Im Studio 4 herrschte an jenem Freitagnachmittag ein unaufhörliches Kommen und Gehen, Eilmeldungen vom landesweiten Sieg der Revolution und dessen weltweitem Echo wurden verlesen. Unbekannte von der Straße durften unzensiert ihre Meinung über das Geschehen sagen, selbst «geläuterte» Exponenten der gestürzten Macht durften sprechen, und der verhaftete Nicu Ceauşescu wurde vorgeführt.

Die eigentliche Sensation bestand jedoch in der Entstehung der Nachrichten direkt auf dem Bildschirm, ohne vorherige Redaktion – und das in einem der ödesten Fernsehsender der Welt, dessen für den 22. Dezember 1989 geplantes Programm, wenn nichts dazwischengekommen wäre, folgendermaßen ausgesehen hätte:

19.00 Abendnachrichten
19.25 Der XIV. Parteitag – der Kongress der großen sozialistischen Er-
     rungenschaften
20.05 Rundtischgespräch: Die Beschlüsse des XIV. Parteitags
20.25 Kulturprogramm der Pioniere
20.45 Jugend – Erziehung – revolutionärer Geist
21.05 Wissenschaftliche Sendung
21.50 Spätnachrichten

Dennoch war dieses freie Medientreiben nicht ganz frei von Manipulation. Um den Bürgern zu versichern, dass die Armee die Revolution mitmache und es keine Schüsse mehr geben werde, zeigte man eine leere Patrone vom Universitätsplatz vor: *Seht, es ist eine Manöverkugel! Die Soldaten haben nur Blindgeschosse eingesetzt!* Mit dieser wohldosierten Lüge untermauerte man den gängigen Volksglauben *armata e cu noi* (die Armee ist mit uns) – ein märchenhaftes Klischee, das möglicherweise auf die einfachen Soldaten zutraf, in diesem Fall aber die hohen Herren der Schießbefehle entlasten sollte. Als Ion Iliescu, Direktor des Bukarester Technischen Verlages, bis 1971 einer der ZK-Sekretäre der rumänischen KP, gegen 14 Uhr im Studio 4 erschien, war bereits klar, dass das spontane Treiben der Freiheitskämpfer der ersten Stunde nur den Plan der wirklichen Akteure decken sollte. Jedenfalls rief er als Allererstes in dem Büro des Intendanten den General Victor Stanculescu an. Iliescu brauchte die Armee, und die Armee brauchte eine zivile Fraktion, um sich von allem, was in Temesvar und anderenorts geschehen war, zu entlasten. Aus dieser Konstellation entstand die *Front der nationalen Rettung*, eine Organisation, die im Protest der letzten Tage keine Rolle gespielt hatte.

Das um 17 Uhr von Iliescu im Fernsehen verkündete provisorische Programm der *Front* versprach unter anderem den *Verzicht auf die führende Rolle einer einzigen Partei und die Einführung eines demokratischen, pluralistischen Regierungssystems, Abhaltung der freien Wahlen im Laufe des Monats April, die Trennung der gesetzgebenden, vollziehenden und richterlichen Gewalt im Staat, (…) Umgestaltung der gesamten Volkswirtschaft aufgrund der Kriterien der Rentabilität und Effizienz. (…) Restrukturierung der Landwirtschaft und Unterstützung der kleinen Bauernwirtschaften. (…) Verzicht auf ideologische*

Dogmen, die dem rumänischen Volk viel Schaden zugefügt haben, und Förderung der echten Werte der Menschheit. Selbstverständlich versprach man die Achtung der Minderheitenrechte und künftiges europäisches Engagement ebenso wie die Absage an die Dorfsystematisierung und die sofortige Bereitstellung von Lebensmitteln. Alles in allem handelte es sich um ein vorsichtiges Programm des Dritten Weges, ohne jedoch Scylla und Charybdis, Sozialismus und Kapitalismus beim Namen zu nennen.

Die am 23. Dezember vorgeschlagene Zusammensetzung des Provisorischen Rates der Nationalen Rettungsfront sah eine Koalition zwischen den gewendeten Kommunisten, gewendeten Militärs, populären Kulturschaffenden und Fernsehpersönlichkeiten sowie einigen Dissidenten wie Doina Cornea und László Tőkés vor – Letztere erfuhren erst aus den Medien von ihrer Einbeziehung in die hohe Körperschaft. Der gemeinsame Nenner aller Beteiligten war ihre Ablehnung des Diktators, der in diesem Moment nicht nur physisch, sondern auch symbolisch über dem Land schwebte. Während er jedoch für die Massen den Albtraum von einem Antichristen oder Dracula verkörperte, der jederzeit wiederkehren konnte, so bedeutete für den führenden Kern der Front Nicolae Ceauşescu lediglich einen Punkt ihrer Agenda, den sie möglichst schnell erledigen wollten.

An geheimnisumwobenen Momenten der Wende mangelte es auch in anderen Mitgliedstaaten des Warschauer Vertrags nicht, aber zu einem kompletten Mythos wurden sie ausschließlich in Rumänien, vor allem in den Tagen nach dem Sturz des Conducators. Die nach der Flucht beginnende militärische Auseinandersetzung ist bis heute ein dunkles Kapitel der Geschichte geblieben. Ungeklärt ist vor allem die Frage, wer gegen wen und mit welcher Zielsetzung gekämpft hat. Klar ist nur, dass die Medien der ganzen Welt sich tagelang mit den «Terroristen» beschäftigten, die das revolutionäre Volk und seine Regierung aus dem Hinterhalt angegriffen hätten und deren Treiben angeblich bis zu 80 000 Opfer gekostet haben sollte. Die Täter wurden mal in der Sondertruppe USLA der Securitate geortet, mal als «syrische und libysche Söldner» bezeichnet. Dieses Gerücht veranlasste den rumänischen Exkönig Mihai, Michail Gorbatschow in einem Brief zu bitten, gegen die arabische Aggression zu intervenieren. Gleichzeitig dementierten arabische Botschafter in

Budapest mit glaubhafter Empörung jede Beteiligung ihrer Staatsbürger an Aktionen gegen rumänische Staatsbürger. Die tatsächliche Anzahl der Todesopfer in der Zeit vom 17. bis 26. Dezember, als die Schießereien endgültig aufhörten, ist mittlerweile bekannt. Die Ereignisse forderten 1104 Tote – eine horrende Zahl, wenn man bedenkt, dass in Ungarn vom ersten Tag des Volksaufstands am 23. Oktober 1956 bis zum 31. Dezember desselben Jahres 2652 Bürger starben, wobei in diesen Kämpfen von allen Seiten scharf geschossen und schwere Artillerie eingesetzt wurde. Bedenkenswerter für die rumänischen Ereignisse ist die Tatsache, dass 942 der Opfer bewiesenermaßen nach den Mittagsstunden des 22. Dezember gefallen waren, also nicht mehr direkt auf die Rechnung des Conducators gehen konnten. Die «Aufrundung» der 1104 auf mehrere Zehntausend war bereits Teil der Vernebelungsstrategie, die bei der Machtübernahme der Rettungsfront hilfreich war. Iliescus Wort vom 22. Dezember – *Das rumänische Volk hat den Tyrannen gestürzt und wird die Macht nicht wieder aus den Händen geben* – wurde blitzschnell in die Tat umgesetzt. Dies bezog sich allerdings nur auf die Machtelite – sie hob die Regierung Petre Roman ins Amt und regierte bis zu den versprochenen freien Parlamentswahlen nur durch Dekrete und ohne jede öffentliche Kontrolle. Eines der wichtigsten war das Dekret Nr. 473/1990, in dem das Fernsehen – das vielgerühmte revolutionäre *televiziune* – eindeutig der Zuständigkeit der Rettungsfront untergeordnet wurde, eine Art Unfallversicherung zur Gewährleistung der freien Wahlen.

Die am meisten umstrittene Handlung der neuen Machthaber waren zweifellos der Prozess und die Exekution des bereits am 22. Dezember gefangen genommenen Ehepaars Nicolae und Elena Ceauşescu. Amateurhafte Videoaufnahmen von diesen Ereignissen verbreiteten sich wie ein Lauffeuer über die Bildschirme der ganzen Welt. Die Hinrichtung in Targoviste war von der Rettungsfront bereits am 24. Dezember beschlossen worden. Das vierzig Minuten lang dauernde Verfahren lief eindeutig auf ein Todesurteil hinaus, Rechtsmittel gab es keine, und die beiden Angeklagten wurden im Verlauf der Verhandlung mehrfach gedemütigt. Das eiligst verfertigte Ton- und Bildmaterial sollte in der Öffentlichkeit einen Akt revolutionärer Gerechtigkeit demonstrieren, ähnlich der Französischen Revolution, deren 200. Jahrestag im Juli 1989 weltweit gefeiert worden war. Nur war Ion Iliescu kein Danton, Nicolae Ceauşescu kein Ludwig XIV. und Elena Ceauşescu keine Marie-Antoinette. Zu den möglichen Motiven für das Spektakel gehörte die Erwägung, die seit Tagen durch mysteriöse Straßenkämpfe in Aufregung gehaltenen Bürger würden durch ein Fait accompli, einen dicken Schlussstrich, endlich zur Ruhe kommen. Sicherlich spielte aber auch Rachsucht der vom Diktator zu verschiedenen Zeiten beleidigten Kader in das Verfahren mit hinein.

Dem Außerordentlichen Militärgericht ging es überhaupt nicht um eine Feststellung von Schuld oder Unschuld. Davon zeugten die Anklagepunkte: *1. Massenmord – mehr als 60 000 Opfer. 2. Die Untergrabung der Staatsmacht durch die Organisierung von bewaffneten Aktionen gegen das Volk und* (sic!) *die Staatsmacht. 3. Die Zerstörung von Gemeinschaftseigentum durch die Vernichtung und Beschädigung von Gebäuden, Explosionen in Städten usw. 4. Die Unterminierung der nationalen Wirtschaft. 5. Der Fluchtversuch ins Ausland aufgrund eines Fonds von über einer Milliarde Dollar, deponiert bei ausländischen Banken.* Jede dieser Anschuldigungen hätte fundierte Beweise notwendig gemacht, und jede Beweisaufnahme wäre nur unter Einbeziehung von Hunderten Mitwissern und Mittätern realistisch gewesen. Man kann davon ausgehen, dass der gestürzte Herrscher in diesem Prozess unverzüglich zum todgeweihten Angeklagten gemacht werden musste, damit er nicht mehr als Kronzeuge gegen andere Täter auftreten konnte.

Die ursprünglich antidiktatorische Einheit der rumänischen Gesellschaft zerbröckelte in dem Maße, in dem die von der kommunistischen Herrschaft vererbten Probleme sichtbar wurden. Nach und nach versiegten die Quellen der verbesserten Lebensmittel- und Energieversorgung, die durch temporären Exportstopp und durch Hilfsgüter eröffnet worden waren. Die Wirtschaft war von der Rückzahlung der Kredite ausgelaugt, und der schuldenfreie Status brachte dem Land keinerlei Vorteile im Sinne höherer Kreditwürdigkeit. Während das beginnende freie Unternehmertum vor allem den Raubbau am zerfallenden «sozialistischen Eigentum» und die zunehmend mafiaartige Korruption begünstigte, weitete sich die graue Armut der früheren Ära wie die Wüste Sahara aus. Manches von diesem Elend, wie zum Beispiel die hoffnungslose Misere der Straßenkinder im Bukarester Bahnhofsviertel, war völlig neu. Neu waren auch die Arbeitslosigkeit, die Inflation und die abrupte Abwanderung, die unter anderem die Auflösung der deutschen Minderheit vollendete.

Dieses Szenario bot den Hintergrund für die sich verschärfenden sozialen und ethnischen Konflikte. Die Freiheit zur Parteigründung eröffnete die Chance zu autonomer politischer Tätigkeit nicht nur für den Demokratischen Verband der Rumänienungarn (RMDSZ), sondern auch für die ultranationalistische Sammelbewegung Vatra romanesca, deren Hetzpropaganda Mitte März 1990 für blutige Ausschreitungen in Targu Mures mit verantwortlich war. An den Krawallen beteiligten sich auch Landwirte aus den nahen Dörfern, die von den Organisatoren zwecks «spontanen Protestes» in Autobussen eigens zum Ort des Geschehens transportiert wurden. Einziges Ergebnis der grausamen Massenprügelei war die Tatsache, dass wenig später, unter Berufung auf dringende Sicherheitsinteressen, die verhasste Securitate unter dem neuen Namen *Rumänischer Informationsdienst* wie ein Phönix aus der Asche wiederauferstehen konnte.

Diese Art von «Konfliktlösung» mithilfe äußerer Kräfte wiederholte sich im Juni desselben Jahres, als Bergarbeiter aus dem Schiltal auf den Ruf der Bukarester Regierung hin den Universitätsplatz von protestierenden Studenten räumten – sechs Tote blieben auf dem Pflaster. Allerdings vereinte der Präsident, der hinter dieser Tat stand, damals bereits 80 Prozent der Wählerstimmen auf sich, während seine Partei, die Front der Nationalen Rettung Rumäniens, mit 67 Prozent als stärkste Kraft aus dem ersten freien Urnengang hervorgegangen war. Zu dieser Zeit verließen jedoch alle ehemals dissidentischen Kräfte und Persönlichkeiten Iliescus Partei.

Mit dem Wahlergebnis vom Mai 1990 war Rumänien, neben Bulgarien, zweifellos das Land unter den ehemaligen «Bruderländern», in dem die Strukturen der Vorwendezeit und teilweise die Herrschaftsmethoden der Regierung in weiten Teilen intakt geblieben waren. Obwohl der Weg zur Modernisierung der Wirtschaft und zum Ausbau der demokratischen Institutionen nicht mehr infrage gestellt werden konnte und auch die Perspektive der Aufnahme in die Europäische Union nachhaltig die Willensbildung von Wählern und Gewählten beeinflusste, musste das Land für die Nichtexistenz freiheitlicher Traditionen einen hohen Preis zahlen.

Die Befreiung der Sowjetunion von ihren Satelliten
Eine Utopie
Geschrieben im Frühjahr 1985

12. Stellen wir uns das Unwahrscheinliche vor: Ein verjüngtes Zentralkomitee in Moskau entscheidet sich für die Befreiung der Sowjetunion von ihren immer lästiger werdenden Verbündeten. «Sehen Sie doch ein, Genossen», sagt der erst dreiunddreißigjährige Erste Sekretär, «dass diese kleinen osteuropäischen Staaten mit ihrer chaotischen ökonomischen Situation, mit ihren unbegreiflichen Widersprüchen und schädlichen Ideologien nur unseren kommunistischen Aufbau erschweren. Viel richtiger wäre es meines Erachtens, diese Gesellschaften – unter Wahrung unserer militärischen Interessen – ihrer eigenen Entwicklungsdynamik zu überlassen. Vom propagandistischen Standpunkt aus würde uns dies nur Vorteile bringen. Einerseits könnten wir dann wieder als Befreier dieser Länder gefeiert werden, andererseits waren unsere Ideale, wie die Erfahrung zeigt, stets sehr viel erfolgreicher in Gesellschaften, in denen nichts oder nur sehr wenig von ihnen verwirklicht worden ist.»

Fantasieren wir weiter: Die Worte des Ersten Sekretärs werden einstimmig zum Gesetz erhoben, der Warschauer Vertrag wird gekündigt, die in der osteuropäischen Region stationierten sowjetischen Truppen werden mit Militärmusik und Blumen verabschiedet, und die Länder des ehemaligen Ostblocks beginnen mit der Regelung ihrer eigenen Probleme. Durch freie Wahlen, an denen mehrere Parteien teilnehmen dürfen, schaffen sie ihre parlamentarischen Institutionen, sie öffnen die Grenzen und garantieren die Freiheitsrechte, einschließlich eines vernünftig beschränkten Privatbesitzes, alles andere – das McDonald's-Netz, die Arbeitslosigkeit und die Peepshows – kommen von selbst.

11. Verzichten wir auf eine Analyse der dramatischen Auswirkungen, die ein solcher Schritt für die Lage Westeuropas, für die Ost-West-Beziehungen im Allgemeinen und für die Stabilität in Afghanistan und Nicaragua im Besonderen hätte.

Bleiben wir bei der Problematik der osteuropäischen Region, die daraus herrühren würde, dass ein Bruch in der jahrzehntelangen historischen Entwicklung entstünde, dass die beruhigende Eintönigkeit der Diktatur vom mühevollen und risikoreichen Funktionieren der Demokratie abgelöst würde. Jedenfalls müssen wir voraussetzen, dass eine solche Veränderung die betroffenen Länder völlig unvorbereitet fände. Paradoxerweise ist nämlich nicht nur das System sowjetischen Typs in diesen Gesellschaften dermaßen unorganisch geblieben, dass es bei Völkern mit schwächeren Nerven nur mit Waffengewalt aufrechterhalten werden konnte, sondern auch demokratischpluralistisches Gedankengut hat in diesen Ländern kaum eine Basis. Die erste und größte Sorge eines seinem Schicksal überlassenen Osteuropa wäre die Frage: Welchem Modell soll es folgen, welche staatlichen und sozialen Formationen soll es übernehmen? Welches sind die guten Traditionen und welches die schlechten, die zu vermeiden sind?

Ohne Zweifel sind die sowjetischen Strukturen, die der Tradition des Zarenreichs entsprechen, der Gesinnung der Bevölkerung von Plauen bis Plovdiv völlig fremd. Um nur einen Unterschied zu erwähnen: Die hierarchische Straffheit der Verwaltung wurde in Mittel- und Osteuropa durch die allgemein anerkannte Unfähigkeit des Apparats vorteilhaft gelockert. Karl Kraus nannte das «Tyrannei durch Schlamperei gemildert». Während die zaristisch-russische Bürokratie durch das Pathos der Regel aufrechterhalten blieb, wurde die Monarchie eher vom Zynismus der Ausnahmen verwaltet. Demokratie und Pressefreiheit haben in diesen Ländern die Tendenz, entweder auszubrechen oder eingeführt werden zu müssen.

10. Das Kádár'sche Ungarn, das wir vielleicht nicht nur aus nationalistischer Überheblichkeit als Eldorado der osteuropäischen bürokratischen Zivilisation bezeichnen, weist zahlreiche Beispiele für diese Verflechtung von Regel und Ausnahme auf. Die Pressefreiheit zum Beispiel ist bei uns nichts anderes als ein Extremfall der staatlichen Kontrolle über die Presse, die Großzügigkeit einer von dem eigenen Liberalismus beflügelten Zensur. Die Zensur ihrerseits ist eine nüchterne Selbstbeschränkung

der von niemandem bezweifelten Freiheit, und zwar in ihrem eigenen
Interesse.

Symbolisch für den ökonomischen Bereich war die Tatsache, dass die
neue Wirtschaftsreform im Frühjahr 1982 mit der Verpachtung der städtischen Toiletten an kapitalstarke Privatpersonen eingeleitet wurde.
Dogmatische Marxisten mögen in dieser Maßnahme die nahe Restaura-
tion des Kapitalismus geahnt haben (Karl Marx: «Die ganze alte Scheiße
kommt zurück»). Tatsächlich aber handelte es sich um die Stärkung des
Sozialismus. Es ist offensichtlich, dass ein von der Betreuung des anal-
fäkalen Bereichs entlasteter Staat den Schlüsselindustrien viel größere
Energie und Aufmerksamkeit widmen kann.

Was nun die Politik betrifft: Ob die Behörden die Opposition verfolgen oder nicht, hängt in Ungarn überhaupt nicht von irgendeiner gesetzlichen Regelung ab. Die diesbezüglichen Passagen jeder sozialistischen
Verfassung sind so weit formuliert, dass aus ihnen sowohl das eine als
auch das andere abzuleiten wäre. Hier macht sich eher eine Art Zweck-
rationalität geltend: Wird die Opposition *nicht* verfolgt, so dient dies
nur dem Ruhm des Systems. In diesem Fall liefert jede Aktion der Andersdenkenden den Behörden einen Anlass, *keine* repressiven Maßnahmen zu ergreifen. Kommt es aber doch zu Haussuchungen und Verhören, so geschieht dies nur zum Schutz der Stabilität, im Namen des oft
erwähnten «nationalen Konsens», desselben, der auch die Existenz einer
Opposition stillschweigend toleriert.

Eine Art Konsens gab es selbst in den stürmischen Tagen des Oktober
1956. Der Politiker István Bibó veröffentlichte damals eine Denkschrift,
in der er für den Fall einer demokratischen Systemveränderung der
machtverlustig gegangenen kommunistischen Elite bestimmte Garantien
einräumen wollte. Ein Teil des überflüssig gewordenen Apparats sollte
mit hohen Renten abgefunden, ein anderer in einem langfristigen Programm zu nützlichen Gliedern der Gesellschaft umgebildet werden. Dieser Vorschlag eines «zweiten Bildungsweges» für die Funktionäre zeugte
von Bibós tiefer Einsicht in die osteuropäischen Verhältnisse. Sicher
würde eine konsequente Demokratie im Fall eines Machtwechsels keine
solchen Schonungsmaßnahmen anerkennen. Selbst die Betroffenen waren von Bibós großzügigem Programm wenig begeistert: Der Minister
der Imre-Nagy-Regierung wurde nach der Niederwerfung des Aufstands
zu einer langjährigen Gefängnisstrafe verurteilt.

9. Aus alledem folgt, dass eine neue demokratische Staatlichkeit in Mittel- und Osteuropa weder das westliche noch das östliche Modell nachahmen kann.

Vielmehr sollten diese Länder *sich selbst* ähnlich werden, ihrer historischen Identität näherkommen

Eigentlich tun sie das auch. Es ist geradezu verblüffend, wie sich nach der Lockerung von Stalins eisernem Ring die Vergangenheit in diesen Ländern zu regen begann. Jahrhundertealte Situationen wiederholen sich mit gespenstisch ähnlicher Dramaturgie. Im November 1956 wurde die zu Verhandlungen eingeladene ungarische Regierungsdelegation im Hauptquartier der sowjetischen Armee festgenommen. Es gibt in Ungarn kein Schulkind, dem dazu nicht eine Episode aus der Türkenherrschaft einfällt: Ähnlich verhaftete der Sultan einen damaligen ungarischen Heerführer, nachdem er seinem Gast am Ende eines üppigen Mittagessens «schwarze Suppe» (Kaffee) angeboten hatte. Das häufige Nach-Moskau-Zitieren der Führer des Prager Frühlings 1968 entbehrt ebenfalls nicht der Parallele zur Geschichte der hussitischen Ketzerbewegung.

Die Vergleiche hinken: Aleksander Dubček war kein Jan Hus, Chruschtschow kein Suleiman der Zweite, und der Warschauer Vertrag lässt sich schwerlich mit dem Konzil von Konstanz gleichsetzen. Und doch leben solche Vergleiche als Hinkebeine im Nationalbewusstsein weiter. Sie stützen sich auf einen Mangel an Fantasie. Und wir wissen, dass die Idee, selbst die noch so ungenau formulierte, rettungslos in materielle Gewalt übergeht, sobald sie in die Masse eindringt. Wenn ein Volk sich zum Beispiel in den Kopf setzt, die Legitimität freier Gewerkschaften direkt aus dem Neuen Testament abzuleiten, dann fühlt sich die benachbarte Supermacht möglicherweise dazu genötigt, an ihren Grenzen zu mobilisieren.

Die kleinen mittel- und osteuropäischen Nationen weichen jedoch nicht nur von den beiden oben genannten Modellen ab, sondern sie weisen auch in ihrem eigenen Charakter beträchtliche Unterschiede auf. Unterschiedlich ist ihr religiöser Hintergrund: Katholische, protestantische, russisch-orthodoxe und islamische Traditionen leben nebeneinander, und die historischen Erfahrungen sind nicht weniger divergent. Es gibt Länder, wo es im 19. Jahrhundert zu großen Revolutionen kam (Ungarn, Polen), und es gibt solche, wo keine stattgefunden haben (Rumänien, ČSSR). Einige Staaten der Region sind Vielvölkerstaaten (Rumänien, ČSSR), in anderen sind die nationalen Minderheiten unbedeutend (DDR, Ungarn). Politisch differenziert sich das Bild auch danach, ob die einzelnen Länder im Zweiten Weltkrieg als Verbündete von Nazideutschland oder als Mitglieder der antifaschistischen Koalition teilgenommen haben. Zu diesen vergangenen oder auf die Vergangenheit zurückzuführenden Unterschieden kommen noch diejenigen, die aus der heutigen Lage der einzelnen Länder resultieren. Es sind solche der Größe, der ökonomischen Stärke, des Konsumniveaus, der Rolle der Öffentlichkeit, der Bewegungsfreiheit der Bevölkerung usw.

Diese intraregionalen Differenzen sind keine Fakten, die von rein wissenschaftlichem Interesse wären, sondern Faktoren, die das Leben unserer Länder und ihr nationales Bewusstsein tagtäglich beeinflussen. Die zum Leben erwachten alten Nationalismen wüten in Wirtshausschlägereien, als literarische Diskussionen getarnt, und werden zunehmend auch zum Bestandteil der Politik einzelner Regierungen. Ein gutes Beispiel dafür ist die Ungarnfeindlichkeit in Rumänien, aber teilweise auch die antirumänische Stimmung in Ungarn. Beide Leidenschaften haben historisch gut bestimmbare Ursachen, die durch die jetzige Minderheitenpolitik Rumäniens nur aktualisiert werden.

Die Sowjetunion steht der nationalen Renaissance in Osteuropa teils ohnmächtig gegenüber, teils versucht sie, sie für ihre eigenen Zwecke einzuspannen. Diese sozialistische Supermacht, die einst aus der Idee der Verbrüderung der Nationen entstanden ist, hat die spezifischen nationalen Interessen der ihrer Einflusssphäre angehörenden Völker jahrzehntelang nicht zur Kenntnis nehmen wollen. Der höchste Preis, den sie dafür bezahlen musste, war der Bruch mit China. Jetzt geht es ihr vor allem darum, die Gefahr zu vermindern, dass die miteinander im Streit liegenden kleinen Verbündeten sich plötzlich auf eine gemeinsame Plattform gegenüber der Großmacht einigen.

8. Zu Beginn der Sechzigerjahre gab es Anzeichen für einen Entwicklungsprozess in Richtung auf eine Art von osteuropäischer Integration. Innerhalb der sozialistischen Länder wurden die Reisen mehr oder weniger frei, ausgenommen nach Jugoslawien, dessen sozialistischer Charakter damals infrage gestellt wurde. Es begann eine regelrechte Völkerwanderung: In einem einzigen Sommer kamen Hunderttausende tschechoslowakischer Touristen nach Ungarn, und ebenso viele Ungarn besuchten den nördlichen Nachbarn. In diesem babylonischen Chaos von Studentenheimen und Campingplätzen begann sich die junge Generation

der Volksdemokratien wohlzufühlen. Auch der Schwarzmarkt erlebte
seine Konjunktur: Tschechische Schuhe, ungarische Salami, polnisches
Bettzeug, ostdeutsche Haartrockner wurden ausgetauscht, und es schien,
dass diese nicht ganz interessenfreien massenhaften Bekanntschaften der
Auflösung des alten Argwohns und der traditionellen Hassgefühle dienen
könnten. Die handfesten Gespräche in den vernachlässigten osteuropäischen Eisenbahnwaggons waren getragen von Regionalbewusstsein:
Hier trafen sich Menschen, die über ihre Regierungen ganz bestimmter
Meinung waren und die wussten, was von dem großen Verbündeten zu
halten war. In dem plötzlich ausbrechenden Konsumentenbewusstsein
schimmerte die Hoffnung auf Verbesserung der *gemeinsamen* Situation.

Dieser ermunternde Prozess wurde aus verschiedenen ökonomischen
und politischen Erwägungen heraus gestoppt. Der Tauschhandel, dessen
wahre Künstler die Polen waren, wurde durch rigorose Zoll- und Reise-
beschränkungen eingeengt. Die tschechoslowakische Reform, die polnische soziale Bewegung, ja sogar die gemäßigte ungarische Liberalisierung
haben die konservative Machtelite anderer osteuropäischer Staaten dazu
bewogen, die Bevölkerung in die alte Quarantäne zurückzutreiben. Besonders stark war die Isolierung der DDR-Bürger. Sie dürfen inzwischen
jährlich zwei Wochen in Ungarn verbringen; Polen ist praktisch Sperr-
zone für sie; Bulgarien ist zu weit weg und Rumänien als Reiseziel wegen
der fehlenden Infrastruktur zu wenig attraktiv.

In welch tiefe Krise der innersozialistische Tourismus geraten war,
zeigte die Entscheidung der Bukarester Regierung vom Sommer 1979,
dass auch an Osttouristen Benzingutscheine nur gegen Westwährung aus-
gegeben werden durften. Diese Maßnahme, die sogar in der an absurden
Entscheidungen reichen rumänischen Politik ihresgleichen sucht, war jedoch nur eine Konsequenz der allgemeinen osteuropäischen Fremdenver-
kehrsmisere. Heute krankt die Freizügigkeit zwischen den Volksdemokratien unter anderem auch am Devisenhunger der einzelnen sozialistischen
Staaten. Westbürger sind überall willkommen, aber Osttouristen, die in
der Prager Altstadt, am Balaton oder im Hafen von Varna nach D-Mark
jagen, sind zweitklassige Bürger aus zweitklassigen Ländern. Sie stehen
vor Intershop-, Tuzex-, Corecom-, Pewex- und Konsumtouristläden und
sind auf einen anderen Wohlstand fixiert als auf den, der von den Bedingungen dieser Länder her möglich und notwendig wäre. Das erniedrigte
Nationalgefühl schürt wiederum chauvinistische Leidenschaften.

7. Interessant ist, dass die neue nationalistische Welle immer mehr auf die bürokratischen Oligarchien übergreift. Unseres Erachtens hat dieses Phänomen unter anderem einen psychologischen Hintergrund. Bedenken wir: Der Führer oder die führende Körperschaft eines sozialistischen Landes hat im eigenen Haus nahezu unbegrenzte politische Kompetenzen und ist gleichzeitig einer äußeren Macht, dem Großen Bruder, bis zur Lächerlichkeit ausgeliefert. Wer es gewohnt ist, Befehle zu erteilen, kann nach einer Weile Befehle immer schwerer ertragen. Aber auch die sowjetische Politik hat sich verändert: Von der ökonomischen Hilfe bis zur militärischen Intervention setzt sie die verschiedensten Mittel ein, um das, was sie euphemistisch die Einheit der sozialistischen Gemeinschaft nennt, aufrechtzuerhalten. Auf das Mittel des Drucks verzichten jedoch auch die kleinen Verbündeten untereinander nicht. In welch ätzendem, erniedrigendem Ton, besonders in Krisensituationen, die brüderlichen Verhandlungen vor sich gehen, darüber lesen wir dramatische Berichte bei Autoren unterschiedlicher Auffassung wie dem Tschechen Josef Smrkovsky oder dem verstorbenen Albaner Enver Hoxha.

Nach Helsinki kam es regelmäßig zu Kontakten kleiner europäischer Staaten mit westeuropäischen oder amerikanischen Partnern. Die US-Führung macht kein Hehl daraus, dass sie durch solche Beziehungen die einseitige Bindung der Mittel- und Osteuropäer an die Sowjetunion zu lockern sucht. Der nationalen Eitelkeit wird durch spektakuläre Gesten geschmeichelt, etwa durch die Rückgabe der Krone des ersten ungarischen Königs, Stephan des Heiligen, aus amerikanischer Hand an Ungarn. Jedenfalls verfehlen die verschiedenen westeuropäischen «Ostpolitiken» ihre Wirkung auf die Würdenträger der kleinen sozialistischen Staaten nicht. Hier denken wir nicht nur an die Dollarmilliarden, die sie bei solchen Westreisen ein lang ersehntes Prestigeerlebnis genießen lassen. Es muss für sie ein höchst angenehmes Gefühl sein, sich zum Ehrendoktor ernennen zu lassen oder dem Papst die Hand zu schütteln. Auch daraus erklärt sich die heftige Sehnsucht nach Reisen, die die politischen Größen unserer Region im letzten Jahrzehnt befallen hat.

In dieser Hinsicht beginnen die Staatsmänner sogar den gewöhnlichen Bürgern zu ähneln. Sie schmieden Westreisepläne und stellen rechtzeitig Visaanträge, die dann von höheren Stellen entweder genehmigt oder abgelehnt werden. Manchmal kommt es zu bitteren Enttäuschungen: Statt einer angenehmen Bonner Reise müssen sie sich mit der Enthüllung eines

Karl-Marx-Denkmals in Addis Abeba oder mit einer Jagdtour in Finnland zufriedengeben. Es bleibt nur zu hoffen, dass unsere Führer ihren Kampf um Menschenrechte nicht aufgeben. Schließlich müssen die Erleichterungen von Helsinki auch für Erste Sekretäre und Staatsratsvorsitzende etwas bringen.

6. Wenn die osteuropäischen Länder plötzlich, wie eingangs beschrieben, in die Situation gerieten, frei handeln zu können, dann würden die großen nationalen Unterschiede und Gegensätze, der gesteigerten Staatsraison entsprechend, zunächst aller Wahrscheinlichkeit nach zu heftigen Konflikten führen. Gleichzeitig ist aber offensichtlich, dass diese Länder nicht aufhören würden, gemeinsame Interessen zu haben. Mehr noch: Gerade durch die neuen Gegebenheiten würden zahlreiche solcher Interessen entstehen. Hier meinen wir nicht nur, dass sie ein Gegengewicht zum einheitlichen politischen, militärischen und ökonomischen Block der Sowjetunion bilden müssten, sondern auch, wenn sie den Gedanken der Unabhängigkeit ernst nehmen, sich ebenso gegenüber dem vorwiegend ökonomischen Druck des Westens behaupten müssten. Denn es ist keineswegs natürlich, dass zivilisierte Gesellschaften dauernd auf die Unterstützung ihrer reichen Nachbarn angewiesen sind, dass sie sich das alltägliche Funktionieren ohne regelmäßige Dollarinjektionen gar nicht vorstellen können – als ob diese Kredite je auch nur ein Minimum an Stabilität gesichert hätten.

Es ist klar, dass heute kein sozialistischer Kleinstaat ohne westliche bzw. sowjetische ökonomische Unterstützung der Weltmarktkonkurrenz gewachsen wäre. Es ist aber nicht so sicher, dass sie auch mit gemeinsamen Anstrengungen nicht in der Lage wären, einen lebensfähigen ökonomischen Organismus zu schaffen. Den politischen Rahmen für eine solche ökonomische Zusammenarbeit könnte eine ostmitteleuropäische Konföderation bilden.

5. Es gab schon bestimmte theoretische Ansätze in dieser Richtung, von denen wir das Kossuth- und Dimitrow-Projekt hervorheben wollen. Lajos Kossuth, Führer des revolutionären Ungarn, war nach der Niederlage der Revolution von 1848 allmählich zu der Erkenntnis gekommen, dass die Ursache des Fiaskos unter anderem in der verfehlten Nationalitätenpolitik der ungarischen Revolutionsregierung zu suchen

sei. Dadurch war es nämlich der Habsburger Reaktion gelungen, beinahe alle nationalen Minderheiten – Rumänen, Slowaken, Tschechen, Serben und Kroaten – gegen die ungarische Unabhängigkeit zu mobilisieren. Später, als Kossuth im Exil mit rumänischen Politikern Kontakt aufgenommen hatte, versuchte er, mit ihnen eine gemeinsame Front gegen die österreichische Monarchie aufzubauen. Dieser Versuch scheiterte damals aus internationalen Gründen, es blieb jedoch ein kleiner Programmentwurf des Führers der ungarischen Revolution erhalten. Daraus zitieren wir:

4. I. Vergessen aller alten Zerwürfnisse und vollständige Aussöhnung zwischen Serben, Walachen und Ungarn.

II. Gleiches Recht und gleiche Freiheit für alle Bürger Ungarns ohne Unterschied des Stammes und der Konfession.

III. Autonomie der Gemeinde und des Komitats. Die Bevölkerung der von Bürgern gemischter Zunge bewohnten Gegenden wird die Administrationssprache auf freundschaftlichem Wege feststellen.

IV. In den Kultus- und Unterrichtsangelegenheiten volle Unabhängigkeit für die verschiedenen Konfessionen und Nationalitäten.

V. Die serbischen und walachischen Truppen werden besonders organisiert und in serbischer resp. walachischer Sprache kommandiert. Zur Erlangung der verschiedenen Ämter wird jedermann in der Armee gleiches Anrecht haben.

VI. Nach Beendigung des Krieges [gemeint ist der Freiheitskampf gegen die Habsburger] *hätte eine in Siebenbürgen einzuberufende Versammlung über die administrative Einheit dieses Landes mit Ungarn zu bestimmen, und falls die Majorität beschließen sollte, dass Siebenbürgen in administrativer Hinsicht seine frühere selbstständige Position wieder erhalten soll, so wird dies nicht angefochten werden.*

VII. Das Prinzip der Brüderlichkeit muss uns alle leiten. Nur dies kann uns zu dem Ziele führen, das wir anzustreben haben. Und dieses Ziel ist die Konföderation der drei Donaustaaten: Ungarn, Serbien und die Moldau-Walachei.

Diese verspätete Empathie Kossuths gegenüber den Träumen der Rumänen, Serben und anderen Nationalitäten rührt paradoxerweise von seinem Nationalismus her: Er befähigte ihn, sich vorzustellen, was einer anderen Nation fehlen könnte. Für einen ungarischen Provinzadeligen war das gegen Mitte des 19. Jahrhunderts eine große intellektuelle Leistung, besonders wenn wir bedenken, dass der viel weitsichtigere Weltmann Marx zur gleichen Zeit die Existenzberechtigung der tschechischen Nation recht grob infrage stellte. Das Bemerkenswerte an Kossuths Projekt aber ist seine traurige Aktualität. In einem großen Teil der von der geplanten Konföderation betroffenen Gebiete sowie anderen Nachfolgestaaten der k. u. k. Monarchie, wie Rumänien und der ČSSR, sind bis heute weder kulturelle Rechte noch gleiche Chancen für «Bürger gemischter Zunge» garantiert. Wir denken hier nicht nur an die ungarischen Minderheiten, sondern auch an Deutsche in Rumänien, Ruthenen in der Slowakei und natürlich an die als Nationalität nie anerkannte mächtige Volksgruppe der Zigeuner in Ungarn, über die sich wohl auch Kossuth keine Gedanken machte. Was nun «das Prinzip der Brüderlichkeit» betrifft, so können wir dem 19. Jahrhundert versichern: Es ist bis heute eine hymnische Begeisterung à la Lamennais geblieben.

3. Dimitrows Konföderationsvorstellungen kennen wir nur in einer etwas apokryphen Form. Der Führer der bulgarischen KP hat in einem ziemlich unklaren Interview vom Januar 1948 auf das Thema hingewiesen, das er in diplomatischen Verhandlungen mit jugoslawischen Führern vielleicht eingehender erörterte. Der sowjetischen Zeitung «Prawda» zufolge hatte man Dimitrow die Frage gestellt: *Es gehen Gerüchte, dass eine Föderation der Balkanstaaten und eine weitere in Ost- und Südosteuropa – Ungarn, Tschechoslowakei und Polen umfassend – unmittelbar bevorstehen soll. Ist es möglich, dass gegebenenfalls auch andere Länder in diesen Gebieten einer solchen Föderation beitreten?*

Dimitrow erwiderte: *Die Frage einer Föderation oder Konföderation erscheint uns verfrüht. Sie ist zurzeit nicht auf der Tagesordnung und daher auch noch kein Diskussionsthema bei unseren Konferenzen. Wenn die Frage reif geworden ist – was unweigerlich einmal der Fall sein wird –, werden unsere Völker sie lösen, und zwar die volksdemokratischen Nationen: Rumänien, Bulgarien, Jugoslawien, Albanien, Tschechoslowakei, Polen, Ungarn und Griechenland – merken Sie sich das, auch Griechenland! Sie werden dann entscheiden, was es einmal sein soll – ob eine Föderation oder Konföderation, und ebenfalls, wann und wie sie abgeschlossen werden soll. Ich kann nur sagen, dass bereits heute unsere Völker, wenn es einmal zu einer solchen Föderation oder Konföderation kommen sollte, die Imperialisten vorher nicht um Rat fragen und auf ihre Opposition nicht hören, sondern die Frage selbstständig lösen werden, so wie es ihr eigenes Interesse der internationalen Zusammenarbeit mit den anderen beteiligten Nationen verlangt.*

Wir wissen nicht, wie die Imperialisten auf die provozierende Erklärung Dimitrows reagierten, der zufolge, ohne sie zu fragen, auch Griechenland in diese «Föderation oder Konföderation» aufgenommen werden sollte, obwohl Griechenland im Sinne der Jaltavereinbarung eindeutig der britischen Einflusssphäre angehörte. Eine wütend ablehnende Reaktion kam jedoch aus unerwarteter Richtung. Eine Woche später fand es die «Prawda» angebracht, die von ihr veröffentlichte Dimitrow-Erklärung zu desavouieren:

Zahlreiche Leser der Sowjetunion haben sich an die Redaktion der Zeitung Prawda mit Anfragen gewandt, die sich etwa so zusammenfassen lassen: Darf unterstellt werden, dass die Prawda sich durch die Veröffentlichung von Dimitrows Interview mit dessen Ansicht einverstanden erklärt, dass eine Föderation der Balkan- und Donaustaaten, die auch Polen, die Tschechoslowakei und Griechenland einschließt, zweckmäßig sei, wobei der Abschluss einer Zollunion zwischen ihnen ebenfalls für erforderlich angesehen wird. In diesem Zusammenhang halten es die Herausgeber der Prawda für notwendig, folgende Erklärung abzugeben: Erstens konnte die Prawda nichts anderes tun, als das Interview des Genossen Dimitrow so abzudrucken, wie es in der Presse anderer Länder erschienen war. Selbstverständlich konnte sie keine Änderungen daran vornehmen. Zweitens bedeutet dies indessen nicht, dass die Redaktion der Prawda mit dem Genossen Dimitrow in der Frage einer Föderation und Zollunion zwischen den genannten Ländern übereinstimmt. Im Gegenteil, die Redaktion der Prawda ist der Meinung, dass diese Länder keine derart fragwürdige und künstlich erzeugte Föderation oder Konföderation oder etwa eine Zollunion nötig haben; was sie brauchen, ist die Konsolidierung und Verteidigung ihrer Unabhängigkeit und Staatshoheit durch die Mobilisierung und Organisierung der demokratischen Kräfte ihrer Völker im eigenen Innern, wie dies in der bekannten Deklaration der neuen kommunistischen Parteien [vom September 1947] unmissverständlich festgestellt wurde.

Die wahrscheinlich von Stalin persönlich inspirierte sowjetische Ablehnung ist der Form nach ganz konventionell. Zwischen der Übernahme des Dimitrow-Interviews und seiner Verurteilung hat sich etwas in Moskaus Politik verändert; nach Meinung des Tito-Biografen Vladimir Dedijer war es der neue Plan, gegen Jugoslawien aufzutreten und die Volksdemokratien enger um die Sowjetunion zusammenzuschließen. Plötzlich fühlten sich deshalb die «einfachen sowjetischen Leser» bestürzt wegen einer «fehlerhaften» Mitteilung in ihrer eigenen Zeitung. Die Redaktion entschuldigte sich mit der Pflicht, die Leser zu informieren, der die sowjetische Presse, wie bekannt, seit Jahrzehnten immer peinlichst nachgekommen ist. Interessanter ist die Argumentationsweise der «Prawda». Wenn nämlich der anonyme Autor über eine «fragwürdige und künstlich erzeugte Föderation» spricht, scheint er zu vergessen, dass selbst die Sowjetunion im Dezember 1922 nicht auf «natürlichem Wege», sondern in der Folge eines lang anhaltenden Bürgerkrieges entstanden ist und jede Erweiterung ihres Territoriums «künstlich erzeugt» worden war. Jedenfalls erscheint hier Dimitrow, der ehemalige Führer der Kommunistischen Internationale, als Schmied von suspekten Plänen in recht zweifelhaftem Licht.

Solch ein Kopfschütteln in der «Prawda» im Vorfeld des sowjetisch-jugoslawischen Konflikts und der darauffolgenden Serie von Schauprozessen in Osteuropa sollte keineswegs als Scherz abgetan werden. Dimitrow war sich darüber im Klaren. Kurz darauf zog er seine übereilte Erklärung in Sachen Konföderation zurück. Anderthalb Jahre später starb er während eines Moskaubesuchs, so die offizielle Mitteilung, an «Leberleiden und Diabetes». In den Jahrzehnten danach hat keine sich an der Macht befindende kommunistische Partei die Frage nach einer Konföderation je wieder gestellt.

2. Offen gesagt, finden wir von den beiden geschilderten Konföderationsplänen die Kossuth'sche sympathischer. Nicht, weil wir derselben Nation angehören, auch nicht, weil wir in dem sowjetischen Veto gegenüber Dimitrow etwas zu Beherzigendes fänden. Es handelt sich einfach darum, dass Kossuths Standpunkt menschlicher ist. In den Vorstellungen von Dimitrow, zumindest in dem, was er der Veröffentlichung wert fand, geht es um Staaten, um die Koalition von acht Staaten. Im Projekt Kossuth tritt der Staat nur als Randerscheinung auf, wir lesen dort mehr

über zusammenlebende Gesellschaften, über Rechte und Chancen der Bürger. Den Revolutionär des 19. Jahrhunderts trennt von dem Apparatschik des 20. Jahrhunderts eine ganze Welt. Kossuth war noch zutiefst davon überzeugt, dass der Staat mit der Gesamtheit seiner Bürger identisch sein soll; für Dimitrow sollte die Konföderation durch einen zwischenstaatlichen Akt auf die «Tagesordnung» gesetzt werden. Bei aller Kühnheit des Dimitrow'schen Projekts steht fest, dass Stalin eine solche Föderation mit einem einzigen Argument abtun konnte: daß nämlich Dimitrow aus dem neuen Staatenbund die Sowjetunion auszusparen wagte.

1. Jetzt wagen wir uns mit dem eigenen Konföderationsprojekt hervor.

a.) Die Ostmitteleuropäische Konföderation ist ein Bund freier und demokratischer Staaten auf Basis der gegenseitigen vorteilhaften Zusammenarbeit und der nationalen Selbstbestimmung.

b.) Die Länder mit sozialistischer oder gemischter Wirtschaft heben sämtliche Zollgrenzen untereinander auf und gewähren ihren Bürgern unbeschränkte Reisefreiheit für alle Mitgliedstaaten der Konföderation.

c.) Über das politische System der einzelnen Länder entscheiden frei gewählte gesetzgebende Körperschaften unter Einbeziehung sämtlicher Interessengruppen und sozialer Institutionen (dabei wäre es in Polen und der DDR möglich, die formal existierenden Koalitionsparteien zu reaktivieren, in Jugoslawien, die Selbstverwaltung zu aktivieren usw.).

d.) Die Konföderation schließt sich keinerlei militärischem Block oder politischer Machtkoalition an; ihre Armeen dienen Verteidigungszwecken und sind konventionell ausgerüstet.

e.) Die Streitfragen zwischen einzelnen Mitgliedsstaaten werden vor die Öffentlichkeit gebracht, die Länder verzichten in ihren Beziehungen auf jegliche Geheimdiplomatie.

f.) Ziel der internationalen Tätigkeit der Konföderation ist es, in den unseren Kontinent betreffenden Gegensätzen der Großmächte zu vermitteln.

Natürlich kann man gegen die obigen Ausführungen einwenden, sie seien unverantwortliches, unrealistisches Gerede. Tatsache ist, dass es in der nächsten Zukunft in Mittel- und Osteuropa kaum zu irgendeiner Form der Konföderation kommen wird. Mehr noch: Die traurige Rolle des östlichen Subkontinents ist weiterhin die Gespaltenheit, das ökonomische, politische und militärische Ausgeliefertsein zwischen den beiden Machtblöcken. Und doch muss man sich darüber Gedanken machen, ob es nicht auch anders sein könnte. Die Folgen solch unverantwortlicher und unrealistischer Gedanken kennen wir noch nicht. Wozu aber die jahrzehntelange Tätigkeit der Verantwortlichen und Realisten geführt hat, das wissen wir bereits.

(Kursbuch 81, 1985)

Danksagung

Der Autor bedankt sich für das Durchlesen von Teilen des Manuskripts, wichtige Hinweise und kritische Bemerkungen bei Peter Ambros, Hannelore Baier, Martina Balewa, Schiwka Baltadschiejwa, Ulf Brunnbauer, Lajos Grendel, Dr. Mariana Hausleitner, Dr. Helga Hirsch, János Kis, Dr. Ilko-Sascha Kowalczuk, Lajos Pándi, Joanna Wiorkiewicz und Elsbeth Zylla.

Quellen

Eine Auswahl

A kelet-európai diktaturák bukása. 1985–1990. Kronológia, dokumentumok, bibliográfia, Szeged 1993 (Sturz der osteuropäischen Diktaturen, Chronologie, Dokumente, Bibliographie. Szeged 1993)

A puha diktatúrától a kemény demokráciáig. Interjúk és dokumentumok. Pelikán Kiadó, Budapest 1994 (Von der weichen Diktatur bis zur harten Demokratie. Interviews und Dokumente. Budapest 1994)

Anneli Ute Gabanyi: Die unvollendete Revolution. 1990

Claudia Kundigraber: Polens Weg in die Demokratie. Der Runde Tisch und der unerwartete Machtwechsel. Dissertation, 1996

Der Sturz des Tyrannen. Rumänien und das Ende der Diktatur. Hrsg. Richard Wagner und Helmuth Frauendorfer. 1990

Dmitri Wolkogonow: Die sieben Führer. 2001

Gorbacsov tárgyalásai magyar vezetőkkel. Dokumentumok az egykori SZKP és MSZMP archívumaiból 1985.1991. Szerkesztette: Baráth Magdolna, Rainer M. János. Budapest 2000 (Gorbatschows Verhandlungen mit ungarischen Führern. Dokumente aus den Archiven der ehemaligen KPdSU und USAP. Budapest 2000)

Ilja Trojanow: Die fingierte Revolution: Bulgarien, eine exemplarische Geschichte, 2006

Ilko-Sascha Kowalczuk: Freiheit und Öffentlichkeit. Politischer Samisdat in der DDR 1985–1999. 2002

Karol Modzelewski: Wohin vom Kommunismus aus? Polnische Erfahrungen. 1996

Mieczysław Rakowski: Es begann in Polen. Der Anfang vom Ende des Ostblocks, 2001

Richard Wagner: Sonderweg Rumänien. Bericht aus einem Entwicklungsland. 1991

Ulf Brunnbauer: Die sozialistische Lebensweise – Ideologie, Gesellschaft, Familie und Politik in Bulgarien 1944–1989

Oplatka, Andreas: Die Grenzöffnung. 2008

Timothy Garton Ash: Ein Jahrhundert wird abgewählt. 1990

Михаил Горбачев и германский вопрос. Сборник документов. Александр Галкин и Анатолий Черняев, Москва 2006 (Michail Gorbatschow und die deutsche Frage. Hrsg. von Alexander Galkin und Anatoli Tschernjajew. Moskau 2006)

В Политбюро ЦК КПСС... По записям Анатолия Черняева, Вадима Меедведева, Георгия Шахнзарова

Москва 2006 (Im Politbüro des ZK der KPdSU. Nach den Aufzeichnungen von Anatoli Tschernjajew, Wadim Medwedew, Georgi Schachnasarow. Moskau 2006)

Außerdem arbeitete ich mit zahlreichen Artikeln der Fachpresse sowie ungarischen und deutschen Tageszeitungen bzw. Journalen der Wendezeit aus Rumänien und der Tschechoslowakei.

Zeittafel

UdSSR

1985

12. März:	Michail Gorbatschow wird zum Generalsekretär des ZK der KPdSU gewählt.
17. Oktober:	Geheime Entscheidung des Politbüros des ZK der KPdSU über den Abzug der Sowjettruppen aus Afghanistan.
19.-20. November:	Reagan-Gorbatschow-Treffen in Genf.

1986

25. Februar – 6. März:	XXVII. Parteitag der KPdSU. Das Programm der Perestrojka wird bestätigt.
26. April:	Katastrophe im Atomkraftwerk Tschernobyl.
3. Juli:	Gorbatschow im Politbüro über den Verzicht auf militärische Lösung von Krisen in den sozialistischen Staaten («sonst werden wir sie uns auf den Hals laden»).
12. Oktober:	Reagan-Gorbatschow-Treffen in Reykjavik.
20. Dezember:	Nationale Unruhen in Almaty (Kasachstan).
23. Dezember:	Rückkehr des Akademiemitglieds Andrej Sacharow aus der Verbannung.

1987

5. Februar:	Zulassung von Kooperativen im Bereich der Ernährung und Lebensmittelproduktion.
28. September:	Bildung einer Kommission zur Überprüfung der Repressalien der Stalinzeit.
21. Oktober:	Konflikt zwischen Jelzin und Gorbatschow über das Tempo der Reformen.

1988

Januar:	Publikation von früher verbotenen Romanen wie «Doktor Schiwago» von Pasternak oder «Leben und Schicksal» von Grossmann.

9. Februar:	Gorbatschow erklärt öffentlich den Rückzug der Sowjettruppen aus Afghanistan.
12. Februar:	Beginn des armenisch-aserbaidschanischen Konflikts um Berg-Karabach.
13. März:	In der Zeitung «Sowjetskaja Rossija» erscheint das Pamphlet von Nina Andrejewa gegen die Perestrojka.
29. Mai:	Reagan in Moskau, Vereinbarung über die Liquidierung von Raketen mittlerer Reichweite.
1. Oktober:	Gorbatschow wird Vorsitzender des Obersten Sowjets (Staatschef).
7. Dezember:	Erdbeben in Armenien.

1989

4. Februar:	Vereinbarung mit China über Verringerung der Grenztruppen, Abzug der Sowjetarmee aus der Mongolei.
März:	Beginn des Bergarbeiterstreiks in Donezk.
26. März:	Erste freie Wahlen zum Kongress der Volksdeputierten – zunächst mit einer Mehrheit der KPdSU.
27. November:	Beschluss über die ökonomische Unabhängigkeit der baltischen Republiken.
9. Dezember:	Entscheidung des Plenums des ZK über den allmählichen Übergang zur Marktökonomie.

1990

19. Januar:	Unruhen in Baku (Aserbaidschan).
10. Februar:	Verhandlungen Gorbatschow–Kohl über die deutsche Wiedervereinigung.
11. März:	Der Oberste Sowjet der Litauischen SSR verkündet die Unabhängigkeit der Republik. Ihm folgen die anderen baltischen Staaten.
15. Oktober:	Gorbatschow erhält den Friedensnobelpreis.

Polen

1986

11. September:	Amnestie für politische Gefangene.
29. September:	Gründung eines Provisorischen Rats der Solidarność in Danzig.

1987

12. Januar:	General Jaruzelskis Besuch bei Papst Johannes Paul II.
8. Juni:	Der Papst besucht Polen.
29. November:	Volksabstimmung über die Reform: 44 Prozent Ja-Stimmen bei 67 Prozent Beteiligung. Die Regierung verliert das Referendum.

1988

April: Erste von der Solidarność organisierte Streikwelle gegen
                   Preiserhöhungen.
19. Juni: Munizipalwahlen bei 56 % Beteiligung.
16. August: Zweite Streikwelle für Legalisierung der Solidarność.
31. August: Durch Vermittlung von katholischen Kreisen kommt es zu
                   einer persönlichen Begegnung zwischen Innenminister Kisz-
                   czak und Arbeiterführer Wałęsa.
16. September: Vereinbarung in Magdalenka bei Warschau über die Verhand-
                   lungen am Runden Tisch.
30. November: Öffentliche Fernsehdebatte zwischen Wałęsa und dem offizi-
                   ellen Gewerkschaftschef Miodowicz.
18. Dezember: Gründung eines oppositionellen Bürgerkomitees für Verhand-
                   lungen mit der Regierungsseite.

1989

18. Januar: Das Plenum des ZK der kommunistischen PVAP akzeptiert
                   den politischen und gewerkschaftlichen Pluralismus.
6. Februar: Eröffnung der Verhandlungen am Runden Tisch im Präsiden-
                   tenpalais Warschau.
5. April: Erfolgreicher Abschluss der Gespräche, u. a. Wiederherstel-
                   lung des Zweikammernparlaments, wobei im Sejm 65 % der
                   Mandate bei den ersten Wahlen den Kommunisten vorbehal-
                   ten sein sollen. Die Senatswahlen sind völlig frei.
4. Juni: Wahlen für beide Kammern – in den Senat wird kein PVAP-
                   Kandidat gewählt.
19. August: Regierung Mazowiecki.
29. Dezember: Der Sejm gibt dem Staat den traditionellen Namen *Republik
                   Polen* zurück.

1990

27. Januar: Der Parteitag der PVAP beschließt die Auflösung der Partei.
27. Mai: Freie Munizipalwahlen; Solidarność erhält 41 %, die Kommu-
                   nisten 0,28 % der Stimmen bei einer Wahlbeteiligung von
                   42 %.

Ungarn

1985

14. Juni: Illegale Tagung systemkritischer Gruppen in dem ostunga-
                   rischen Dorf Monor.
15. Oktober: Kulturforum der KSZE in Budapest und alternative Veranstal-
                   tung der Opposition.

1986

15. März: Eine ungenehmigte Demonstration zum Jahrestag der Revolution von 1848 wird von der Polizei zerschlagen.

April: Ökonomen erarbeiten ihr Programm *Wende und Reform*.

5. Dezember: Ungenehmigte Konferenz von Teilnehmern und Historikern des Volksaufstands 1956 in einer Budapester Privatwohnung.

1987

April: Die Samisdatzeitschrift «Beszélö» veröffentlicht den *Gesellschaftsvertrag*, ein Programm zur Krisenbewältigung.

25. Juni: Die Regierung von Károly Grósz tritt mit ihrem *Entfaltungsprogramm* auf.

27. September: «Volksnationale» Intellektuelle versammeln sich im Dorf Lakitelek und gründen das *Ungarische Demokratische Forum (MDF)*.

30. Dezember: Regierungserlass über die Genehmigung von GmbHs als privaten Unternehmungen.

1988

1. Januar: Einführung der ungehinderten Reisefreiheit («Weltpass»).

17. März: Gründung des oppositionellen *Netzwerks freier Initiativen*.

30. März: Gründung des oppositionellen *Bundes Junger Demokraten (Fidesz)*.

20. Mai: Landeskonferenz der USAP: Kádár wird als Generalsekretär abgelöst und zum Ehrenvorsitzenden bestimmt.

27. Mai: Genehmigte Demonstration gegen das Wasserkraftwerk Gabčikovo/Nagymaros.

13. November: Gründung des oppositionellen *Bundes Freier Demokraten (SZDSZ)*.

24. November: Miklós Németh wird neuer Ministerpräsident.

29. November: Parteichef Grósz warnt in einer Rede vor der Gefahr des «weißen Terrors».

1989

10. Januar: Beschluss des ZK der USAP über die Zulassung politischer Parteien.

28. Januar: Pozsgay, Mitglied des Politbüros, bezeichnet in einem Rundfunkinterview die bisher als «Konterrevolution» verfemten Ereignisse von 1956 als «Volksaufstand».

15. März: Genehmigte Kundgebung zum Gedenken an die Revolution von 1848.

13. April: Gründung des *Oppositionellen Runden Tisches* zwecks einheitlicher Verhandlungen mit der Regierungsseite.

8. Mai: János Kádár wird von seinem Posten als Ehrenvorsitzender der Partei enthoben.

13. Juni:	Beginn der Verhandlungen am Runden Tisch.
16. Juni:	Neubestattung von Imre Nagy und seinen Kampfgefährten.
6. Juli:	János Kádárs Tod.
11. September:	DDR-Flüchtlingen wird das Verlassen Ungarns offiziell gestattet.
7. Oktober:	Auf dem letzten Parteitag der USAP wird die Partei zur *Ungarischen Sozialistischen Partei (MSZP)* umbenannt.
23. Oktober:	Ausrufung der Republik Ungarn.
26. November:	Volksabstimmung u. a. über die betrieblichen KP-Organisationen und Auflösung der Arbeitermiliz-Kampfgruppen – überwältigende Ja-Stimmen bei einer Wahlbeteiligung von 58 %.

1990

| 25. März: | Freie Parlamentswahlen, Sieg des MDF mit 24,7 %, frühere KP 10 %, Wahlbeteiligung 62 %. |

DDR

1986

| Juni: | Erscheinen der Samisdatzeitschrift «Grenzfall». Entstehung der *Initiative für Frieden und Menschenrechte*. |
| 13. August: | Offizielle Gedenkveranstaltungen in Ostberlin zum 25. Jahrestag des Mauerbaus. |

1987

| 7.–11. September: | Honecker reist in die Bundesrepublik. |
| 25. November: | Polizeiangriff auf die Berliner Umweltbibliothek. |

1988

| 17. Januar: | Verhaftungen am Rand der offiziellen Luxemburg-Liebknecht-Gedenkveranstaltung und Ausweisung einer Gruppe von Menschenrechtlern aus der DDR. |
| 19. November: | DDR-Verbot für das sowjetische Digestjournal «Sputnik» wegen kritischer Artikel. |

1989

10. Januar:	Honeckers Erklärung, die der Berliner Mauer weitere hundert Jahre Existenz bescheinigt.
7. Mai:	Bei den Munizipalwahlen weisen Bürgerrechtler massive Fälschungen nach.
Juli:	Botschaftsbesetzungen von Ausreisewilligen in Prag, Warschau und Budapest.
18.–19. August:	Bei dem sogenannten Paneuropapicknick in Ungarn fliehen DDR-Bürger über die offene Grenze nach Österreich.

4. September:	Beginn der Montagsdemonstrationen in Dresden.
10. September:	Gründung des *Neuen Forums*. Kurz darauf Gründung der Oppositionsgruppen *Demokratie jetzt*, *Demokratischer Aufbruch* und *Sozialdemokratische Partei*.
4. Oktober:	Erklärung der Partei- und Staatsführung zum Massenexodus; den DDR-Flüchtlingen werde «keine Träne nachgeweint».
7. Oktober:	Feierlichkeiten zum 40. Jahrestag der Gründung der DDR in Anwesenheit von hohen Staatsgästen, u. a. Gorbatschows. Am Rande der offiziellen Feierlichkeiten oppositionelle Demonstrationen, die brutal auseinandergetrieben werden.
16. Oktober:	120 000 Teilnehmer in Leipzig auf der gewaltlos verlaufenden Montagsdemonstration (Losung: «Wir sind die Mehrheit! Wir sind das Volk!»).
17. Oktober:	Sitzung des Politbüros der SED, Erich Honecker wird durch Egon Krenz abgelöst.
4. November:	Größte freie Demonstration der DDR-Geschichte in Berlin mit ca. 500 000 Teilnehmern.
9. November:	Erklärung von Günter Schabowski zur Maueröffnung.
13. November:	Montagsdemonstration in Leipzig mit 200 000 Teilnehmern (Losung: «Wir sind *ein* Volk!»).
18. November:	Regierung Modrow, Versuch ökonomischer Reformen.
28. November:	Kohls Programm einer Konföderation der beiden deutschen Staaten.
1. Dezember:	Die Volkskammer streicht die führende Rolle der SED aus der Verfassung.
3. Dezember:	Egon Krenz dankt als Generalsekretär der SED ab. Sein Nachfolger ist Gregor Gysi. Am 8. Dezember wird die SED in PDS (*Partei des Demokratischen Sozialismus*) unbenannt.

1990

15. Januar:	Sturm der MfS-Zentrale durch Bürgerbewegungen.
26. Januar:	Auf der Sitzung des Politbüros der KPdSU in Moskau werden das Ende der DDR und die Wiedervereinigung Deutschlands inoffiziell zur Kenntnis genommen.
28. Januar:	Verhandlungen der Opposition mit der Regierung am Runden Tisch. Im Ergebnis: Gründung einer Regierung der *Nationalen Rettung*.
18. März 1990:	Erste freie Wahlen zur Volkskammer. Einen überwältigenden Sieg (48,2%) erreicht die von der CDU gesteuerte *Allianz für Deutschland*. Die SED/PDS gewinnt 16%, die Bürgerbewegungen 2,9%. Wahlbeteiligung 93%.

Bulgarien

1984–1985:	Kampagne für die Bulgarisierung der Namen von Staatsbürgern türkischer Nationalität oder moslemischen Glaubens.

1986

1. Oktober: Massive Einschränkungen des Energieverbrauchs.

1987

28. September: Ökologische Demonstration des illegalen *Komitees zur Rettung der Stadt Russe* in der Stadt an der rumänischen Grenze.

1988

16. Januar: Gründung der oppositionellen Gruppe *Unabhängige Gesellschaft zum Schutz der Menschenrechte* in Sofia.

3. November: Gründung des *Diskussionsklubs zur Unterstützung von Glasnost und Perestrojka* in Sofia mit dem Philosophen Schelju Schelew an der Spitze.

1989

11. Februar: Gründung der unabhängigen Gewerkschaft *Podkrepa* (dt. *Unterstützung*) in Plovdiv.

13. April: Gründung der größten oppositionellen Organisation *Ekoglasnost* in Sofia.

2. Juni: Beginn der massenhaften Vertreibung der türkischen Minderheit unter dem Vorwand der Reisefreiheit. Demonstrationen, Zusammenstöße mit ca. hundert Todesopfern. Bis Ende August werden 300 000 Staatsbürger in die Türkei abgeschoben.

26. Oktober: Während der Umweltkonferenz der KSZE in Sofia verbreiten Aktivisten der *Ekoglasnost* eine Petition über Umweltprobleme im Lande; Demonstrationen werden von der Polizei brutal aufgelöst.

10. November: Todor Schiwkows Ablösung als Parteichef, sein Nachfolger ist Außenminister Petar Mladenow.

18. November: Die erste große genehmigte Demonstration der Opposition in Sofia mit 150 000 Teilnehmern.

7. Dezember: 16 oppositionelle Gruppen gründen den *Bund Demokratischer Kräfte (SDS)*.

11. Dezember: Aus der Verfassung wird der Absatz über die führende Rolle der bulgarischen KP gestrichen.

29. Dezember: ZK-Beschluss über die religiösen und kulturellen Rechte der türkischen Minderheit, die jedoch als nationale Minorität nicht anerkannt wird. Gegen die Rückkehr der Flüchtlinge erfolgt eine Reihe nationalistischer Demonstrationen.

1990

16. Januar: Verhandlungen zwischen Regierung und Opposition.

30. Januar: Kongress der KP, Programm eines *Demokratischen Sozialismus*; Abspaltung der reformwilligen Minderheit.

25. Februar: Oppositionelle Demonstration in Sofia mit 250 000 Teilnehmern.

10. Juni: Bei freien Wahlen gewinnt die ehemalige KP, nunmehr als *Sozialistische Partei*, 47 % der Stimmen, die Opposition erhält lediglich 36 % bei einer Wahlbeteiligung von 90 %.

Tschechoslowakei

1987

9. April: Gorbatschow in Prag, bejubelt auf Kosten des Gastgebers Gustav Husák.

17. Dezember: Husák wird als KP-Chef abgelöst, behält jedoch das Amt des Präsidenten.

1988

25. März: Demonstration für Glaubensfreiheit in Bratislava mit 4000 Teilnehmern.

9. Mai: Der Brief von Kardinal Tomášek über Glaubensfreiheit an Staatschef Husák.

21. August: Demonstration in Prag zum Gedenken an die Zerschlagung des Prager Frühlings.

28. Oktober: Aleksander Dubčeks genehmigte Reise nach Bologna zur Übernahme der Ehrendoktorwürde.

1989

15. Januar: Demonstration zum Gedenken an Jan Palach, der sich aus Protest gegen die Invasion 1968 verbrannt hatte. Festnahme von Vacláv Havel.

29. Juni: Petition *Einige Sätze* der Charta'77 mit einem Dialogvorschlag zur Demokratisierung.

21. August: Demonstration zum Jahrestag der Zerschlagung des Prager Frühlings mit einigen tausend Teilnehmern.

28. Oktober: 10 000 Demonstranten gedenken der Gründung der Ersten Tschechoslowakischen Republik 1918.

17. November: Demonstration zum Internationalen Studententag. Hartes Durchgreifen der Polizei.

17–19. November: Gründung des tschechischen *Bürgerforums*, der slowakischen *Öffentlichkeit gegen Gewalt* sowie der *Unabhängigen Initiative* der ungarischen Minderheit. Streik der Theaterkünstler, Studenten und Schüler.

21. November:	Beginn der Verhandlungen zwischen Bürgerrechtlern und der Regierung. Andauernde Demonstrationen in Prag, Bratislava und anderen Städten. Havel und Dubček sprechen auf dem Wenzelsplatz.
24. November:	Auf dem Plenum des ZK der KPTsch dankt die gesamte Führung ab. Neuer Generalsekretär: Karel Urbánek.
26. November:	Höhepunkt der Demonstrationen auf der Letna-Wiese.
29. November:	Die mehrheitlich kommunistische Nationalversammlung streicht aus der Verfassung den Absatz über die führende Rolle der KP und die Monopolstellung des Marxismus-Leninismus.
7. Dezember:	Abdankung von Gustav Husák als Staatspräsident.
10. Dezember:	Regierung des *Nationalen Einvernehmens* mit Marian Calfa als Ministerpräsident unter Beteiligung von oppositionellen Persönlichkeiten.
28. Dezember:	Aleksander Dubček wird Präsident des Parlaments.
29. Dezember:	Vacláv Havel wird Präsident der Republik.

1990

8. Juni:	Wahlen in Tschechien und der Slowakei: Sieg des *Bürgerforums* (53,15 %) bzw. der *Öffentlichkeit gegen Gewalt* (32,54); die Kommunistische Partei erhält in Tschechien 13, in der Slowakei 11 % der Stimmen. Wahlbeteiligung 96 %.

1992

31. Dezember:	Friedliche Trennung von Tschechien und der Slowakei.

Rumänien

1985

8. Januar:	Massive Energieeinschränkungen (vor allem Strom und Benzin).

1986

23. Juni:	Das ZK-Plenum erhöht die Planziffer der Produktion um 40 %.

1987

25. Mai:	Gorbatschow in Bukarest, verleiht Ceauşescu den Leninorden.
15. November:	Massendemonstration in Kronstadt, wird von Armee und Polizei zerschlagen.
16. Dezember:	Bundesaußenminister Genscher vereinbart in Bukarest die weitere Umsiedelung der deutschen Minderheit gegen eine «Kopfquote».

| 28. Dezember: | Ein Beschluss der KP-Führung verbietet die Aufnahme jeglicher Auslandskredite. |

1988

1. Februar:	Temporäres Verbot der Nutzung privater PKW.
2. März:	Bei einem Treffen der Bürgermeister wird der sogenannte *Plan zur Systematisierung* verkündet, in dessen Rahmen 8000 Dörfer liquidiert werden sollen.
28. August:	Gescheitertes ungarisch-rumänisches Gipfeltreffen in Arad.
6. September:	Die Geistlichen der Temesvarer evangelischen Kirche protestieren gegen die «Dorfsystematisierung». Motor des Protestes ist der Geistliche László Tőkés.

1989

11. März:	Brief von sechs Altkommunisten an Ceauşescu mit Forderungen nach Änderung der katastrophalen Lage des Landes.
12. April:	Ceauşescu verkündet die Rückzahlung aller Auslandsschulden und dadurch die Erringung der vollständigen Unabhängigkeit Rumäniens.
18. April:	Brief der Dissidentin Doina Cornea, in dem sie Ceauşescus Abdankung fordert.
20. November:	Eröffnung des letzten, des XIV. Parteitags der RKP. Ceauşescu wird mit 100 % der Stimmen zum Parteichef wiedergewählt.
16. Dezember:	Temesvars Bürger versuchen, die von der kirchlichen Obrigkeit angeordnete Aussiedlung von László Tőkés aus der Parochie zu verhindern. Damit beginnt die Demonstration gegen die Diktatur.
17. Dezember:	Bei einer Telefonkonferenz befiehlt Ceauşescu, auf die Demonstranten das Feuer zu eröffnen. In Temesvar wird am Spätnachmittag scharf geschossen; zahlreiche Tote und Verletzte.
18.–20. Dezember:	Ceauşescu hält sich zu einem offiziellen Besuch im Iran auf. Nach seiner Rückkehr verkündet er in einer Fernsehrede den Ausnahmezustand im Kreis Temesch.
21. Dezember:	Rede Ceauşescus von dem Balkon der Bukarester Parteizentrale. Er wird ausgepfiffen, Armee und Securitate eröffnen das Feuer auf die Demonstranten. Blutbad auch in Klausenburg und Hermannstadt.
22. Dezember:	Angeblicher Selbstmord des Verteidigungsministers Milea. Flucht des Diktatorenehepaars, «Telerevolution», Gründung der *Nationalen Rettungsfront* mit dem Funktionär Ilies Iliescu an der Spitze.
22.–25. Dezember:	Anhaltende Kämpfe im ganzen Land ohne klaren militärischen Hintergrund.
25. Dezember:	Hinrichtung des Ehepaars Ceauşescu nach einem 40-minütigen «Prozess».

1990

5. Januar: Streichung aller Dekrete und Gesetze der Ära Ceauşescu.
8. Januar: Dekret über die Streichung des Todesurteils.
28. Januar: Verhandlungen am Runden Tisch.
15. März: Ausschreitungen zwischen Rumänen und Ungarn in Targu-
                  Mures.
20. Mai: Freie Parlaments- und Präsidentenwahlen: Die Rettungsfront
                  erhält 67 %, Iliescu als Präsidentschaftskandidat 85 % der
                  Stimmen.

Personenregister